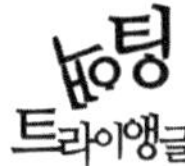
틍
트라이앵글

전문인 서평

이 책은, 배우와 카메라 간에 겪게 되는 불협화음의 원인을 단숨에 해결시켰다.
　우린 그동안, 카메라 연기의 트라이앵글이 있다는 사실을 왜 몰랐을까!
『액팅 트라이앵글』은 배우와 감독에게 있어 신대륙의 발견만큼 위대하고 경이로운 연기의 신세계를 맛보게 할 것이다.

배우들은 연출자인 감독과 끊임없이 소통한다. 그에 반해, 자신의 연기를 가장 가까이에서 뽑아내고 함께 호흡하는 카메라와의 소통과 교감은 실패할 때가 많다. 『액팅 트라이앵글』은, 뗄 수 없는 배우와 카메라 · 촬영감독, 이 셋의 연기 조화의 성패를 가감 없이 풀어냈다.

100년이 넘은 세계 영화 역사에 한 획을 긋는 위대한 '용어'가 탄생했다.
　『액팅 트라이앵글』은 지구촌 모든 배우와 감독, 그리고 영화 학교에서 영원히 사용하게 될, 카메라 연기를 끌어내고 조율하는 하나의 대명사가 될 것이다.

수많은 연극 연기론에 비해, 카메라 연기론은 세계적인 기근 상태다.
　이 책은 감독과 배우를 비롯한 연기 지도자들에게 가뭄의 단비와도 같은 빗줄기가 분명하다. 한국의 이론 『액팅 트라이앵글』이 세계 시장에 깃대를 꽂고, 기준이 된다는 게 통쾌할 뿐이다.

연기와 연출을 섭렵한 문홍식 감독은 뛰어난 통찰력을 가진 이론가다. 그가 정립한 『액팅 트라이앵글』의 연기 용어는 가히 놀라지 않을 수 없는 경이로움 그 자체다.
　그뿐만 아니라, 연기를 해보지 않은 '감독'이나 '펜대만 쥐고 있는 문헌적 이론가'는 도저히 찾아낼 수 없는, 연기의 시신경인 심연까지 예리하고 날카롭게 파헤쳤다.

אֶבֶן הָעֵזֶר

(에벤에셀) 삼상7:12

Acting Triangle

Camera Acting for Actors and Directors

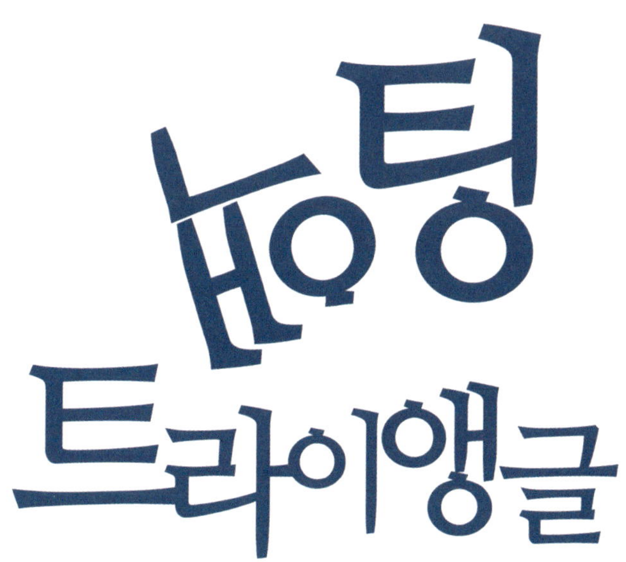

넝텅 트라이앵글

저자 Juanri 문홍식

이담북스

잠재된 나의 연기력을 찾는 것

언젠가 나는 학생들에게 "세계 최고의 연기 아카데미는 어디일까요?"라는 질문을 던졌다.

여기저기 손을 들며 답변하는 소리의 대부분은, 미국이나 유럽권에 자리한 명문학교 이름들이었다.

난 아니라는 듯 칠판에 크게 X자를 그으며, '세계 최고의 연기 아카데미는 촬영 현장과 연극무대'라고 정의하며 누구도 부정할 수 없는 근거와 이유를 설명한 바 있다.

농사는 교실에서 배울 수 있는 것이 아니다. 논밭을 갈아엎고 씨앗을 뿌린 후 장마와 태풍을 견디며, 뙤약볕 아래 농부의 얼굴이 검붉게 익어갈 때 수확의 기쁨과 함께 농사의 기술을 터득하게 된다.

흔히 외근을 많이 하는 직장인이나, 방송 드라마 PD를 '필드에서 뛰는 사람'이라고 한다.

이 말은 책상에서 연구하는 이론가가 아닌, 경작(耕作)이 가능한 자신의 직업 현장인 들판(field)에서 몸으로 부딪치며 새로운 길을 개척하고 창출하는 사람이란 뜻이다.

연기 역시 교실이 아닌 현장에서 몸으로 배우고 익히며 창조하는 것이다. 연기 아카데미가 필요 없다는 말은 아니다.

연기란 '미술 · 음악 · 스포츠'와 달리, 누구나 태어나는 순간부터 연기에 필요한 모든 훈련을 쌓아왔다는 사실을 발견해야 한다.

당신에게 아무리 값비싼 악기를 공짜로 쥐여준들 연주할 수 있는가? 아니면 유화(油畵) 작업에 필요한 미술 도구를 쥐여준들 그림을 그리기는커녕 캔버스(canvas)와 안료(顔料) 등의 재료를 사용하는 방법조차 몰라 헤맬 것이 분명하다.

연기(演技)를 제외한 모든 예술과 특정 분야의 기술은 꾸준히 배우고 연마해야만 가능한 것이다. 그러나 연기는 예외적 특징을 가지고 있다.

태어나는 순간부터 울고 · 웃고 · 기쁨과 즐거움 · 분노의 감정 표현(喜怒哀樂)은 물론이며, 때론 거짓과 과장된 몸짓으로 허풍을 떨기도 하고, 감정을 숨긴 채 자기 자신마저 속이는 이중적 악랄함이나, 위선과 거짓으로 타인을 욕보이기도 한다. 또한 참을 수 없는 감정을 억눌러 치밀어 오른 화를 삭이며, 본심과 다른 말과 행동으로 상대를 용서하거나 상대의 기세를 꺾어버리는 반전의 경우도 있다.

인간은 누구나 이러한 유사한 경험을 가지고 있으며, 오늘도 내 감정, 내 의지와 다른 선악의 언행을 해왔을 것이다.

이것이 바로 일상에서 행해지는 살아 있는 체험적 연기다.

미술이나 음악과 다른 연기의 재료, 연기의 밑천은, 이미 누구에게나

자신의 인생 경험만큼 축적(蓄積)되어 있다. 이제 그 축적된 연기 재료
와 노하우를 끄집어내어, 자신이 맡은 역할의 대사를 심장으로 느껴 마
음이 지시하는 대로 말하고 움직이는 것이 곧 연기다.

나는 신체 훈련 등의 고전적인 무대 연기술을 배제했으며, 배우와 감
독을 위한 심도 있는 카메라 연기술만을 집중 조명했다.
단, 연기의 주체자가 배우이기 때문에 배우 중심으로 집필했으며, 감
독은 배우의 연기를 역으로 해석해 끌어내면 될 것이다.

일자리를 찾아 헤매던 시골 출신의 비전문 배우가, 무명 감독의 작품
에 노 개런티로 출연해 칸 국제영화제에서 남우주연상을 받는가 하면,
아역 배우들이 데뷔작으로 세계 3대 영화제에서 최연소 남녀주연상을
거머쥔 초유의 사건들은 당신의 눈과 귀를 의심케 할 것이다. 수십 년간
연기 생활을 해 온 스타급 배우들도 받기 힘들다는 '칸·베니스·베를린
국제영화제'에서 어떻게 비전문 배우들이 남녀주연상을 받을 수 있었는
지, 그들만의 숨은 연기 비결과 당신의 잠재된 연기력을 끌어내 줄 노하
우를 소개하고자 한다.

수많은 연기훈련 기관과 전통적인 방식들이 있으나, 그 모든 것은 훈
련을 위한 하나의 수단에 불과하다.

연기훈련 이란 시대가 흘러가며 변하게 되어있고, 또 변해야만 한
다. 언제까지 '스타니슬랍스키(Stanislavsky / 1863~1938년)'의 메소드 연기(method

acting)만을 고집하고, 6·70년대의 낡은 박물관식 교습법을 여전히 우려먹을 것인가.

시대는 이미 메타버스(metaverse)의 세계로 진입했으며, 향후 10여 년 뒤 영화와 TV 드라마 시장의 판도와 배우의 캐스팅 구조는 상상할 수 없는 모습으로 뒤바뀌어 있을 것이다.

능력을 갖추지 못한 배우는 시장에서 퇴출당할 것이다.

예정되었던 일이었지만 연예 엔터테인먼트 산업계의 지각변동 역시 코로나19로 인해 앞당겨지며, 이미 빠른 속도로 가속화되어가고 있다.

세계적인 래퍼 '트래비스 스캇(Travis Scott)'은 아바타를 이용한 메타버스 콘서트를 통해 1,230만 명의 동시 접속자를 불러 모았으며 2천만 달러의 수익을 냈다.

또한 기술의 비약적 발달로 인해 사람의 실사 얼굴과 구분이 되지 않는 버추얼 인플루언서(virtual influencer)인 3D 배우들이 영화와 TV 무대의 본격 점령을 앞두고 있으며, 10년 내에 상용화의 변곡점을 꺾고 현실화 될 것이다.

현재 전 세계 30% 이상의 영화가 컴퓨터에 의해 만들어진 버추얼 배우나, 동물들의 연기, 수십만 명의 엑스트라 모두가 3D 모델로 대체되어가고 있다는 사실을 간과해서는 안 된다.

그러나 다행스러운 것은 아무리 시대가 바뀐다 해도, 연기력으로 준비된 자가 결국 배역을 얻고 스타덤에 오르게 될 불변의 법칙만은 변하지 않을 것이다.

연기는 누구나 할 수 있지만, 배우는 아무나 될 수 없는 것이다.

이 책은, 내가 배우 생활과 연기지도·극작·드라마 연출 등을 해온 그간의 경험을 토대로, 지난 30여 년간 현장에서 느끼고 체득한 방식을 집대성한 보고서이자, 카메라 연기자와 감독을 위한 연기 텍스트북(textbook)이다.

지금까지 책을 눈으로만 읽어 왔다면, 이제부터는 밑줄을 그어가며 공감과 반론 및 자신에게 적용될만한 아이디어가 떠오르면 즉시 책 여백에 메모하길 바란다.

다산 '정약용(1762~1836년)'은, 사소한 메모가 총명한 머리보다 낫다는 '둔필승총(鈍筆勝聰)'이란 말을 했다.

자기 생각을 덧붙여 메모하고 사고할 때, 나와 당신 간의 토론이 형성되며 3차적 반응을 일으키게 된다. 이론서는 소장용이 아니다. 잡지처럼 부담 없이 마구 다루어 내 것으로 만드는 것이 중요하다.

아쉬움과 부족함이 많지만, 이 책이 지시하는 방향대로 실천해 본다면, 기성 배우들에겐 재교육의 통로가 될 것이며, 연극영화과를 나오지 않았거나 연기학원을 가보지 않은 사람일지라도, 이미 내 안에 축적된 수많은 연기 재료를 끄집어내 실전에 사용하게 될 것이며 당신은 곧 훌륭한 배우가 될 것이다.

끝으로 한 마디만 덧붙이겠다. 과거 나는 미국에서 발간한 시사 주간지 '타임(TIME)'의 표지 헤드라인에서 충격적인 말을 접하게 됐다. "It's True. Asians Can't Think" '사실이다. 아시아인들은 생각할 줄 모른다'라는 말이었다. 1999년 5월 기사인데, 내가 배우에서 감독으로 전환하던 시기다. 연결된 기사의 핵심은, "아시아인들은 이미 정해진 틀 안에서 숨어있는 답을 찾기 위해 애쓴다."라는 것이다. 다시 말해 '창의력은 없다. 자기 것은 없다. 서양의 것을 기준 삼아 살아간다.'라는 말이었다. 어떤 측면에서 틀린 말은 아니다. 그러나 이 말은 나를 포함한 아시아인들의 자존심을 건드린 날 선 검이 되었을 것이다.

방탄소년단 BTS를 탄생시킨 '방시혁' 대표를 비롯해, 특정 분야에서 성공한 사람들에게 '성공 비결'을 묻는 기자들의 질문에 공통된 답변은 하나같이 "나의 열등감이 지금의 나를 만들었다."라는 말이었다.

나는 확신한다. 지금까지 서양인들이 구축하지 못한 가장 진보적인 카메라 연기론인 『액팅 트라이앵글』은 이제 머지않아 서구 사회가 수입해 그들의 교본으로 삼을 것이며, 세계 연기론의 기준이 될 것이다.

나를 자극했고, 아시아인들을 자극했던 "It's True. Asians Can't Think" 이 말에 나는 감사한다. 이 말은 나를 성장시킨 동력이 되었으며, 이제 당신을 들어 올릴 지렛대가 되길 소망한다.

2024년 2월

저자 Juanri 문홍식

| 차례 |

Ⅲ. 카메라 연기

Ⅳ. 에필로그

■ 배우가 갖출 그 밖의 요소들 · 279

■ 감사의 말 · 325

부록

I

개관

배우의 공인의식과 캐스팅 관계

「프롤로그」에서 언급했듯, 연기는 누구나 할 수 있지만 배우는 아무나 될 수 없는 것이다. 운전면허증과 같은 배우면허가 있는 것은 아니지만, 배우가 되려면 연기에 필요한 기술을 배우기 이전 올바른 인간(人間)이 되어야 한다. 바르지 못한 사람이 인기를 누린들 오래갈 리가 없고, 심판자인 대중의 몰매를 맞으며 업계를 떠나게 될 것이다.

배우는, 현재 자신의 인기 유무와 관계없이 매 순간 공인의식(公人意識)이 우선된 책임감 있는 삶을 살아야 한다.

성추행 등의 미 투(me too) 사건으로 하루아침에 배우 인생을 마감한 연예인은 물론이고, 교수·시인·스포츠인·정치인·종교인 할 것 없이 양의 탈을 벗은 파렴치한 민낯들을 봐왔을 것이다.

그들의 연기력과 뛰어난 학문, 문학적 평가, 지도력, 정치적 역량, 신앙의 연륜과 비전이 제아무리 뛰어난 들 공의(公義)와 정의(正義)가 살이 있는 이 땅에서 불의한 자들의 범죄는 결국 드러나게 되어있고, 파멸하게 되어 있다.

특히 연예인은 현재와 과거를 가리지 않고 학창 시절에 저지른 잠자던 문제까지 수면위로 떠오르며, 공소시효는 지났을지언정 지난날의 죄과는 소급되어 대중의 심판을 받음과 동시에 더 이상 발붙일 수 없는 파멸의 종국을 맞이하게 된다.

내가 연기론의 첫 시작에서 공인의식을 강조하는 것은, 그동안 공인의식이 결여된 채 인기만을 좇다 결국 파멸로 사라진 수많은 별을 봐왔기 때문이다.

배우는 대중의 사랑을 먹고 살아가는 식물과도 같다. 아무리 재능이 뛰어난들 도덕성을 잃은 방종은 파멸의 지름길이며, 자신은 물론이며 어린 자녀나 가족에게까지 지울 수 없는 상처와 주홍 글씨의 딱지가 붙게 되는 것이다.

만약 당신이 학생이라면 교우들과의 관계를 돌아보고, 나로 인해 피해를 본 학생이 있다면 진정한 마음으로 사과하며 용서를 구해야 한다. 또는 이미 기성 무대에서 활동 중인 배우라면 인지도가 더 높아지기 전에 당신의 부정한 과거나 당신으로부터 피해를 본 친구가 있다면 찾아가 용서를 구하고, 변상할 일이 있으면 최대한 변상하라. 과거의 엎질러진 물을 주워 담을 수는 없지만, 당신이 배우의 정점에서 추락하고 싶지 않다면 나의 권고대로 과거의 죄를 용서받고 더 이상 적(敵)을 만들지 말라. 청산하지 못한 '죄'와 '적'이 있다면 언젠가 반드시 적은 당신을 공격해 들어올 것이다. 하늘을 찌를 듯한 당신의 인기나 권력의 대포도 전혀 쓸모없는 무용지물이 되고 말 것이다.

　같은 죄를 지어도 일반인은 범칙금을 내면 끝이 나지만, 공인인 당신의 미 투 사건이나, 도박 · 뺑소니 · 성추행 · 마약 · 폭행 등의 사건은 언론과 SNS를 장식하고, 쏟아지는 악플과 심판대의 도마에서 난도질당하며 어제까지의 인기와 명성은 한낱 파도에 쓸려가는 모래성에 불과하게 될 것이다.

　공인은 정의(righteousness)가 사라진 땅의 독초가 되어서는 안 된다. 잡초와 달리 독초는 반드시 제거되어야 한다. 특히 배우는 인간의 삶(人生, life)을 연기하는 직업이다. 사생활 관리가 잘못되어 남에게 해를 끼치는 독초가 아무리 화려한 의상을 걸쳐 입고 두껍게 칠한 철저한 메이크업을 한다 한들, 카메라 앞에 선 그의 가증스러운 이중적 연기는 세상을 끝까지 속일 수는 없을 것이다. 카메라 너머의 삶이 배우(공인)의 진짜 모습이기 때문이다.

　배우 평가의 최고의 정점은 그 사람이 어떤 삶을 살아왔는지에 대한 평가이며, 당신이 진정 배우가 되고 싶다면 인기 연예인의 꿈이 아닌, 시대의 모델이 될 만한 영원히 기억될 존경받는 공인(公人)의 삶을 꿈꿔야 할 것이다.

　당신이 놓쳐서는 안 될 마지막 한 가지는, 공인의식이 결여된 배우는 캐스팅에서 배제된다는 사실이다.

　국내외 모든 감독과 제작자, 프로듀서, 투자사의 캐스팅 관계자는 배우의 인지도만으로 섭외하지 않는다. 아무리 뛰어난 연기력과 인기 가도를 달리는 배우라 할지라도, 사생활 문제로 사회적 물의를 일으키거나 대중의 입방아에 오르내리는 배우는 캐스팅 후보에서 제외된다. 그 배우가 아니더라도 대체 가능한 배우가 얼마든지 있기 때문이다.

이미 계약이 된 배우라 할지라도 사회적 물의를 일으킨 경우 계약은 가차 없이 해지 된다. 또한 촬영이 진행 중이거나, 촬영이 종료된 영화라 할지라도 대중의 관용을 기대하기 힘든 범죄 사실이 드러날 때, 제작사와 투자사는 막대한 금액의 손해를 감수하며 해당 배우의 역할을 다른 배우로 재촬영하거나 개봉 자체를 잠정 보류하기도 한다. 사회적 물의를 일으킨 배우 한 사람으로 인해 영화 전체를 말아먹을 수 없기 때문이다.

보통 영화는 주연배우 출연료의 몇십 배에 달하는 거액의 제작비가 투입되고, 극장 개봉을 위한 추가적인 홍보마케팅 비용과 배급 비용이 지출된다.

이러한 거액의 자금이 투자되는 영화의 특성상, 사회적 물의를 일으킨 출연자 한 사람으로 인해 돌이킬 수 없는 손해를 가져올 수 있으며, 영화의 질적 평가마저 하락하는 결과로 이어질 수 있기 때문이다.

또한 과거와 달리 주·조연 배우에게만 국한된 것이 아닌, 단역배우 한 사람의 사회적 물의도 언론과 대중의 민감한 반응으로 인해 영화의 상품성에 적잖은 타격을 미친다. 이러한 불상사를 막기 위해 모든 제작사는 배우들과의 출연 계약 시, 치명적인 사회적 물의를 일으켰을 경우, 출연 정지와 함께 그에 따른 손해배상을 청구할 수 있도록 법적인 조항을 만들어 활용하고 있다.

　이런 측면에서 볼 때, 공인의식이 결여된 배우 한 사람의 무책임한 행동은 개인의 문제에서 끝나지 않고 영화 전체 이미지를 타격하는 결과로 이어지며, 제작비 손실과 국민의 정서를 해하는 암적 존재이자 쓰나미와 같은 파장을 불러일으킨다는 사실이다.

　'칸트(Immanuel Kant / 1724~1804년)'는 "나 자신이든 다른 사람이든, 인간을 단순한 수단(手段)으로 다루지 말라. 인간은 언제나 목적(目的)으로 다루도록 하라." 말했다.

　어떤 경우에서든 자신과 타인을 수단의 대상으로 삼지 말라.
　인간은 언제나 목적의 대상이 되어야 한다.
　배우의 길을 걷는 당신은 자신의 목적 달성을 위해 타인을 짓밟거나, 연기를 성공의 수단으로 삼지 말라.
　연기는 인간의 삶을 다루는 숭고(崇高)하고 존엄(尊嚴)한 세계이다. 배우가 되고자 한다면 연기 자체를 출세의 수단이 아닌 인생의 목적으로 다루라.

게으름이 아닌
부지런

여러 분야의 예술인 중, 자기 계발에 가장 게으른 사람들이 배우다.

프랑스에서 문화훈장을 받은 세계적인 피아니스트 '백건우(1946년생)' 씨는 지금도 하루에 여덟 시간 넘게 피아노 연습을 한다.

10세의 어린 나이에 이미 국립교향악단과 피아노 협연을 했고, 평생을 피아노와 함께했던 그가 곧 80을 바라보는 고령임에도 불구하고 매일같이 여덟 시간 이상 피아노와 씨름하는 이윤 뭘까?

발레리나 '강수진(1967년생)'의 발가락이 나무 마디처럼 돌출되어 굳은살이 박인 이윤 뭘까?

'백건우' 씨는 그 이유를 "내가 피아노를 치지 않으면, 한순간 나는 피아노에 정복당하고 말 것이다."라고 했다.

또한 발레리나 '강수진'은 어린 시절부터 턴(turn)에 적합하지 못한 자신의 신체적 한계를 극복하기 위해 혹독한 훈련을 쌓아왔다. 지금과 같은 견고한 토슈즈가 나오기 이전, 잠자는 시간마저 줄여가며 마루판도 모자라 옥상 시멘트 바닥과 싸움을 했으며, 그로 인해 기형적으로 돌출된 그의 발가락들은 슈투트가르트 발레단(Stuttgart Ballet) 수석 발레리나로서 쌓아온 그의 작품 이력과 수상 경력보다 더 위대한 훈장이 되었다.

그 어떤 설명도 필요치 않은 몸에 새긴 흔적의 이력서다.

국립발레단 단장이자 예술 감독이 된 지금도 그는 여전히 하루 열여덟 시간의 훈련을 한다.

[자료 1]

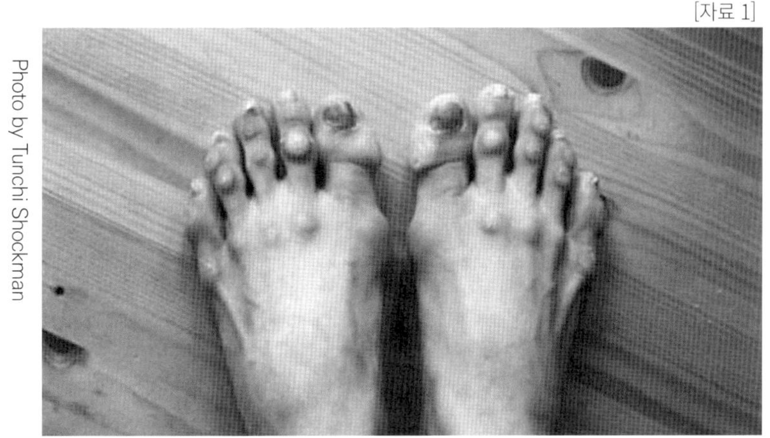

[18세 때 '슈투트가르트 발레단'에 최연소 입단한 '강수진'의 20대 후반 시절의 발]

피겨스케이팅의 '김연아(1990년생)' 선수 또한, 어린 시절부터 대회 출전을 꿈꾸며 하루 여덟 시간 넘는 고강도 훈련을 쌓아왔다.

1만 시간의 법칙(p.058)이나 7년의 법칙은, 재능보다 훈련의 중요성을 말하고 있다.

그런데 유독 배우들의 경우 출연할 작품이 없으면 쉬는 게 보통이다. 연습을 한다 해도 맡은 배역이 있을 때만, 그것도 자신의 대사 위주로 연습하고 암기하는 정도에 그치는 경우가 대부분이다.

모든 배우가 다 그렇다고 볼 수는 없지만, 이는 타 예술 분야나 스포츠 선수들의 훈련방식과 다른 배우들의 게으름이다.

어쩌면 배우들이 '무용수나 음악가 · 운동선수'들과 달리 주어진 배역이 없을 때 훈련하지 않는 이유는, 연기에 사용할 주 무기인 '말하고 · 울고 · 웃는' 감정의 재료들이 내 안에 이미 풍족하게 축적되어 있다는 그릇된 자만과 안도감이 가져다준 결과일 것이다.

당신은 이러한 잘못을 배우 세계의 풍습처럼 되밟지 말고, 인생의 목표점을 정해 승부욕을 가지고 자신과의 싸움을 해야만 한다.

주목할 점은, 누구나 가지고 있는 수많은 연기 재료를 어떻게 끌어내어, 배우의 가치를 인정받을 수 있는 나만의 개성으로 승화시킬 것인가의 문제다.

단순한 의사소통이나 감정표현의 한계를 넘어, 영화나 TV 드라마의 생명력을 불어넣는 카멜레온 같은 배우로 거듭날 것인가의 중차대한 과제가 당신 앞에 놓여 있다는 사실이다.

어제까지와 같은 모습으로 배역을 기다리며 유유자적(悠悠自適)할 시간적 여유가 없다.

선수촌에서 한솥밥을 먹고 훈련하는 선수 간에도, 경기가 시작되면 동료가 아닌 경쟁자로서 1분 1초를 다투는 사투가 벌어진다.

배우생활 역시, 현재의 동료들이 캐스팅에 있어선 내가 양보할 수 없는 경쟁 관계라는 사실이다.

운동선수의 경우 예선과 결선 과정을 통해 순위를 정하거나 올림픽 참가 자격을 부여하겠지만, 신인을 제외한 배우들의 캐스팅은, 오디션이 아닌 그동안 쌓아온 전작의 역량을 통해 결정된다.

맡은 배역이 없는 평상시, 배우는 어떤 연습을 할 것인가?

초보 연기자들은 무언극과도 같은 고전적인 신체 훈련이나, 발성법만을 훈련으로 생각하는 경우들이 있다. 그러나 이러한 연습들은 시대 흐름과도 맞지 않을뿐더러, 카메라 연기와는 더욱더 거리가 먼 낡은 방식으로 실전 연기에 별 도움을 주지 못한다. 어쩌면 이런 고전 방식은 카메라 연기에 오히려 걸림돌이 될 것이다.

조금만 의욕을 발휘한다면 대사 연습에 필요한 수많은 시나리오를 구할 수도 있고, 본인의 연기를 캠코더나 스마트폰 동영상으로 촬영해 스스로 자기 연기를 평가한 후, 어색한 부분을 반복적으로 수정해가며 발전시킬 수도 있다.

또한 연습한 시나리오의 연기를 실제 영화 속 배우는 어떻게 연기했는지 서로의 장단점을 비교 분석할 수 있다.

결단과 열정만 있다면 이와 유사한 연기훈련 방식은 얼마든지 가능하다. 배역을 받지 않은 오늘도 잠들기 전 30분간 대사 훈련을 할 수 있고, 연기 근육을 매일같이 키워갈 수 있다. 단돈 한 푼 들이지 않고서 말이다.

　방법을 듣고도 실천하지 않는다면, 당신은 이미 국민 모두에게 인정받는 배우이거나, 나무 밑에서 감이 떨어지기만을 기다리며 자신의 연기 계발을 위해 전혀 신경 쓰지 않는 꿈만 그럴듯한 배우 지망생이 분명하다.

　현재의 사고와 습관을 1도만 바꾼다면 1, 2년 뒤 배우로서 180도 변화된 당신의 가치를 발견하게 될 것이다.

　과거 나는 신인 탤런트 시절, 극단에서 연극을 겸하고 있었다.

　좋은 연극 공연이 있으면 소형 카세트를 극장에 들고 가 배우들의 오디오를 녹음해, 선배들의 대사와 나의 녹음 대사를 비교하며 교정하는 훈련을 쌓았다. 또 아직 방송되지 않은 대본을 구해 연습해보고, 방송본을 녹화해 나의 연기와 출연자의 연기를 비교분석하며 수정해 보거나, 서로 간의 장단점을 찾아보기도 했다.

　이러한 과정은 당시 연극과 TV 연기를 병행했던 나에게 카메라 연기의 차이점과 화면 사이즈에 따른 연기의 심도 변화에 가장 실질적이며 확실한 도움을 주었다.

　또한 극단 선배들이나 동기들이 생맥주를 마시러 가거나 당구를 치러 갈 때도, 나는 늘 빈 무대에서 아직 나에게 주어지지도 않은 선배들의 역할들을 연습했다.

　나는 배역이 없을 때도 매일 연습할 수 있었으며, 훈련소에 입소한 신병들과 같이, 민간인의 때가 묻어 있던 나의 말투와 감정표현들은 하루

하루 배우의 말과 감정표현으로 변화되어 갔다.

 TV 고정프로그램인 KBS 월화드라마 〈조광조〉(1996년)에 출연할 당시에는, 매주 TBS 라디오 생방송 진행 때문에 대본 리딩에 참석하지 못한 배우 '김성환(1950년생)' 선배의 대사를 내가 도맡아 읽은 적이 있다. 처음 몇 주간은 즉흥적으로 아무나 김성환의 대사를 대타로 읽었는데, 어느 날부터 나는 대전 상선(尚膳) 내관인 김성환의 대사를 대신 읽기 위해, 내 역할 못지않게 대사를 분석하며 연습해 갔던 것이다. 내가 김성환의 대사를 읽고 난 뒤, 더 이상 아무도 김성환의 대사를 읽으려는 사람이 없었고, 드라마가 끝날 때까지 리딩에서만큼은 김성환의 대사는 나의 역할이 되어버렸다.

 왕 '중종(中宗)'이나 대신들과의 진중한 장문의 대사들은, 대사 훈련의 상당한 발전을 가져오는 계기가 되었으며, 배우 '남일우(1938년생)' 선생은 공개적인 연습 석상에서 나의 대사를 높게 평가하기도 했다. 그러나 지금까지 아무도, 내가 남의 대사를 대타로 읽기 위해 녹음을 해가며 암기할 정도로 연습해 갔다는 사실은 모를 것이다. 이는 오직 나를 훈련시키는 과정이었다.

 이탈리아 출신의 세계적인 지휘자 '토스카니니(Arturo Toscanini / 1867~1957년)'는 원래 첼리스트였다. 그는 지독한 근시안으로 안경을 써도 악보를 읽을 수 없는 신체적 결함을 극복하고자 모든 악보를 통째로 암기해야만 했다. 그렇지 않으면 악단에서 퇴출당할 수밖에 없었기 때문이다.
 오케스트라 연주 역시, 배우들이 상대역의 대사까지 암기해야만 연기할 수 있듯, 토스카니니는 자신의 첼로 부분만 암기한 것이 아니라 언제나 악보 전체를 암기하며 연습했던 것이다.

그러던 어느 날 브라질에서 열린 오페라 〈아이다 *AIDA*〉 공연 중 악단과 지휘자 간의 마찰로 공연이 중단될 위기에 처하게 되자, 단원 중 유일하게 악보 전체를 암기하고 있던 '토스카니니'가 지휘봉을 들게 된다.

청중의 뜨거운 찬사를 받으며 성공적인 데뷔 무대를 장식한 토스카니니는 이후 세계적인 지휘자로 급부상하게 되었다.

이 모든 것이 지독한 훈련에서 얻어진 결과다.

배우는 끊임없이 자신을 갈고닦는 부지런함이 우선되어야 하며, 준비된 자에게 결국 캐스팅의 기회는 오게 되어 있다.

연극과 영화의 차이

연기의 기원

연기(演技)는 고대 원시 부족 사회로부터 시작되었다.

수렵 활동으로 양식을 조달했던 부족들은, 모닥불 앞에 모여 짐승이나 물고기를 사냥한 그날의 결과를 자축하며 춤과 노래의 의식을 갖게 되었다. 이 행위가 연기의 기원이자 연극(演劇)의 뿌리가 된 것이다.

신(神)과 사람 앞에 자신들의 성과를 자랑하며 점차 회중과의 거리와 높이를 차별화한 '단(무대)'을 만들게 되었고, 연극과 음악·무용으로 세분화되며 오늘날의 무대예술로 발전하게 된 것이다.

영화의 기원

19세기 말부터 사진사를 비롯한 수학자나 발명가들이 움직이는 사진을 만들기 위해 많은 연구를 했다.

　발명왕 '토머스 앨바 에디슨(Thomas Alva Edison)'은, 1889년 상자 안에 장착한 연결된 필름을 돌려가며, 확대경을 통해 움직이는 사진과 오디오를 동시에 감상할 수 있는 '키네토스코프(Kinetoscope)'를 개발한다. 에디슨은 자신의 영화 스튜디오를 만들고, 조수 '윌리엄 딕슨(William K. L. Dickson)'과 함께 인위적인 조명을 사용한 10여 초 길이의 영상들을 제작해 유료 관람시켰다.

[자료 2]

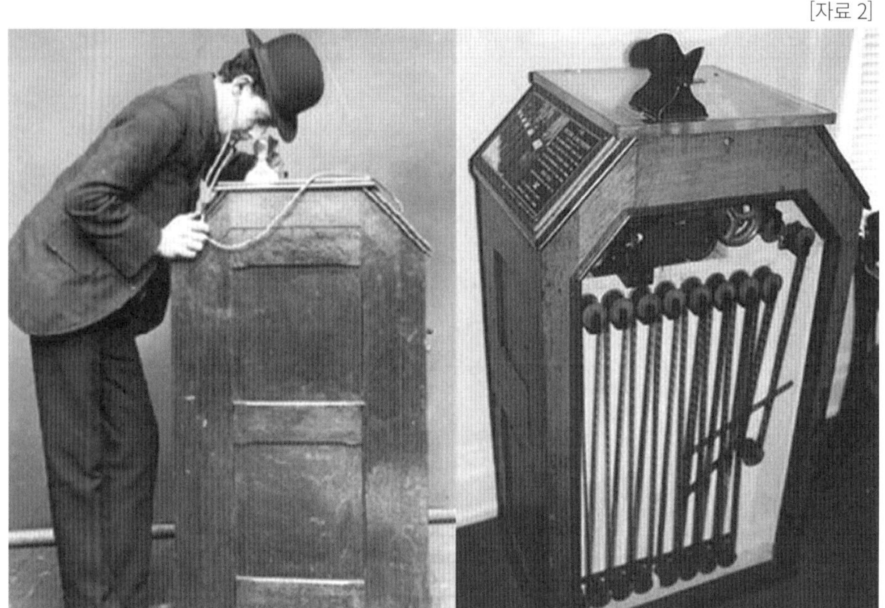

['에디슨'과 조수 '딕슨'이 개발한 '키네토스코프']

[자료 3]

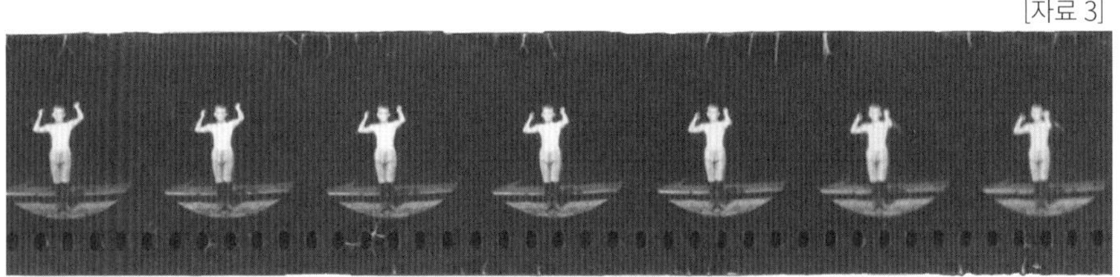

['에디슨'의 영화필름 〈뉴어크 선수 *Newark Athlete*〉 1891년 작]

사람들의 반응은 놀라웠으나, 허리를 굽힌 채 상자를 들여다보며 한 사람씩밖에 볼 수 없다는 단점이 있었다. 그럼에도 불구하고 폭발적인 인기를 끌었던 '키네토스코프'는 유럽에까지 팔려나갔다.

1894년 여름 프랑스의 한 사진사는 어느 상점에서 에디슨의 키네토스코프를 보게 된다. 사진기의 원리를 잘 알고 있던 남자는 자신의 두 아들 '오귀스트(Auguste)'와 '루이(Louis)'에게, 확대경을 통해 들여다보지 않고, 카메라의 원리를 이용해 필름에 찍힌 상을 벽에다 비춰볼 수 있는 방법을 연구해 볼 것을 권한다.

이후 두 아들(뤼미에르 형제)은 아버지의 말대로 나무상자 안에 긴 필름을 감아 돌리며 촬영한 후, 현상된 필름을 다시 카메라 안에 반대로 장착해, 상자 안에 밝힌 램프의 빛을 이용해 카메라 밖으로 화면을 비춰낼 수 있는 '시네마토그라프(Cinématographe)'를 만들게 된다.

[자료 4]

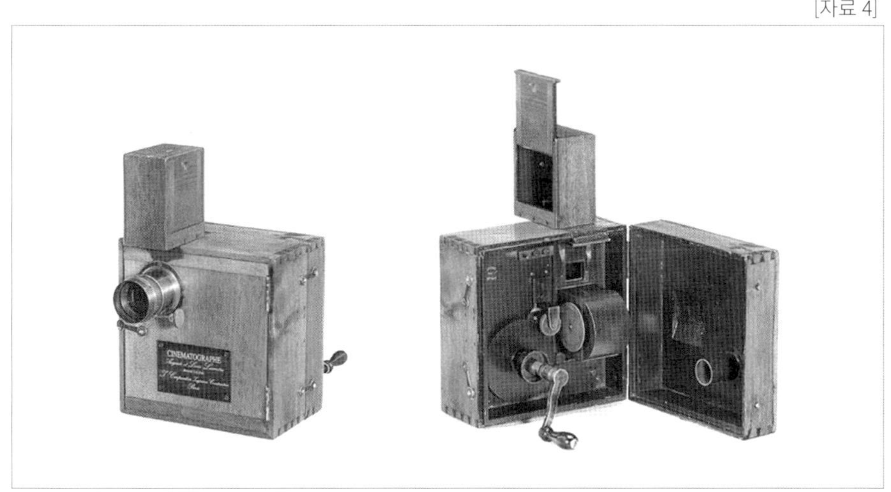

['뤼미에르 형제'가 만든 영화 카메라 겸 영사기 '시네마토그라프']

자전거 페달과도 같은 크랭크(crank)를 손으로 돌려가며 연속적인 동작을 촬영한 후, 키네토스코프에 집어넣어 영상을 볼 수 있게 만든 에디슨의 아이디어를 발전시킨 카메라 겸용 영사기(映寫機)를 만든 것이다(모터가 없던 시대, 크랭크를 돌려 촬영을 시작하고 마쳤던 방식에서 탄생한 말이 영화 촬영의 시작과 종료를 뜻하는 '크랭크 인·아웃'의 용어가 되었다).

영화 역사는 뤼미에르(Lumière) 형제를 영화의 효시(嚆矢)로 정의하고 있다.

'이스트먼 코닥(Eastman Kodak)'과 함께 영화용 필름을 개발하고, 초당 12프레임을 찍을 수 있는 최초의 영화 카메라를 발명한 장본인이자, 다양한 영화 장비 발전의 지대한 공헌자였던 에디슨을 제쳐두고 왜 뤼미에르 형제를 영화사의 시조(始祖)로 부르게 되었을까?

에디슨의 '키네토스코프'는 영화의 가능성만을 보여준 채 개인 미디어에 그친 반면, 후발주자였던 뤼미에르 형제의 영사기는 다수의 관객이 극장(劇場)에서 함께 영화를 즐길 수 있는 대중화(大衆化)의 서막을 열게 된 확장성의 차이를 인정받게 된 것이다.

　초기 영화들은 짧은 기록 화면에 불과했지만 1891년 에디슨 스튜디오에서 제작된 〈뉴어크 선수 *Newark Athlete*〉나, 1895년 뤼미에르 형제의 〈공장을 나서는 노동자들 *La Sortie de l'usine Lumière à Lyon*〉을 비롯한 모든 단편 필름은 인간의 희로애락(喜怒哀樂)을 소재로 했다. 이후 점차 장편 구성의 스토리텔링(storytelling)이 이루어지며 기술과 산업이 융합된 오늘날의 영화로 발전하게 된 것이다.

[자료 5]

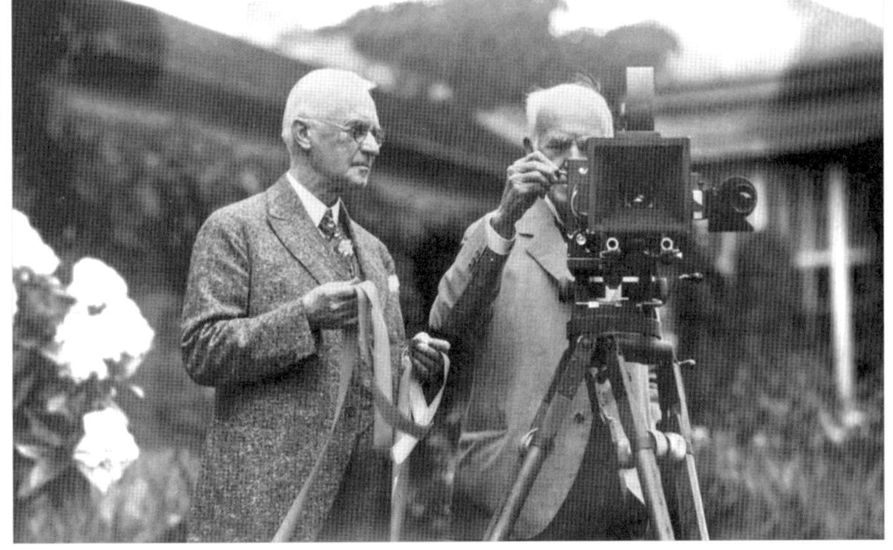

[영화용 필름을 만든 '이스트먼 코닥(좌)'과 발명왕 '에디슨(우)']

['에디슨'과 '뤼미에르' 형제의 영화 동영상]

연극 vs 영화

연극(演劇)은 배우의 몸짓이 주체가 된 행위나, 허구적 스토리, 또는 지나간 사건을 재연(再演)하는 것이다. 진짜가 아닌 가짜를 보여주는 것이다(영화나 TV 연기 역시, 관객을 향한 허구적 행위인 하나의 연극이다).

연극은 매회 관객과 함께 만들어지는 라이브 연기임과 동시에 작품의 원형을 보존할 수 없는 소멸성의 특징이 있다(연극을 동영상으로 촬영한 것은, 기록 화면에 불과한 것이지 작품의 원형이 보존된 것은 아니다).

반면 예술의 모든 장르가 포함된 종합예술인 영화(映畵)는, 빛과 렌즈로 촬영된 상(像)을, 다시 영사기의 빛과 렌즈를 통해 스크린에 비춰내는 것이다.

촬영된 작품(필름 or 디지털)은 100년 이상 보관할 수 있으며, 무한적 상영과 복제가 가능하다.

연극은 지정된 공연장에서만 연기를 보여줄 수 있지만, 영화는 전 세계 수백만 개 극장에서 동시 상영이 가능하다.

바다 위에 떠 있는 배를 바라보는 것이 연극이라면, 배 안에 숨어 있는 개미를 돋보기로 들여다보는 것이 영화다.

연극은 무대와 객석 간의 거리를 관객 편의에 따라 좁힐 수 없지만, 영화는 감독 의도에 따라 얼마든지 보여주고 싶은 것만을 반강제적으로 확대해 보여줄 수 있다. 연극은 관객에게 시선의 선택권이 있지만, 영화는 편집된 화면을 수동적으로 따라갈 수밖에 없다.

연극은 무대와 객석 사이가 보이지 않는 가상의 선으로 분리되어 있으나, 동시에 뗄 수 없는 하나의 공간 내에 결합되어 있다.

'희곡·배우·관객'이라는 연극의 3요소가 말해주듯 연극은 관객과 함께 만들어지는 예술이다. 관객이 없는 빈 객석을 향해 아무리 훌륭한 연기를 보여준들 공연이 아닌 연습에 불과할 뿐이다.

배우는 객석의 반응에 따라 연기 호흡이 달라지며, 관객의 숨죽임이나 박장대소의 웃음은, 판소리에서 북장단을 치며 추임새를 넣는 고수의 역할과도 같은 유기적 관계로 이어진다.

영화는 관객이 팝콘을 먹던, 휴대폰을 받던, 스크린 속 배우들에게 아무런 영향을 주지 않는다. 개봉 전이라 할지라도 연극과 달리 작품성 평가와 함께 영화제 진출 등 독자적인 역할들이 시작된다.

예술의 주체자

연극 연습은 연출자의 지시를 받으며 연기를 하게 되지만, 공연이 시작된 무대는 더 이상 연출자가 끼어들 수 없다. 음향이나 조명의 실수가 발생해도 멈추지 않고 진행되는 것이 연극이다.

영화 같으면 N.G.를 내겠지만, 연극은 N.G.가 없다.

심지어 배우 간의 대사가 꼬이거나 등·퇴장의 순서가 뒤바뀌어 관객이 알아차릴 만한 실수가 발생했다 하더라도, 연출자나 스태프는 공연에 절대 끼어들 수 없는 것이 연극이다.

무대 사고가 발생하지 않은 공연에서도, 배우는 관객과의 팽팽한 긴장감 속에 자신에게 주어진 사명 완수를 위해 철저한 고립상태에 놓이게 된다.

스스로 해결하지 못하면 자폭하는 것이다.

연극의 주체자(主體者)인 배우는 막이 오름과 동시에, 심지에 불이 붙은 시한폭탄을 안고 절정을 향해 뛰는 마라토너와 같다.

연극의 3요소에 감독이 포함되지 않은 이유가 이 때문이다.

연극은 철저히, 배우에 의한 배우예술이다.

반면 영화는 배우가 아무리 멋진 대사를 읊는다 해도, 감독 의도에 따라 카메라의 위치와 거리가 정해진다.

열 줄이 넘는 긴 대사를 했음에도 불구하고 상대방의 듣는 얼굴에 화자(話者)의 대사가 덧입혀지거나, 롱 샷(L.S.)의 거리에서 누군지도 알아볼 수 없는 점(點)으로 촬영되는 경우도 있다.

최종 편집에서도 컷(cut) 선택의 칼자루를 쥐고 있는 감독의 결정대로 영화는 완성된다(할리우드의 경우 감독은 편집에 관여할 수 없으며, 투자사나 제작사가 정한 편집 감독에 의해 상업성이 우선시 되는 편집이 이루어진다. 이러한 이유로 개봉 후 감독판이 따로 공개되기도 한다).

연극과 달리 관객이 끼어들 수 없는 화면 사이즈의 강제성(强制性)과 편집이라는 테크닉을 통해 대사의 속도 조절은 물론이며, 관객들의 '불안·공포·쾌락' 등의 말초적 신경을 쥐락펴락하는 통제권의 키를 쥐고 있는 영화의 절대적 주체자는 감독이다(편집에 참여할 수 없는 할리우드의 경우에도, 감독의 의도대로 촬영된 필름 중에서 편집할 수밖에 없기 때문에 영화의 주체자는 역시 감독이다).

"연극은 배우 예술이며, 영화는 감독 예술이다!"라는 정설은 깨지지
않을 것이다.

통찰력

연극은 평균 한 달 이상의 장기적인 연습이 이루어진다.

연습 기간 중엔 배우 스케줄에 따라 장(場)별로 끊어 연습하거나 힘든
장면만을 집중적으로 반복하기도 한다. 그러나 공연이 시작되면 배우들
의 연기는 희곡의 순서(順序)대로 진행된다.

반면 영화는 시나리오 순서가 아닌, 세트장을 포함한 로케이션 장소
나 계절·밤낮·배우 스케줄에 따라 촬영 순서가 달라진다.

기승전결(起承轉結)로 진행되는 연극의 감정 이입과 달리, 영화 촬영
의 경우 결말부터 찍거나, 같은 신 중에서도 조명의 방향이나 카메라 위
치에 따라 대사의 순서를 바꿔 찍는 경우는 흔한 일이다.

촬영장의 우선순위는 배우가 아닌, 촬영 장비 사용의 편의성이다.

순서대로 촬영이 이루어지지 않는 영화나 TV의 특성상, 배우는

시나리오 전체를 꿰뚫는 통찰력(洞察力)과 신(scene)과 시퀀스 (sequence)별 호흡과 자기감정을 잃지 않는 치밀한 계산과 확신에 찬 직관력(直觀力)의 연기가 필요하다.

만약 남녀의 사랑을 그릴 때, 헤어지는 장면부터 찍게 될 경우 만남과 데이트 신들의 흐름을 파악해, 편집 시 감정선이 튀지 않게 일관성 있는 연기 계산이 필요하다.

촬영 순서가 바뀌었다고 헷갈려 하거나, 카메라를 멈춰놓고 그제 야 시나리오를 뒤적이며 감정선을 연구한다면 눈살을 찌푸리게 하는 행동이 될 것이다.

편집 후 배우의 연기 톤이 들쭉날쭉 이라면, 자칫 연기 인생의 치명타를 날릴 오점이 될 수 있다. 감독의 탓으로 돌릴 수도 있겠지만 연기의 책임은 오직 배우의 몫으로 남는다.

집중력

촬영에 임한 배우는 자신의 정신(精神)과 오감(五感)을 카메라 앞에 풀 가동(at full blast)시켜 집중(集中)해야 한다. 당신이 가용할 수 있는 전 신의 모든 집중력을 카메라 앞에 올 인(all in)하는 것이다.

배우의 집중력은 명상이나 단전호흡 등 고전 방식의 신체 훈련을 통 해 얻어질 수 있는 것은 아니다.

카메라 앞에 선 배우는 '활시위'를 당긴 양궁선수와 같이, 시나리오가 요구하는 인물의 목표 지점인 과녁을 향해 집중하는 것이다.

'죄'를 뜻하는 헬라어 '하마르티아($\dot{\alpha}\mu\alpha\rho\tau\dot{\iota}\alpha$)'는 과녁을 벗어났다는 뜻을 가지고 있다. 과녁을 향해 정조준해 날아가지 못하고 의도적으로 빗나간 것이 죄라는 것이다. 정도를 벗어난 집중력의 부재다.

배우에게 있어 연기를 방해하는 외부적 요소는 수없이 많다.

연극공연 중 객석에서 들리는 불필요한 소음이나, 카메라 밖에서 배우의 시선을 빼앗는 스태프들의 움직임 등 여러 방해 요소가 있다. 그러나 배우의 연기는 정해진 시간 내에 약속된 과녁을 향해 흔들림 없이 날아가야 한다.

수많은 스태프의 눈동자와 카메라·조명·동시녹음 마이크 등이 당신의 연기를 담아내기 위해 주목하고 있기 때문이다.

프로 항해사는 방해 세력인 거친 파도와 비바람을 탓하지 않고 폭풍의 위기를 정면 돌파해 나아간다.

연극의 경우 감정이입의 연속성이 유지되지만, 카메라 연기는 불연속성(不連續性)인 끊어 찍기와 장소별 몰아 찍기 등, 배우의 감정을 토막 내는 경우가 많아 고도의 집중력이 필요하다.

심지어 눈물을 흘려야 하는 연기에서도, 한 번에 촬영이 끝나지 않고 상대 배우의 N.G.나 기타 상황에 따라 눈물을 끊어 찍거나, 반복해야 하는 상황이 발생하기도 한다. 웃음과 달리 눈물 연기는 한 번 쏟고 나면 다시 흘리기 쉽지 않은 연기다.

그러나 당신은 직업 연기자다.

피할 수 없고, 벗어날 수 없는 자신의 한계 앞에서 또다시 과녁을 향해 정조준해 활시위를 당겨야만 한다.

또한 당신의 연기를 방해하며 지나가는 자동차 경적이나, 카메라 뒤에서 박살 나는 소품 항아리가 있다고 해도, 감독의 "컷" 소리가 나기 전 연기를 스스로 중단해 N.G.를 내서는 안 된다.

모니터로 당신의 연기를 지켜보고 있는 감독의 머릿속에는, 방해꾼의 경적이나 카메라 밖에서 깨지는 항아리 소리는 얼마든지 오디오 편집을 통해 지워 내고 살려낼 수 있는 계산과 확신이 있기 때문에 촬영을 멈추지 않은 것이다.

감독은 직업적으로 예리한 감지 능력이 발달해 있으며 1, 2초의 짧은 순간에도 다양한 변수를 판단하는 집중력을 가지고 있다.

주변의 방해로 인해 N.G.가 나고, 촬영이 중단된 경우라 할지라도, 카메라 앞에 서 있는 당신은 절대 흥분해선 안 된다.

불필요한 말을 줄이고 상황이 정리되길 기다려라. 배우의 흥분은 집중력을 방해해 자신의 연기를 죽일 뿐이다.

배우에게 있어 집중력은 심오한 내면까지 파고드는 종교적 의식과도 같으며, 당신의 연기를 최대치로 끌어낼 수 있는 또 하나의 능력이자 재능이다.

순발력

오랜 시간 연습을 통해 다듬어가는 연극과 달리, 영화와 TV 연기는 현장에서의 순발력(瞬發力)이 생명이다.

대사 암기나 연습 시 아무 문제 없었던 배우가, 촬영장에만 도착하면 카메라 울렁증 때문에 대사를 다 까먹거나 수차례 N.G.를 내는 경우가 있다.

반면 늦은 캐스팅으로 연습량이 부족한 상황이나, 현장에 도착해 대사를 받아본 연기자 중에서도, 카메라 앞에만 서면 신들린 듯 곧바로 제 역할을 멋지게 소화해 내는 연기자도 있다.

앞서 말한 집중력과 연관된 순발력의 차이다.

'순발력'이란 순간적으로 발산해내는 힘(power)이나, 빠른 판단의 말과 행동 능력을 말한다.

운동선수의 경우 순발력을 발휘하기 직전, 몸에 기(氣)를 집중시키는 짧은 호흡과 몸의 수축 현상을 발견할 수 있다.

그러나 배우의 순발력이란 단순히 순간적인 에너지를 뽑아내는 데 그치지 않는다. 카메라 앞에 직면한 돌발적 변수와 상황 앞에서도, 감독의 지시에 민첩하게 반응하며 자신의 연기 계산과 합을 맞춰 서로가 원하는 최선의 결과를 얻어내는 것이다.

연기란 연습해 온 것을 그대로 재연(再演)하는 것이 아니다. 현장 상황은 언제든 바뀔 수 있고, 연기자는 임기응변의 대처 능력을 갖춘 순발력의 소유자가 되어야만 한다.

연습실과 비슷한 환경의 공연장에서 진행되는 연극과 달리, 영화나 TV 촬영의 경우, 로케이션 현장에서 감독도 예측하지 못한 물리적 변수 앞에 맞닿을 때가 있다.

연출 노트인 콘티뉴이티(continuity)를 수정해야 하는 것은 물론이며, 배우들의 대사를 현장 상황에 맞게 즉석에서 고치거나 새로운 배역이 추가되기도 하고, 역할이 삭제되어 집으로 돌아가야 하는 배우도 생겨난다.

만약 당신에게 이런 상황이 닥쳐 대사 암기의 혼란에 빠졌을 경우, 묻거나 따지는 데 시간을 허비할 것이 아니라 최대한 빠른 순발력으로 암기에 집중해야 한다. 공(ball)은 이미 당신에게 넘어갔기 때문에 잠시 후 카메라 앞에서 대사 N.G.가 난다면 그 책임은 이유 불문하고 배우에게 돌아가는 것이 일반적이다.

내가 TV 탤런트로 활동하던 시절, 배우 '오지명(1939년생)' 선생과 함께 KBS 월화드라마 〈형〉(1991~1992년)에 출연한 적이 있다.

동 시간대 시청률 1위를 달리던 드라마였는데, 방영 회차의 중반을 넘어서면서부터 대본이 녹화 당일 조각 대본으로 나올 때가 많았다(조각 대본이란, 완성된 한 권의 대본이 아닌 부분적인 신별 조각 원고를 말한다. 영화나 단막극과 달리, 6개월 이상 장기 집필이 진행될 때 작가의 피로감 누적으로 인해 대본이 늦어지는 경우가 종종 발생한다).

녹화 스튜디오 위층에서 집필 중인 작가의 원고를 부분적으로 조달해 가며 녹화를 진행하는 상황이라, 주연 배우였던 오지명 선생은 대사를 암기할 시간적 여유가 없어 거의 매번 카메라의 눈을 속여(cheating)야만 했다.

[자료 6]

③ T.S.	S#26. 한복집 골목 자전거 끌고 오는 판석 ⑭		
②3.S.-T.S.	S#27. 한복집 판석 들어오자 용각처 일어서고	판석	세상 인심 더러워서 동네를 뜨던지 어쩌든지 해야지… 내 참 더러워서 못 살겠네.
③ B.S.		길녀	세봉이는 어떡하고 당신이 자전거를 끌고 오세요?
① B.S.		판석	애비 망신당하는 거 보더니, 차라리 죽는 게 낫다고 들어가라는디 어쩌.. 밭에서 내 대신 일하고 있어.
③ B.S.		길녀	(한숨)
① B.S.		판석	농촌 인심이 뭐 이려, 옥수수 몇 개에 순 도둑놈으로 만들고 말여.

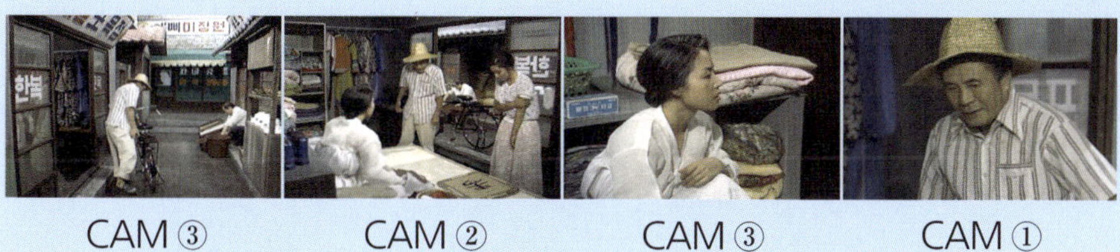

CAM ③   CAM ②   CAM ③   CAM ①

[KBS 월화드라마 〈형〉의 콘티 대본과 카메라 컷 / '김운경' 극본, '황은진' 연출]
화면 속 배우 / 오지명(③·②·①), 이덕희(②·③), 강영아(②)

TV 드라마 녹화는 평균 세 대의 멀티 카메라가 동시에 촬영하게 되고, 연출자는 카메라와 연결된 모니터가 있는 주조정실인 부조에서 편집 컷을 넘기며 방송용 화면을 녹화하게 된다.

카메라마다 램프에 각각의 번호가 붙어있고, 배우는 자신을 녹화하는 카메라의 빨간불을 감지하며 연기하는 것이다([자료 6]에 제공된 콘티 대본의 좌측 동그라미 숫자가 카메라 번호이며, (T.F.S.), (3.S.-T.F.S.), (B.S.)는 화면 사이즈를 표기한 콘티 용어다. / 화면 사이즈에 따른 콘티 용어와 이미지는 III부 '카메라 연기'와 '부록'을 참고 바람).

당시 오지명 선생은 카메라의 빨간불이 상대 배우에게 넘어갈 때, 자신의 동선에 맞게, 바닥이나 기둥·소품 뒤에 나누어 숨겨둔 대사를 빠르게 숙지하고, 자신의 녹화 카메라의 불이 들어오기 직전 시선을 돌려 시청자가 전혀 눈치챌 수 없는 연기로 N.G. 없이 신들을 녹화해 갔다.

이것은 연극이나 영화 촬영과도 다른, TV 멀티 카메라 연기만의 또 다른 특징이다.

만약 오지명 선생이 조각 대본을 받을 때마다 대사 암기를 위해 스태프를 기다리게 했다면, 그날의 녹화는 시간 내에 마칠 수 없었을 것이며 드라마 결방이나 제작비 손실로 이어졌을지도 모른다.

매일 빼곡히 다른 프로그램들로 짜인 방송 스튜디오의 특성상 배우와 연출자는 시간적 제약에서 자유롭지 못하다. 이러한 극한적 부담을 고려할 때, 오지명 선생의 대사 훔쳐보기(cheating)는 아무나 흉내 낼 수 없는 경륜으로 다져진 순발력의 고난도 연기였다.

연기자는 어떤 상황에서든 순발력 있는 대처 능력과 자신의 고유
영역인 연기에 있어 한 치의 양보 없는 욕심을 내야 한다.

연기자의 순발력은, 배우의 재능을 타고난 선천적인 감각과 끊임없는
훈련과 경험을 통해 다져진 내공에서 발휘된다.

[자료 7]

[KBS 일일드라마 〈국가대표 와이프〉의 녹화 스튜디오 / '김지완' 극본, '최지영' 연출]

방송 '멀티 카메라' 녹화 현장 영상 보기

II
연기훈련

한때 잘 나가던 배우 중에서도 수년째 작품이 들어오지 않아 본의 아니게 쉬고 있는 경우가 있다. 한 마디로 개점휴업 상태에 놓인 배우들이다. 배우라는 직업의 특성상 얼굴이 알려진 공인으로서 쉽사리 다른 일거리를 찾기도 힘들다. 그나마 열정이 있는 배우들은 다시 연극무대로 돌아가기도 하지만, 처음부터 영화나 TV 탤런트로 시작했던 배우들은 나이가 들수록 연극무대에 접근하기가 쉽지 않다.

단편적인 끊어 찍기에 익숙한 배우가 감정의 지속력을 유지해야 하는 연극의 장벽을 넘기란 생각만큼 녹록지 않다. 녹슬어 있는 연기력과 떨어진 자신감은 "내가 다시 재기할 수 있을까! 이대로 잊히는 것은 아닌가!" 하는 자괴감마저 들게 된다.

배우들은 천성적으로 몇 년째 일이 없어 쉬고 있을 때도, 자신의 직업이 배우라는 관념에서 벗어나지 못한다.

이 상황이 길어질 경우 정신적 피폐함과 삶의 질은 자신을 더욱 힘들게 한다. 경제적 여유와 무관하게 하루하루 잊혀가는 나날 속에 동료들과의 연락은 끊어지고 자존감은 바닥에 떨어진다.

심지어, 한때 배우였던 아빠나 엄마의 위치는 자녀들에게까지 좋은 본이 되지 못한다. 이미 이직했다면 문제는 다르겠지만, 오늘일까 내일 일까 배역을 기다리며, 수년째 캐스팅 전화만을 기다리고 있다면 자신의 현주소를 냉철히 돌아보고 판단해야 한다.

아무리 생각해도 배우의 꿈이 당신의 발목을 붙잡는다면, 정신건강과 마음의 회복을 위해 당신을 '리셋(reset)'해, 과거의 나를 잊고 새롭게 '리뉴얼(renewal)'해야 한다.

초기화를 뜻하는 '리셋'과 나의 육체를 제외한 생각과 습관, 녹슬고 낡은 모든 면을 새롭게 뜯어고치는 대대적인 '리뉴얼'을 감행해야만 비로소 배우로 재기 할 수 있게 된다.

영어 '리타이어(retire)'는 은퇴(隱退)를 뜻한다. 그러나 '물러나 은둔한다.'라는 우리말 한자의 뜻과 달리, re+tire(tyre)는 '인생의 전반전을 달려온 (자동차의 지친) 타이어를 다시(re) 갈아 끼우고 후반전을 새롭게 달린다.'의 뜻이다. 중년의 연기 재교육 역시, (닳아지고 마모된 낡은 타이어를) 리타이어 하지 않는다면 곧 찢어져 펑크가 날 것이다.

중견 배우들이 개인사업과 자녀 양육의 문제로 연예 활동을 쉬었다 재기하는 경우들이 있다. 그러나 재기에 성공한 배우들은 많지 않다. 대부분이 한두 편 후 다시 자취를 감추거나, 활동을 간간이 이어간다 해도 과거의 명성 회복이나, 배우로서의 존재감을 드러내지 못한 채 쇠락해

가는 안타까움만 전하기도 한다. 재기에 실패한 배우는 또다시 등장하기 어려운 것이 연예계의 현실이다.

'아인슈타인(Albert Einstein / 1879~1955년)'은 "세상에서 가장 멍청한 바보는, 다른 결과를 기대하면서 이전의 방식을 되풀이하는 자다."라고 했다.

실패의 가장 큰 이유는 '리셋'과 '리뉴얼'의 과정을 생략한 채, 낡은 무기를 밑천 삼아 준비 없이 등장한 성급함 때문이다.

배우의 몸은 언제나 연기에 필요한 모든 재료를 축적하고 있지만, 그 재료를 꺼내어 쓰는 감각의 센서(sensor)나 대사와 감정표현을 방해하는 찌든 때와 녹(rust)을 벗겨내야 한다.

원로 배우 '신구(1936년생)' 선생과 '오현경(男 1936년생)' 선생은 80 중반을 넘은 고령에도 불구하고, 여전히 녹슬지 않은 연기로 영화와 연극무대에서 꾸준한 활동을 펼치며 배우로서의 확실한 자기 존재감을 보여주고 있다.

왕년에 아무리 잘 나가던 정치인도 정점에 올라선 후 내리막을 걷는 것은 극히 자연스러운 일이다. 영원히 왕좌를 지킬 수 있는 사람은 없다. 그러나 배우는 아무리 나이가 들어도, 그 사람만이 가능한, 자신의 존재감을 드러낸 국보급 배우로 살아갈 방법이 있다. 또 그렇게 살아남을 수만 있다면 더 이상 바랄 게 없을 것이다.

배우들은 작품의 양보다 질이 중요하다. 특히 나이가 들어가는 배우들은 얼마나 많은 작품에 출연했느냐보다, 나의 존재적 가치를 살릴 수 있는 역할에 무게를 둬야 한다.

배우들의 연기 재기란 나이 든 중견들에게만 해당하는 것은 아니다. 아역 배우로 명성을 날리던 배우들이 성인이 되어가며 역할을 받지 못해 사라지거나, 학업과 군(軍) 생활 등으로 쉬게 된 경우도 있다.

아역 출신들은 신체 성장의 변화에도 불구하고, 각인된 아역의 이미지 때문에 성인 연기 전환에 실패하는 사례들이 많다.

그러나 성인 연기자로서의 허들(hurdle)을 뛰어넘지 못한 아역 출신들이나, 과거의 청춘스타들이 재기하지 못한 가장 큰 이유는, 과거 자기 모습에 함몰되어 변화된 세상과 거울에 비친 자신의 현재를 바라보지 못한 결과들이 대부분이다. 나는 여전히 잘할 수 있는데, 과거에 자신을 불러주던 감독들이 변했다고 서운해할 수 있으나 이제는 내가 변해야 한다. 과거에 인정받았던 아역 배우는 올드 보이(old boy)가 된 것이다. 그의 존재감은 사라진 지 오래되었다.

20대에 시작한 배우는 노년까지 계속해서 존재감을 과시할 수 있으나, 아역 출신은 성인으로 변화되는 신체적 과도기를 반드시 뛰어넘어야만 한다. 과거의 이력서가 아닌 새로운 명함을 내밀어야 한다.

아역 배우로 출발해 세계적 명성을 누리고 있는 '레오나르도 디카프리오(Leonardo Dicaprio)' 역시 아역에서 성인으로 넘어가는 과도기의 위기를 겪어야만 했다. 그는 자신의 곱상한 이미지 변신을 위해 살을 찌우기도 했고, 잘생긴 외모를 숨긴 채 얼굴을 망가트려 악역의 변신을 꾀하기도 했다. 그가 아역 출신이었다는 사실조차 모르는 사람들도 많다. 그는 이제 아역의 모든 이미지를 벗어버린 채 세계 최정상의 배우로 우뚝 서 있다.

'리뉴얼'이 필요한 또 다른 그룹이 있다. 다름 아닌, 중년의 나이에도 꾸준히 일을 해오고 있는 안정된 배우들이다.

직장인과 같이 꾸준히 출연이 이어지고 있는 배우 중엔, 매너리즘(mannerism)에 빠져 공장의 기계처럼 연기하는 경우가 있다.

새벽까지 마신 술 냄새를 풍기며 촬영 현장에 나타나거나, 한참 전에 받은 대본을 암기하지 못한 채 수차례 N.G.를 내는 등 배우로서의 사명감이나 자존심마저 사라진 배우들이다. 새로운 자극이나 욕심도 없이 그저 감독과 PD, 작가와의 훌륭한 인간관계로 일은 끊이지 않고 연결되지만, 연기의 발전은 전혀 진보하지 않는 정체성이 희박한 배우들을 말한다. 부정적 측면의 '직업 배우'가 되어버린 것이다.

이들의 위험성은 역할에 대한 연구나 도전보다, 관계 중심에 집착하며 출연료의 통장 잔고에만 관심을 둔다. 그러나 배우는 돈을 우선시한 직업이 아닌, 창작을 우선시한 예술인이 되어야만 그의 생명력이 길어진다. 타계 후에도 그를 만나고 싶고, 그의 연기를 다시 보고 싶은, 영원히 기억될 배우가 되길 꿈꿔야 할 것이다.

과거의 나를 버리고 신인의 자세로 새롭게 도전하는 '리셋'과 '리뉴얼'만이 유일한 해법이다.

결단

20여 년 넘게 연기 활동을 해온 중견 배우 중에서도, 점차 자신을 압박하는 배우로서의 위기의식과 감흥 없는 연기의 한계점에 부딪혀 슬럼프에 빠지는 경우가 있다.

심각한 경우 알코올 중독이나 극심한 우울감에 시달리기도 한다.

이때 새로운 자극과 직업 배우로서 다시 한번 도약의 기회로 삼을 수 있는 선택이 바로 연기 재교육(再教育)이다.

기성 연기자에게 있어 재교육은 관점에 따라 자칫 자존심을 구기는 일인지도 모른다. 그동안 수많은 역할을 해왔고, 영화나 TV를 통해 얼굴이 알려진 배우가 뒤늦게 다시 연기를 배운다는 것은 용기 없이는 불가능한 일이다. 그러나 알량한 자존심을 내려놓는 순간, 당신의 죽었던 자존감(self-esteem)이 올라가며 새로운 가치와 배우 인생 제2의 서막이 열리게 될 것이다.

방법

연기 재교육(retraining)은 크게 세 가지 방향이 있다.

배우들끼리 모여 연습하는 소그룹 스터디와 지도자에 의한 그룹 훈련, 또는 1:1 코칭을 예로 들 수 있다.

세 가지 방식 모두 자신들의 형편과 상황에 따라 도움이 될 것이다.

그러나 장단점의 차이를 파악해 자신에게 적합한 방식을 권한다.

배우들만의 소그룹 스터디는 강사료 지출이 필요 없는 장점에 비해, 연기의 객관적 평가와 그에 따른 개개인의 처방을 내릴 수 없는 치명적 단점이 있다. 과거의 연기에서 벗어나지 못한 채, 재생(playback)을 반복하는 것은 스터디의 진정한 의미를 살려내지 못한다. 초반 열정과 달리 시간이 갈수록 방향성은 혼미해지고 모임 자체는 시들해진다.

그에 반해 지도자에 의한 그룹별 훈련은 배우들의 확실한 검진(check-up)이 이뤄지며, 커리큘럼(curriculum)에 의해 단계적 훈련을 쌓아갈 수 있는 장점이 있다. 연기 평가 측면에서도, 동료 배우가 바라보는 눈과 지도자가 바라보는 눈의 각도는 다를 수밖에 없다.

재교육의 가장 큰 목적은, 건강검진으로 자기 몸 상태를 확인하듯 현재 나의 연기 상태를 면밀히 검진받아, 반드시 제거해야 할 암적인 결함과 극복할 문제점들을 연기재활(演技再活)을 통해 고쳐내는 것이다.

골프·육상·수영·테니스·축구 등 모든 스포츠 선수에게 감독(Head coach)과 코치(Assistant coach)가 있다.

국가대표 선수의 수준이라면 뛰어난 재능과 기술의 소유자들일 텐데 이들은 왜 자신들끼리 훈련하지 않을까? 경기가 아닌 연습에서도, 왜 감독과 코치는 선수 곁을 지키며 잔소리와 열변을 토해내는 것일까?

운동선수에게 은퇴는 있어도 재교육은 없다. 이들의 일상은 매일 재교육의 연속이며 또 다른 도전의 시작이었기 때문이다.

배우 역시 책임 있는 지도자의 장기적 코칭(coaching)이 필요하다. 배우는 촬영 현장이나 연극연습 시 감독의 끊임없는 코칭을 받는다. 코칭을 받으며 배우의 연기는 다듬어지고 성장한다.

성공한 사람들의 공통점을 분석한 '안데르스 에릭슨(Anders Ericsson)'의 오리지널 박사학위 논문과 이후 출간된 『1만 시간의 재발견』의 핵심 주제 역시 이와 유사하다. 그의 연구 결과에 따르면 "성공한 사람들은 혼자 1만 시간을 훈련한 것이 아니라, 지도자의 끊임없는 피드백을 받으며 1만 시간의 훈련을 쌓았다."라는 것이다. 즉, 철저하리만큼 신중하게 계획된 연습(deliberate practice)이었다. 혼자만의 잘못된 연습이 반복될 경우 발전을 기대하기는커녕 오히려 퇴행을 가져올 수 있다.

8세에 천재성을 인정받은 '모차르트(Wolfgang Amadeus Mozart)' 역시, 궁정 악사였던 아버지에게 두 살 때부터 주당 35시간씩 피드백을 받으며 훈련했고, 여덟 살이 되던 해 1만 시간이 채워진 결과였다.

이런 측면에서 볼 때, (신인은 물론이며) 연기 재교육의 가장 효과적인 방법 또한 '지도자의 끊임없는 피드백을 통한 훈련'이다.

배우들의 시기심은 상대 배우나 동료의 연기가 나보다 한 수 위라고 느껴질 때 발동한다. 타 분야도 마찬가지겠지만 이는 경쟁의식이 불러일으킨 배우 세계의 특징이다. 어제까지 절친이었던 배우가 어딘가에 캐스팅되면, 축하의 마음보다는 짜증이나 자기연민에 빠지는 게 배우다. 오늘의 친구가 내일의 라이벌이 될 수밖에 없는 연예계의 특징이다.

모든 배우가 다 그렇다는 것은 아니다. 고정된 월급을 받는 직업도 아니고, 제작되는 영화나 TV 드라마는 한정되어 있기에 섭외 전화를 기다리며 목을 빼고 있는 배우들이 한둘이 아니기 때문이다. 이러한 배우 세계의 경쟁 심리는 소그룹 스터디나 지도자를 중심으로 진행되는 재교육에서도, 동료 배우의 단점을 보고도 지적해주지 않는 경우가 많다. 경쟁 관계의 부정할 수 없는 시기심이 상대의 장단점을 보고도 못 본 체, "괜찮네. 뭐 좋아! 그 정도면 훌륭해." 식의 평이한 수준의 말에서 그친다.

쉬운 예로 스포츠계의 쌍벽을 이룬 두 선수가 서로의 연습을 지켜본 후 상대의 약점을 지적하는 자리에서, 두 사람 모두 상대의 결함을 말하지 않을 확률은 뻔한 일이다.

동료 간의 소그룹 스터디의 가장 큰 단점은 전문성 부족과 매몰이다.

코칭

마라톤이나 골프 등의 개인 종목은 코치 한 사람이 한 명의 선수에게만 집중한다. 그러나 때론 두세 명의 코칭스태프가 조직적으로 움직이며 관리하기도 한다.

마라톤의 경우, 코치는 전기자동차를 타고 선수와 함께 42.195km를 달리며 문제점을 지적하고 교정해 나아간다. 골프 또한 평균 6천 미터에 달하는 18홀의 전 코스를 선수와 함께 걸으며 지도한다.

답부터 말하자면 연기 역시 1:1 코칭이 가장 큰 효과를 끌어낼 수 있다.

배우들은 이 시대 최고의 엔터테인먼트 산업의 꽃이 되길 원하면서도 왜 자기 계발 투자에 인색한 것일까?

이는 개인뿐만이 아닌 매니지먼트사 역시 마찬가지다.

대형 스타들을 관리하는 소속사들은 배우들의 작품 선택에서부터 사생활 관리까지 엄격한 규율과 통제를 가한다. 그러나 연기는 배우의 몫으로 맡긴 채 체계적인 관리지원이 부족하다.

밀려오는 시나리오를 검토하고 소속 배우에게 적합한 작품을 선택해 계약하는 일련의 과정에 비해, 연기를 꾸준히 지도할 연기 코칭 자가 없다는 것이다. 배우의 전담 매니저를 코칭 자로 오해할 수 있으나, 비즈니스 측면을 관리하는 담당자일 뿐이다.

유명 스타들의 경우, 촬영 현장에 메이크업이나 헤어·의상 담당자가 있음에도 불구하고 개인 스타일리스트를 데리고 다닌다.

연예인들에게 있어 머리에서 발끝까지 모든 것 하나 소홀히 넘길 수 있는 것은 없지만, 가수의 본질은 노래이며, 배우의 본질은 연기(演技) 그 자체이다. 그런데 만약, 배우의 본질인 연기가 죽어 있다면 제아무리 능력 있는 스타일리스트도 배우의 연기를 스타일링 해 살려내지 못할 것이다. 이후 배우는 시장에서 퇴출당하기 마련이다.

개인 스타일리스트나, 운전기사, 로드매니저는 두면서 왜 연기 코칭

자의 필요성은 느끼지 않는 것일까?

이미 스타 대열에 올랐음에도 불구하고, 작품마다 연기의 톤이 똑같은 식상한 연기를 보여줄 수밖에 없는 근본적 원인은 무엇일까? 현대물이나, 사극에서나, 의상과 분장만 달라졌을 뿐 연기의 변화를 전혀 찾아볼 수 없는 배우들이 있다.

이 말에 동감하며 떠오르는 배우들이 있을 것이다.

개관부에서 언급했듯, 배우들은 왜 다른 예술가들에 비해 가장 게으르고 자기 계발을 위해 투자하지 않는 것일까?

나는 그 이유를 배우들의 자만(自慢)에서 찾았다.

"내 안에 이미 많은 양의 연기 재료가 축적되어 있다."
"10년 넘게 이 방식대로 연기해 왔어도 아무런 문제가 없다."
"내가 선생인데, 누구에게 연기를 배운단 말인가?"

사람은 누구나 긍정적 사고와 규칙적인 운동, 고른 식생활을 통해 건강을 유지 관리할 수 있다. 그러나 검진을 통한 의사의 소견과 처방을 받아 실천할 때 인체 과학적 건강이 유지되고 생명 연장이 보장되듯, 배우인 당신의 주치의가 필요하다.

당신의 연기 활동에 빨간불이 들어왔다면, 시대적 변화에 따른 캐스팅 구조가 바뀐 이유도 있겠지만, 연기 자체의 진부함이 가져다준 결과는 아닌지 의심할 필요가 있다.

좀 더 발전적인 배우의 길을 꿈꾼다면, 배우 세계의 옛 관습에서 벗어나 운동선수와 같이 가장 밀접한 거리에서 나를 관찰하고 장기적으로 조련(training)할 코칭(coaching) 자를 만나길 권한다.

연기훈련에 있어 코칭 자는 전직 배우 출신의 전문 지도자나, 연기 경력이 있는 감독이 적합하다. 때론 감독과 연기를 병행하는 사람 중 감독 영역에 무게를 둔 지도자를 만나는 것이 좋다.

코칭 자는 음식을 요리하는 셰프(chef)와도 같다.

어제까지 사용했던 동일한 재료(배우)도, 어떤 셰프 · 어떤 코치를 만나느냐에 따라 결과는 극과 극의 차이를 낳게 된다.

시나리오 집필이나 연출 경험이 전무한 평론가가 영화를 도마 위에 올려 난도질하는 것은, 객관성의 눈으로 작품을 평가하는 것이다. 배우의 연기 역시 냉철한 객관성의 칼질이 필요하다.

그러나 연기 코칭 자는 칼질만 하고 끝내는 평론가와 달리, 수습과 재활 능력을 갖춰야만 한다.

칸 국제영화제 황금종려상 · 감독상 · 심사위원 대상(2회) 수상 및 두 명의 칸 남우주연상과 칸 여우주연상을 배출시킨 튀르키예(Türkiye)의 '누리 빌게 제일란(Nuri Bilge Ceylan '튀르키예'어 발음)' 감독은, 그간 비전문 배우들을 주로 출연시켜 왔다.

다큐멘터리가 아닌 극영화의 주인공으로 자신의 아버지와 어머니는 물론이며, 아내와 사촌 동생, 친구들과 동네 아이들까지 평범한 주변인들을 배우로 등장시켰다.

그러나 누구도 예측하지 못했던 이들의 연기는 각종 해외 영화제에서 연기상을 받으며 세상을 놀라게 했다.

무엇이 상식을 초월한 이변을 만들어 냈을까?

2021년까지 우리나라에서 단 한 명의 배우도 받아보지 못했던 '칸 남우주연상'을 무명의 비전문 배우 '메흐멧 에민 토프락(Mehmet Emin Toprak)'과 비주류 배우 '무자페르 오즈데미르(Muzaffer Ozdemir)'가 어떻게 수상할 수 있었으며, 과연 어떤 연기를 보여줬을까?

불가능을 가능으로 이끌어 낸 힘의 원동력은 무엇이었을까?

('메흐멧 에민 토프락'은 2003년 제56회 칸 국제영화제 초청 소식을 듣고 뒤늦게 받은 출연료로 구입한 중고차를 타고 달리다, 칸에 가보지 못한 채 튀르키예에서 교통사고로 사망했다. 남우주연상 트로피는 사촌 형인 '제일란' 감독이 대신 받았다.)

수입 배급: (주)문필름코리아　　　[자료 8]

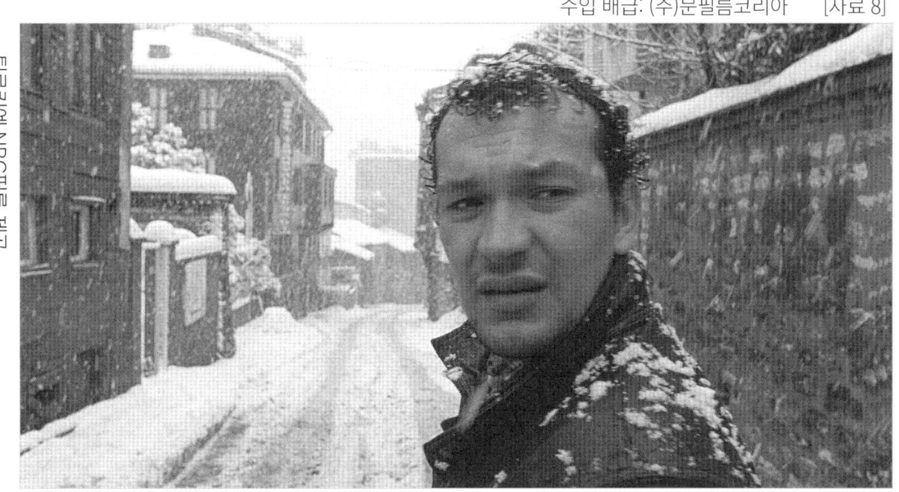

[2003년 제56회 칸 영화제 심사위원대상 및 남우주연상 수상작 〈우작〉의 (故) '메흐멧 에민 토프락']

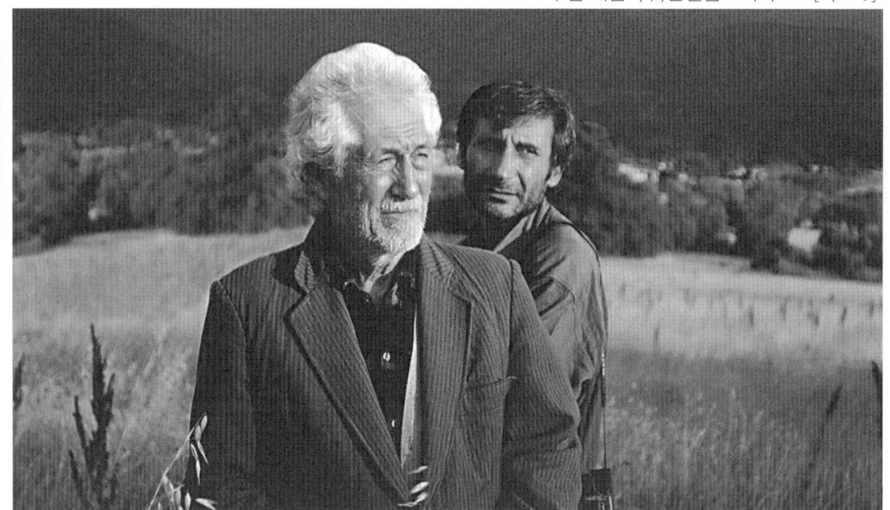

[영화 〈5월의 구름〉의 주연 배우 '메흐멧 에민 제일란(좌)'과 '무자페르 오즈데미르(우)']

제일란 감독의 아버지 '메흐멧 에민 제일란(Mehmet Emin Ceylan)'은 아들의 첫 번째 영화에서부터 출연한 비전문 배우였으나, 세 번째 출연작인 〈5월의 구름 *Mayis sikintisi*〉을 통해 2000년 알렉산드리아 국제영화제에서 남우주연상을 거머쥔다.

아버지 '에민'이 출연한 첫 작품은 대사가 없는 15분 단편이었으며, 두 번째 영화는 후시 카메라로 촬영해 성우가 대사를 더빙했다.

제일란 감독의 아버지는 세 번째 출연작 〈5월의 구름〉에서야 비로소 자신의 목소리로 동시녹음 연기에 도전했다.

어쩌면 첫 작품이나 다름없는 작품에서 남우주연상을 받을만한 연기를 했다는 게 쉽게 믿어지지 않을 것이다. 그러나 실제 영화 속 '에민'의 연기는 그 어떤 배우에게도 뒤지지 않는 최고의 명연기를 보여준다.

그러나 바로 이러한 성과는 누구나 가지고 있는 잠재된 숨은 연기력을 끌어낸 '제일란' 감독만의 탁월한 코칭(coaching)의 결과였다.

제일란은 세계 거장이 된 지금도 배우의 지명도를 보고 캐스팅하지 않는다. 그는 어떤 배우에게서든 자신이 원하는 연기를 끌어내는 자기 공식이 뚜렷한 감독이다.

[자료 10]

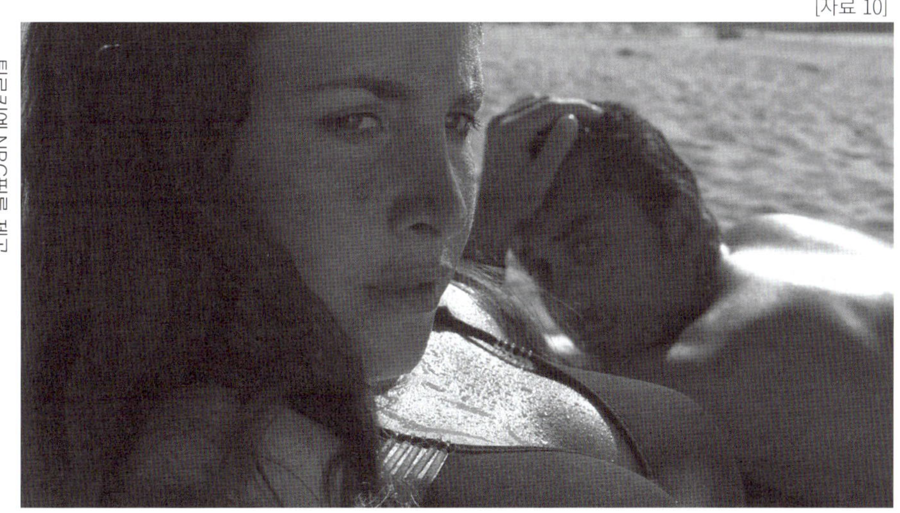

[영화 〈기후〉의 '에브루 제일란(좌)'과 '누리 빌게 제일란(우)' 부부]

더 나아가 제일란 감독은, 데뷔 후 자신의 다섯 번째 연출작이자 2006년 칸 영화제 공식 경쟁작인 〈기후 *Climates*〉에서 아내 '에브루 제일란(Ebru Ceylan)'과 함께 공동주연으로 출연하기도 했다.

배우로서는 첫 출연작이었으나 그 어떤 배우도 감히 얕잡아 볼 수 없는 소름 돋는 명연기를 보여주었다. 특히 4분 50초간의 롱테이크(long-take)와 1분 50초가 더해진 두 컷의 성폭행 장면은 제일란을 배우로서 각인시키기에 충분했다.

그뿐만 아니라 연출과 연기의 양대 축을 관통시킨 수작으로 평가받으며 그 해 칸 영화제의 전례 없는 화두가 되었다.

기자들은 제일란에게 "언제부터 연기를 그렇게 배웠느냐?"고 묻기도 했지만, 이는 매우 상식 없는 질문이다.

감독이란 배우들과 함께 매일같이 촬영 현장에서 연기하는 사람들이다. 감독이 연기를 모른 채 배우의 연기를 지도할 수 있겠는가?

모든 감독은 자신이 카메라에 찍히지 않았을 뿐이지, 카메라와 연결된 모니터를 바라보며 배우와 함께 연기한다. 이러한 이유 때문에 자신이 생각하는 감정선에서 배우의 연기가 조금만 빗나가도 "컷" 소리와 함께 즉시 제동을 걸게 된다.

감독은 연기의 뛰어난 통찰력(洞察力)을 가지고 있다.

심미안(審美眼)과 함께 가슴(心)과 이성(理性)이 충돌해 말이 튀어나오게 되며, 문제점과 그 대안을 제시하는 것이다.

배우는 연기를 잘 끌어낼 수 있는 감독을 만나야 한다.

다시 말해 어떤 코칭 자를 만나느냐에 따라, 제일란의 아버지나 사촌 동생 '메흐멧 에민 토프락'과 같은 비전문 배우도 주연상을 거머쥘 만한 연기력의 소유자로 거듭날 수 있게 된다.

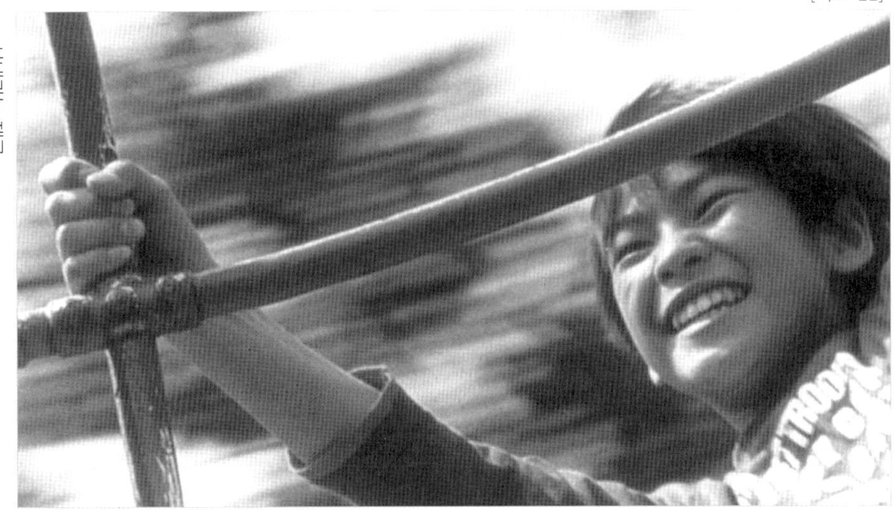

[영화 〈아무도 모른다 *Nobody Knows*〉의 주인공 '야기라 유야(14세)' / 감독 '고레에다 히로카즈']

이와 유사한 또 다른 예가 있다. 생애 첫 오디션에 선발된 일본의 비전문 아역 배우 '야기라 유야(やぎら ゆうや)'는, 데뷔작 〈아무도 모른다 *誰も知らない*〉를 통해 2004년 제57회 칸 국제영화제에서 최연소(14세) 남우주연상을 받았다. 칸 역사상 전무후무(前無後無)한 사건이었으며 이 기록은 아직 깨지지 않고 있다. 당시 심사위원이었던 '쿠엔틴 타란티노(Quentin Tarantino / 1994년 칸 영화제 황금종려상 수상자)' 감독은 "그동안 많은 영화를 봐 왔지만, '야기라 유야'의 얼굴을 난 잊을 수 없다."라고 극찬했다.

함께 후보에 오른 쟁쟁한 월드 스타들을 제치고, 아역 배우가 데뷔작으로 칸 남우주연상을 받게 된 것은, 오직 그의 숨은 잠재력을 끌어내 준 거장 '고레에다 히로카즈(これえだ ひろかず)' 감독의 절대적인 '코칭(coaching)'의 결과였다(배우 '송강호'에게 2022년 칸 남우주연상을 안긴 장본인 역시, 한국 영화 〈브로커〉를 연출한 '고레에다 히로카즈' 감독이다).

또한 2023년 2월 스페인의 8세 소녀 '소피아 오테로(Sofia Otero)'는 데뷔작 〈2만 종의 벌들 *20,000 Species of Bees*〉로 베를린 국제영화제에서 최연소 여우주연상을 받았고, 프랑스의 5세 소녀 '빅토와르 띠비솔(Victoire Thivisol)' 역시 1996년 데뷔작 〈뽀네뜨 *Ponette*〉를 통해 베니스 국제영화제 최연소 여우주연상을 받았다(세계 3대 영화제는 TV처럼 아역 부문이 없다. 이들은 모두 성인 배우들에게 주어졌던 그 상을 받은 것이다).

이들의 공통점은, 감독으로부터 연기의 정확한 지시(direction)서인 번지수(番地數)를 부여받았다는 사실이다. 번지수를 알지 못하면 그 위치는 찾을 수 없는 것이다. 배송은 실패하는 것이다.

배우의 연기는 끊임없는 자극(stimulus)에 의해 성장한다.

만약 '개인 코치'를 둘 수 없는 상황이라면, 가까운 감독에게 캐스팅 유무와 관계없이 꾸준히 연기에 관한 자문(諮問)을 구하고, 자신의 단점과 개선할 점에 관한 피드백(feedback)을 받아라.

감독은 뛰어난 연기력의 소유자가 아니라 할지라도, 그동안 많은 배우의 연기를 현장에서 진단하고 치료했던 메스(mes; scalpel)를 든 의사라는 사실이다.

배역을 얻기 위한 사교적 술친구가 아닌, 나의 연기를 도마 위에 올려 불필요한 군더더기를 잘라내고 배우로서의 방향성을 채찍질해 줄 애정 어린 지도자를 만나길 바란다.

체크 리스트

앞서 언급했듯이 연기 재교육과 진보적 훈련을 위해서는, 검진에 의한 사전 자료를 가지고 진행해야 한다. 그때그때 달라지는 일관성 없는 즉흥적 평가는 정확한 처방을 내릴 수 없으며, 연기자에게 신뢰와 설득력을 주지 못한다.

나는 시나리오 집필 시, 등장인물의 캐릭터 구축과 전체 수정에 필요한 타당한 이유와 근거를 찾기 위해 체크 리스트(check list)를 사용한다. 또한 새로운 프로젝트 진행 시에도 반드시 체크 리스트에 의해 사업의 타당성과 개선 여부 및 추진 방향을 결정한다.

체크 리스트는 토론이나 머릿속 생각과 달리, 객관적 데이터를 만들어 구체적인 접근을 가능케 한다.

다음에 소개할 [표 1 · 2]는, 나에게 코칭을 의뢰한 배우들의 연기평가에 사용된 '체크 리스트'와 '진단 소견 양식'이다. 체크 리스트가 절대 기준은 될 수 없겠지만 진단 데이터가 없는 두루뭉술한 판단은 지도자의 신뢰도나 설득력 부재를 가져오기 마련이다.

나는 항목별 수치에 따른 개선 가능성을 배우와 상의한 후 코칭 여부와 강도를 결정한다. 굳이 코칭이 필요하지 않은 배우에게는 의사가 약을 처방하듯, 문제시되는 부분을 스스로 개선할 수 있도록 그 방법만을 제공한다. ※ '한국시네마연기연구소'의 '연기 진단 체크 리스트'를 포함한 수록된 모든 표와 그림은 저작권이 등록된 자료이므로, 서면 허락 없는 무단 사용 및 유사 변형을 금함(도서, 논문, 신문, 방송, 강의, 동영상 등).

연기 진단 체크 리스트

[표 1]

영 역	세 부 항 목	점 수
대 사	대사 읽기(현대물과 시대극).	
	장문(長文)의 호흡 조절 능력.	
	즉흥 대사 구사력.	
	표준어 구사력.	
	발음상태(혀 짧음, 우물거림, 세는 발음, 기어들어 감).	
	거슬리는 잘못된 습관(쪼).	
	최저의 세미한 음성 연기(전달력과 호흡 조절).	
발 성	소리의 톤과 음역(성량).	
	소리를 내는 신체 지점(목 · 단전 · 두성).	
	중저고음의 조절 능력.	
	명확성.	
감 정 & 심 리	'희로애락(喜怒哀樂)'의 연결된 감정변화.	
	감정 기복의 온도.	
	감정이입.	
	호기심.	
	음모.	
	공포.	
	유쾌함.	
리 액 션	대사 듣기와 감정 억제(지속력).	
	손발 활용도와 적절성.	
	걸음걸이.	
	시선 처리와 눈 연기.	
흡 입 력	카메라를 사로잡는 자신감.	
	모니터상의 매력.	
	호흡 조절 능력.	
	연기를 방해하는 요소.	
	긴장과 이완.	
총 점		

연기 진단 소견서

대사 구술력	
내 용	
감정과 리액션	
내 용	
긴장과 이완	
내 용	
총 평	
내 용	

당장 코칭 자를 찾기 힘든 상황이라면 [표 1·2]의 '체크 리스트'와 '소견서'를 이용해 본인 스스로 자가 진단도 가능하다.

자신의 연기 현주소를 누구보다 잘 알고 있겠지만, 체크 리스트를 이용해 연기를 점검해보고, 소견서 역시 객관적 입장에서 냉정한 평을 써본다면 그 안에서 개선 방향을 스스로 찾게 될 것이다.

27개의 항목을 개당 10점 만점으로 계산할 경우, 최대 270점이 나올 수 있으나 총점의 수치는 전혀 중요하지 않다.

건강검진의 혈당 수치나 혈압 수치와 같은, 의학적 기준이나 학술적 비교를 위한 잣대의 목적이 아니기 때문이다.

중요한 것은 '대사나 감정·리액션' 등으로 구분된 영역 중, 어디 어디가 취약한 부분이며, 어느 '항목'이 가장 위험수위에 처해 있는지를 발견해 내는 것이다.

'연기 진단 체크 리스트'는 배우의 상태를 한눈에 알 수 있는 엑스레이(X-ray) 필름과도 같다.

다음 과로 넘어가기 전, 지금 즉시 펜을 들고 체크해 보기 바란다.

당신이 나의 강의를 듣는 학생의 자세로 임할 때, 쌍방향 수업의 효과를 얻게 될 것이다(이 책은 거의 모든 과정이 실습을 병행하며 진도를 나가게 되어 있다. 눈으로만 읽는 독서라면 학습효과는 크게 기대할 수 없다).

'영역'과 '세부 항목'의 수치는 당신이 개선해야 할 문제점을 정확히 깨닫게 할 것이다. 본인이 작성한 셀프 소견서 안에 처방의 답은 나오게 되어 있다.

연기의 동기부여

모든 예술 분야의 실기(實技)는 '듣는 것'으로부터 시작된다.

이는 타 분야의 기술 역시 마찬가지다. '스포츠 · 농업 · 건축 · IT' 등 기타 모든 장르의 시작은 듣기(listening)다.

연기훈련은 지도자의 설명을 잘 듣는 것이 중요하며, 지도자 역시 배우의 단점을 정확히 끄집어내 수정할 수 있는 설득력 있는 언변이 필요하다.

과거, 대학 입시 철이 되면 나에게 1:1 코칭을 의뢰하는 학생들이 있었다. 이들은 대부분 1, 2년간 연기학원을 다녀본 경험자들이었지만 연기 테스트 결과는 실망감을 감출 수 없었다.

입시생들의 연기훈련은 성인 연기자들의 재교육 코칭과는 다른 방식의 훈련이 이루어진다.

첫 수업에 들어가기 전, 평소 연습했던 대사와 즉흥연기, 새로운 대사 읽기로 현재의 상태를 점검한 후 본격적인 수업에 들어간다.

길어도 20분을 넘기지 않는 세 가지 테스트가 끝나면, 이틀간 약 6시간의 이론이 이어진다. 시험지에 풀 연기 이론이 아닌, 그동안 잘못 배어 있는 연기 습관의 개선안과 입시 연기를 위한 희곡 대사의 청사진을 머리에 입력시키는 '리셋'과 '리뉴얼' 과정을 거친다.

여학생들의 경우, 엄마나 아빠가 동행해 수업에 참관할 때가 많은데,

대부분의 학생과 학부모는 '당장 연기를 가르쳐주지 않고, 왜 이렇게 잔소리로 시간을 허비하는가.'라는 의문을 품는다. 연기 테스트 외에 이틀 동안 전혀 연기를 지도하지 않고, 나 혼자 떠들어대는 것이다.

학생과 학부모가 좀이 쑤셔 인내력의 한계를 느낄 무렵, 보통 이틀째 마지막 시간이나, 사흘째 첫 시간에 비로소 연기를 시키게 된다. 그런데 문제는 입시를 앞둔 학생이 아닌 참관자인 엄마에게 연기를 주문한다.

항상 이 과정을 겪을 때마다 재미있는 일들이 반복된다.

"연기는 제 딸아이가 배우러 왔는데, 왜 제가?"

"이틀간 연기술에 관한 얘길 했습니다.

어머니에게 먼저 연기를 주문하는 것은, 딸의 연기를 보다 잘 끌어내기 위함입니다."

"전 무슨 말씀인지...

그냥 시간 없는데 빨리 애한테 시키세요.

(손짓하며) 네가 나가봐."

(일어나려는 학생을 손짓으로 앉게 하며)

"연기는 누구나 할 수 있는 것입니다.

'그러나 그 요령을 알아야만, 나에게 이미 축적된 연기 재료를 끌어낼 수 있다.'라고 말씀드렸습니다.

이 원리만 터득하면 연기는 누구나 할 수 있습니다. 원리를 깨닫지 못하면 수년간 연기를 배워도 헛수고(vain effort)일 뿐입니다.

첫 시간에도 말씀드렸지만, 저는 학생들의 경우 2개월 이상 연기를 지도하지 않습니다. 본업이 따로 있는 이유도 있지만, 2개월 이내에 체질화되지 못한다면 배우로서의 재능은 없는 것입니다.

일찌감치 다른 길을 찾는 게 낫습니다…….

자, 어머니 나와 보십시오."

(딸의 눈치를 보며 앞으로 나온 어머니에게, 나는 즉흥연기를 주문한다.)

"어머니는 지금, 결혼 후 20년 동안 만나지 못했던 여고 시절 절친을 기다리고 있습니다. 그런데 그 친구는 5년 전 사별을 했고, 현재 두 아이를 키우며 생활고에 지쳐있습니다. 그래서 그동안 친구들과의 연락마저 끊게 되었죠...

그런데 지난주 어머니에게 그 친구가 먼저 연락하게 된 것은, 근처로 이사해 왔다는 것과 어머니 직장에 새로운 일자리를 부탁드리고자 연락했던 것입니다...

오랜만에 만나게 될 절친이지만, 일자리를 알아봐 줘야 하는 부담을 안고 친구를 기다리고 있습니다....

자! 그런데, 저기 그 친구가 들어옵니다.

달려가도 좋고, 끌어안아도 좋습니다.

마음이 움직이는 대로 연기하세요."

이렇게 주문하면 대부분의 엄마는 감정이 북받쳐 눈물을 쏟아내며, 앞에 있지도 않은 빈 의자의 친구를 바라보며 기성 배우 못지않은 훌륭한 연기를 보여준다.

학부모의 연기는, 나의 "컷" 소리 이후에도 감정 수습이 되지 않아 눈물을 훔치며 연습실 밖으로 나가 흐느끼는 경우가 많다.

나는 학생에게 새로운 자극을 주기 위해 의도적으로 격한 감정의 상황을 던진 것이다.

엄마의 생초보 연기를 난생처음 지켜본 딸 역시 눈물을 닦으며, 여태껏 자신이 알고 있었던 연기의 개념이 한순간 무너진 채 잠시 혼란을 겪는다.

전혀 예측할 수 없는 돌발 상황에서 갑작스럽게 이루어진 엄마의 연기에 당황하지 않을 수 없고, 더 놀라운 것은 눈물을 쏟아내며 상황에 완벽히 이입(移入)한 엄마의 열연 자체가 딸에게는 신선한 충격이자 연기에 대한 회의감마저 밀려오는 변화구가 되었던 것이다.

그러나 엄마의 연기를 보고 꿈을 포기한 학생은 아무도 없었다.

단 한 명의 학생을 앉혀두고 이틀간 여섯 시간을 떠들며 강조했던 잔소리의 진가가 학부모의 연기를 통해, 누구나 내 안에 있는 재료를 꺼내 명연기를 보여줄 수 있다는 것을 입증하는 순간이다.

대사에 집중할 때 연기가 나오는 것이 아니라, 상황(狀況)에 집중할 때 대사가 나오는 것이다. 시나리오 작가 역시 대사를 통해 상황을 만들어 내는 것이 아니라, 상황에 집중할 때 대사가 써지게 된다.

'누리 빌게 제일란' 감독이 비전문 배우인 가족이나 친구, 동네 아이들의 연기를 끌어내는 방법도 이와 비슷하다.
제일란 감독은 끊임없이 배우와 소통한다.

배우는 감독의 말을 잘 경청(attentive listening)하는 것만으로도 연기의 반 이상이 완성되며 캐릭터 창조의 더 없는 자산이 된다.

감독은 배우에게 '정보'와 '자극'을 제공하는 '펌프(pump)'다.
배우에게 전달된 감독의 정보와 자극은 풍부한 상상력과 열매를 맺게 하는 거름(manure)의 역할을 한다.

감독은 연거푸 N.G.를 내거나 집중하지 못한 배우에게, 이런 표정, 이런 톤의 대사를 해달라고 기교(技巧)를 주문할 것이 아니라, 상황에 빠져들 수 있는 동기부여(動機附與)를 시켜야 한다.
실패하고 좌절한 사람에게 다시 일어설 삶의 '동기부여'가 필요하듯, 배우를 조련할 감독과 연기 코칭 자는 끊임없는 동기부여의 자극을 주어야만 한다.

시나리오 분석

시나리오 분석은 배우에게 주어진 첫 번째 임무다.

유명 스타들의 경우, 시나리오만을 전담해 읽고 옥석을 골라내는 담당자들에 의해 출연 검토가 시작된다.

밀려오는 수많은 시나리오를 배우가 직접 다 읽을 수 없기 때문에, 1차 선별을 거친 대본만을 본인이 읽고 출연 여부를 결정짓게 된다. 물론 스타들의 출연 계약까지는 그 외에도 여러 조건이 동반되고 제작사와 조율할 문제들이 많다.

매니저나 소속사 유무와 관계없이 출연 결정이 이루어졌다면, 이제 본격적인 시나리오 분석과 자신이 맡은 캐릭터 구축을 위해 연구할 과제들이 남아 있다.

역할의 비중과 무관하게, 배우는 자신이 맡은 배역 창조를 위해 단순한 대사 암기의 차원을 넘어 드라마를 관통하는 산맥과 골짜기와 계곡을 한눈에 내려다볼 수 있는 위성사진을 바라보듯, 전체와 부분을 통찰(洞察)해야만 한다.

시나리오 전체를 꿰뚫는 통찰력은 오직 읽기를 통해서 가능하다. 작가나 감독의 부연 설명을 듣기 전, 시나리오상의 결함과 미추(美醜)의 영역까지 발견할 수 있는 심미안(審美眼)의 소유자가 되어야 한다.

캐스팅된 배우는 감독에게 끌려가는 수동적 형태가 아닌, 감독과 함께 캐릭터의 생명력을 불어넣는 창조성을 발휘한 능동적(能動的) 존재가 되어야 한다. 이는 역할이 작은 배우에게도 마찬가지다.

"하찮은 배우는 있어도, 하찮은 역할은 없다."라는 말이 있다. 모든 감독은 단역 하나하나까지 매우 신중히 캐스팅한다. 단역이라고 해서 대충 캐스팅해 일회용처럼 사용하는 감독은 없다. 작품의 규모가 커지면 커질수록 대사 한 마디의 배역까지 오디션을 통해 뽑는 경우가 많다.

배우들은 자기 대사가 한두 마디거나, 단역인 경우 "내 역할은 별로 연구할 게 없다. 대사 다 외웠다."라고 방심하며 큰 준비 없이 촬영에 임하는 경우가 많다. 그러나 눈에 보이지 않는 작은 세포도 현미경으로 관찰하면 상상하지 못했던 신세계를 발견하게 된다.

배역을 어떤 각도에서 바라보느냐에 따라 해석과 표현의 차이는 천차만별로 달라질 수 있다.

내가 배우로 활동하던 시절 (故) '김인문(1939년생)' 선생께 직접 들은 이야기이다. 김인문 선생은 1968년 TBC 탤런트 데뷔 시절, 엑스트라나 다름없는 역할을 맡았다고 한다.

주인공이 대문 밖으로 나오기 전, 빈 골목의 세트장 분위기를 메꾸기 위해 뒤통수로 지나가는 역할이었다. 김인문 선생은 느낌 없이 지나가는 로봇 연기를 하고 싶지 않아, 소품실에 들러 두부 장수들이 사용하는 종과 가게에서 구입한 두부 한 판을 들고 녹화장에 들어왔다.

조연출의 큐(cue) 사인이 들어오자 김인문 선생은 두부 장수 설정에 하나를 더 추가해, 한쪽 다리를 절며 종소리와 함께 "두부요 두부… 맛좋은 두부 들여가세요." 를 외치며 골목을 향해 들어갔다. 이어 주인공이 대문을 열고 나오자, 몸을 움찔 놀라듯 다리를 절며 비켜나 주인공의 뒷모습을 힐끔 바라볼 때, "컷" 소리와 함께 연출자의 아무런 지적 없이 녹화가 끝났다.

어쩌면 연출자와 상의 없이 진행된 돌발적 행동은 드라마를 해치는 요소가 될 수 있으므로, 자신의 특정한 설정이 있다면 촬영 전 반드시 감독에게 알려 동의를 구해야만 한다.

방송이 나간 후 다리를 절며 골목을 지나갔던 '김인문'의 연기에 연민의 관심이 이어졌고, 작가는 두부 장수의 역할을 매회 등장시키며 고정배역이 된 행운을 얻게 되었다.

작가나 감독도 계획하지 않았던 '김인문'의 노력의 결과였다.

대사도 없이 뒤통수로 지나가야 했던 역할이, 시대적 사연을 품은 새로운 등장인물로 자리 잡게 되며 영화계 진출로까지 이어지는 계기가 되었다.

로마가 세계를 제패하던 헬라시대 성경 비유 중, 주인이 맡긴 '달란트'를 두 배로 남긴 종에게 "착하고 충성된 종아 네가 작은 일에 최선을 다했으니, 내가 이제 많은 일을 네게 맡기겠다^(마25:21)."라는 말이 있다. 헬라어 원문 '탈란타($\tau\acute{\alpha}\lambda\alpha\nu\tau\alpha$)'는 '은사(恩賜)'를 말한다. 은사는 곧 재능(才能)이며, 재능을 뜻하는 영어 '탤런트(talent)'가 바로 헬라어 '탈란타'에서 나온 말이다.

영어권에서는 방송연기자를 'TV 스타'라고 부르지만, 우리나라는 'TV 탤런트'라고 한다.

모태로부터 재능을 타고나기도 하지만, 배우라는 직업은 자신에게 주어진 탤런트를 계속해서 계발하고 또 계발해야만 하는 의무적 기대감이 내포되어 있다. 아직은 재능이 약하지만, 만능 탤런트가 되길 바라는 축복의 의미를 담고 있다.

기회는 스스로 찾는 자에게 오는 것이다.

처음부터 주·조연으로 시작한 배우들도 있지만, 대부분은 단역의 작은 역할부터 하나하나 구력을 쌓아가며 자신의 '탤런트'를 키워간 배우들이다.

김인문 선생의 경우가 말해 주듯 보잘것없는 역할은 없다.

연구하지 않아서 자신의 역할이 보이지 않을 뿐이다.

배우들에게 있어 시나리오 분석은 건물을 짓기 위한 기초공사와도 같다. 시나리오 분석 미숙으로 인해 캐릭터의 골조가 바로 서지 못한다면, 제아무리 화려한 의상과 메이크업도 그의 연기를 살려낼 수는 없다.

'연극과 영화의 차이'를 설명했던 「통찰력」 편에서도 말했지만, 연기의 몫은 오직 배우에게 남게 되는 것이다.

세상 모든 일이 그렇듯 연구하지 않는 사람에겐 의문이 생겨날 수 없고, 연구하는 자에게 의문은 들게 되어 있다.

학생이 교사에게 질문하듯, 시나리오의 의문점을 발견한 배우는 감독에게 질문하고 합의점과 해결 방안을 찾아야 한다. 촬영 일정이 잡히기 전 반드시 의문점을 풀어야만 확신(確信)에 찬 연기를 보여줄 수 있게 된다.

캐릭터 설정의 '소신'과 '확신'에 찬 연기는 오직 시나리오 분석으로부터 시작된다. 카메라 앞에서 자신 있는 연기를 보여주지 못한 대부분의 배우는 바로 이 지점이 무너져있기 때문이다. 시나리오 분석은, 재봉사가 바늘귀에 실을 꿰는 첫 번째 과정과도 같다. 기초(foundation)가 없는 불확실한 연기는 결국 관객의 눈을 속일 수 없다.

챕터 나누기

드라마를 형성하고 있는 산맥과 골짜기와 계곡의 큰 줄기와 작은 줄기를 파악해야 하듯, 이제 시나리오에 책갈피를 해가며 챕터(chapter)를 구분해야 한다. 시나리오의 챕터란 연극의 막(幕)이나 장(場)과 같은 것이다. 생선을 부위별로 토막 내듯, 스토리를 크고 작은 덩어리로 잘라내는 것을 말한다.

쉬운 예로, 이 책의 차례 부분을 넘겨보면 Ⅰ·Ⅱ·Ⅲ·Ⅳ장의 대분류인 산맥(山脈)들이 있고, 각각의 장별 내에서 또다시 중분류와 소분류의 제목들로 나누어져 있다. 이것이 바로 챕터 나누기다.

영화는 샷(shot)과 샷이 연결되어 하나의 신(scene)을 만들고, 이 신들은 다시 작은 에피소드(episode)를 만들게 된다. 이렇게 구성된 에피소드들은 열차의 량(輛)과 같은 각각의 시퀀스(sequence)를 형성하게 된다. 이것이 곧 '발단 · 전개 1 · 전개 2 · 전개 3 · 클라이맥스 · 반전 · 결말'의 구조로 짜인 드라마다(영화는 보통 일곱 개 정도의 시퀀스로 구성되어 있다).

시나리오 분석은, 드라마의 주제를 향해 달리는 보트(boat)의 항해 경로를 파악하는 것이다. 선로 위를 달리는 열차나 도로를 달리는 버스와 달리, 바다 위에 떠 있는 보트는 어느 방향으로 튈지 모르는 예측불허의 드라마를 만들어낸다.

챕터 구분은, 어느 지점에서 상어 떼의 공격을 받고, 어느 지점에서 폭풍우를 만나 돛이 찢어지고 파선의 위기를 마주할 것인지, 나는 그때 어느 포지션에서 사투를 벌이고 있는지를 체감할 수 있게 한다. 마치 스토리보드처럼 시각적 이미지를 연상케 하는 효과로 인해 캐릭터 구축의 중추 역할을 하게 된다.

절대 간과하지 말아야 할 점은 머릿속 생각과 달리, 포스트잇에 사건별 메모를 남겨 시나리오의 챕터를 구분하는 것은, 배우의 상상력을 증폭시켜 역할 창조의 지대한 도움을 주게 된다는 사실이다.

시나리오 챕터 나누기

[표 3]

핵심 주제	시퀀스		챕 터
드라마를 관통하는 대주제 써보기	발단	1	예) 1~7신 / 업소 삐끼로 살아가는 한 남자.
		2	8~9신 / 접촉 사고와 젊은 여인의 행방불명.
		3	10신 / 물 위로 떠 오르는 시신과 경찰 수사.
	전개 1	4	
		5	
		6	
	전개 2	7	
		8	
		9	
	전개 3	10	
		11	
		12	
	절정	13	
		14	
		15	
	반전	16	
		17	
		18	
	결말	19	
		20	
		21	

포스트잇 붙이기 과정이 끝났다면, [표 3]을 이용한 글쓰기 과정이 필요하다. 시나리오 챕터 나누기는 각자의 편의에 따라 줄과 페이지를 늘려 사용할 것을 권한다.

시나리오에 포스트잇을 붙일 때와 달리, 표를 이용해 정리하는 것은 한 권의 책을 한 장으로 압축한 시각효과를 가져온다.

보이지 않는 365일을 열두 장의 달력으로 한쪽 벽에 이어 붙이면, 1년의 시간(스케줄)이 한눈에 들어오는 것과 같다.

지금 당장 캐스팅된 시나리오가 없다면, 보관 중인 옛 시나리오를 꺼내 챕터 나누기를 해, 자신의 역할을 다시 한번 바라보길 권한다. 과거에 발견하지 못했던 캐릭터의 폭넓은 해석이 나올 것이다.

머릿속 이해는 시간이 지나며 지워지기 마련이지만, 실천은 몸에 새겨져 흔적으로 남게 된다. 자전거와 수영을 머리로 배우지 않고 몸으로 익혀야만 하듯, 배우의 훈련 역시 실천을 통해 완성된다.

역할 분석

챕터 나누기를 통해 드라마 전체를 꿰뚫어 보는 시야가 확보됐다면, 동시에 자신의 포지션과 절대적 목표가 선명히 드러날 것이다.

모든 드라마는 발단과 함께, 심지에 불이 붙은 탄약을 싣고 절정(climax)을 향해 달려가는 폭주 기관차와 같다.

드라마에 승선한 배우에겐 역할의 크기와 무관한, 주어진 '초목표(超

目標)'와 '관통행위(貫通行爲)'가 있기 마련이다. 초목표란 주인공이 끊임없이 갈구하는 드라마의 최종목적이며, 그 목적 수행을 위해 겪게 되는 모든 과정이 관통행위이다.

조연이나 단역에게도 이처럼 각자에게 주어진 초목표와 관통행위는 내용과 크기가 다를 뿐 동일하게 수반된다. 배달부에게는 배달해야 하는 이유가 생겨날 것이고, 도주하는 자에게는 도망쳐야만 한 이유가 있을 것이다.

좋은 원석을 캐기 위해 땅의 광물을 먼저 분석하듯, 좋은 연기를 위해서도 철저한 역할 분석만이 그 해답이다.

급하다는 이유로 '바늘귀에 실을 꿰지 않고 등에 묶어 바느질할 수 없고, 구슬이 서 말이라도 꿰지 않으면 내 것이 되지 않는다.'라고 했다.

급하거나 귀찮다는 이유로 자기 대사나 지문 위주로만 시나리오를 분석한다면, 약한 지반으로 인해 건물이 붕괴하듯 견고한 캐릭터는 창출해 낼 수 없다.

나의 캐릭터를 창출해 내기 이전, 전체를 관통하는 확실한 기초(basis) 위에 나의 역할을 얹는 것이다.

역할 하나하나가 모여 드라마를 만들어내는 것이 아니라, 드라마의 주제가 목적지를 향해 달려가며 다양한 역할들이 탄생한다.

일부 연기자들은 자신의 역할에만 함몰되어 드라마의 방향과 엇박자를 놓는 일방통행적 연기를 하는 경우가 있다. 이는 특히 TV 연속드라마에서 흔히 발견된다. 영화나 단막극은 한 권의 완결된 시나리오인 반면, 연속물의 경우 배우가 중간에 캐스팅되어 합류하거나, 집필이 진행

되는 연속성 때문에 드라마의 진행 방향을 정확히 예측할 수 없는 이유
에서 비롯된 것이다.

모든 배역은 드라마와 쌍방향의 관계 안에 존재한다. 단 한마디의 대
사라도 작가는 의미 없는 역할을 만들어 내지 않는다.

시나리오 작가가 땅 밑에 숨어 있는 광산의 지도를 그려냈다면, 배
우는 삽과 곡괭이를 들고 갱도를 파들어 가는 한 명 한 명의 광부(鑛
夫)다.

역할 분석은 자신이 맡은 캐릭터 창조의 절대적 밑천이며, 주어진 초
목표의 임무 완수와 성공적 연기를 위해 반드시 통과해야 할 유일한 관
문이다.

"아직 형태가 보이지 않는 영화라는 가상의 세계 안에 내가 어떻게
뛰어들 것인가?"의 질문은, 캐릭터 분석을 통해서만이 그 해답을 찾을
수 있다.

「시나리오 분석」 초반, (故) 김인문 선생의 캐릭터 연구와 창조의 사례
에서도 말했지만, 배우는 자신이 연기할 모든 신의 정당한 이유와 대
사와 행동의 타당한 근거를 찾아야만 소신 있는 연기를 보여줄 수 있
게 된다.

배우는 캐릭터 창조를 위해 시나리오 작가가 설계한 건축물(드라마)
의 도면을 분석하는 과정이 필요하다. 작가는 시나리오에 등장한 인물
들을 즉흥적으로 설정해 내지 않는다.

인물 분석표

<로미오와 줄리엣>의 기입 예 [표 4]

1	이름	로미오.
2	성별과 나이	남자, 16세.
3	인종 · 국가	이탈리아, 북부 베로나 공국(公國).
4	주소	베로나 공국 몽태규家.
5	직업	몽태규의 아들.
6	직장(장소)	몽태규家.
7	용모 · 생김새	단려(端麗).
8	성격	사려 깊고 신사적이나 마음먹은 것은 결행함.
9	교육 수준	당시 수준으로서는 높다.
10	생활신조	연인에의 사랑으로 살아간다.
11	출생 시의 환경	대가(大家)의 아들.
12	유소년기 환경	다정한 부모, 많은 고용인.
13	성인 시의 환경	많은 친구들, 캐퓨렛家와의 불화(不和).
14	배우자	결혼은 하지 않았으나 줄리엣 이전에 연인이 있었음.
15	연인	줄리엣, 캐퓨렛가의 딸.
16	아버지	몽태규, 대가(大家)의 후계자.
17	어머니	몽태규 부인.
18	형제	없음.
19	조부모	등장하지 않음.
20	친구	머큐시오, 벤 볼리오 등.
21	과거의 이력	베로나의 대가의 아들로 사랑의 경험 있음.
22	이 인물을 억압하고 짓누르는 것은 누구(무엇)인가? 몽태규家와 캐퓨렛가의 불화.	
23	그것에 대해 그는 어떻게 대처하려 하는가? 불화를 없애고 줄리엣과 평화롭게 살고 싶다.	
24	그의 동조자는 누구인가? 머큐시오, 벤 볼리오, 줄리엣의 유모, 로렌스 신부.	
25	그의 최종 목적은? 줄리엣과 평화로운 결혼생활을 하는 것.	

'가와베 가즈토' 저 『시나리오 창작연습 12강』, '시나리오친구들' 제공

[표 4]는 일본의 시나리오 작가 '가와베 가즈토(川邊 一朾)' 선생의 인물 분석표다. 수십 년간 수많은 작품을 써온 작가는, 왜 매번 배역 창조 시마다 허구적 인물의 신상정보를 작성하는 것일까?

시나리오상에 다 드러나지도 않는, 존재하지도 않는 가상의 인물을 왜 이토록 집요하게 추적하는 것일까?

작가마다 각자의 방식을 추구하고 있지만, 대부분 이와 유사한 방식으로 캐릭터를 창조해낸다.

이러한 집필의 배경을 모른 채 그저 단순히 대사 중심으로 배역을 분석한다면, 상투적인 형태를 벗어나기 힘들뿐더러 심도 있는 연기를 보여줄 수 없게 된다.

시나리오의 역할 창조를 위해 사용된 '가와베' 선생의 인물분석표는, 이제 당신의 역할 분석을 위해 사용되어야 한다.

작가의 인물 분석이 뼈대와 근육을 붙이기 위한 조형(造型)의 과정이라면, 배우의 인물 분석은 뼈 마디마디와 근육의 조직과 신체의 각 기관을 낱낱이 파헤치는 해부학(anatomy)적 측면의 분석이다.

새로운 전자기기나 산업용 로봇, 무기 등의 신기술이 나오면 경쟁국 업체들은 기술력의 비밀을 파헤쳐 내 것으로 만들기 위해, 첫 번째 실행한 일들이 해체작업(解體作業)이다. 원작자가 어떤 설계를 통해 제품을 고안해 냈는지를 알아내는 것이다. 이 비밀을 밝혀내면 유사 제품이 나오는 것은 시간문제다.

자동차 정비공이 되고자 한다면, 자동차를 해체 조립하며 터득한 기술보다 더 큰 스승은 만날 수 없다.

배우 역시 자신이 맡은 배역을 완벽히 소화하고자 한다면, 텍스트 (text)로 쓰인 시나리오의 역할을 세부적으로 해체하는 분해분석(分解分析) 과정이 선행되어야 한다.

분석하지 않은 채 그동안의 경험만을 무기 삼아 전쟁터(촬영장)에 나간다면, 전사(戰死)의 결과는 불 보듯 뻔한 것이다.

'가와베 가즈토' 선생을 비롯한 모든 시나리오 작가들이 이토록 많은 수고와 연구 끝에 만들어 낸 배역을, 당신은 무책임하게 연기하지 않길 바란다.

배우의 인물 분석은, 시나리오 속에 펼쳐진 또 하나의 우주공간을 향해 역추적(backtracking)해 들어가는 것이며, 자신이 맡은 역할의 출생 비밀(secrets of a birth)을 찾는 과정이다.

Q. 작가가 시나리오 집필 시 작성한 인물분석표를 배우에게 제공한다면, 더 확실하고 좋지 않을까?

A. 차려 준 밥상을 받아먹는 사람과 스스로 농사지은 채소와 곡식으로 밥을 지어 먹는 사람은, 주도적인 자가 생존 대처 능력의 차이를 가져올 수밖에 없다.

연주자들의 악보 해석 능력에 따라 음악의 감동이 달라지듯, 모든 예술은 기술을 뛰어넘는 독창적 표현이 곧 생명이다.

상상력 더하기

시나리오 분석 과정이 끝났다면 이제 당신의 상상력(想像力)을 추가할 차례다. 대사를 소리 내 읽기 전, 자신의 역할에 날개를 달아야 한다.

이 과정을 건너뛴 채 곧바로 대사에 감정을 넣어 읽을 경우, 밑천이 부족한 상태에서 튀어나온 섣부른 대사가 자기 귀에 각인(刻印)되며 그대로 굳어지는 위험성이 있다. 연습을 통해 다듬어지기도 하지만, 조급한 대사 읽기는 캐릭터 창조를 저해하는 독이 될 수 있다.

안정감 있는 굵직한 연기를 보여주는 관록 있는 배우들의 경우, 시나리오를 받고 계약이 된 후에도 대본을 소리 내어 읽기까지는 상당한 시간을 두게 된다.

소리 내어 읽는 것은 캐릭터를 구축하는 단계이기 때문에, 그전에 반드시 다양한 방향으로 상상하며 고민하는 숙성(熟成)의 과정이 필요하다.

물론 촬영 하루 전 시나리오를 받았거나, TV 드라마처럼 대본이 밀려 녹화 당일 대사를 받은 경우는 예외적이다.

건축 설계자가 그린 도면을 시공자가 어떻게 요리할 것인가를 고민하고 상상하는 것은 극히 당연한 일이다.

연기 역시 시나리오라는 설계도 위에, 배우가 캐릭터의 골조를 세워 덧붙일 외벽 자재와 실내 마감재를 어떻게 선택하고 활용할 것인지를 구체적으로 상상하는 모델링(modeling) 과정이 필요하다.

'상상(想像, imagination)'의 사전적 의미는, 실현 가능성을 둔 아직 경험하지 못한 '행위'나 '형상'을 마음속으로 생각하는 것이다.

'상상'은 공상(空想, fantasy)과는 다르다.
상상엔 '재생(playback)적 상상'과 '창조(creation)적 상상'이 있다.
배우는 자신의 캐릭터 창조를 위해 내면과 외면에 덧입힐 재료(材料)를 찾아야 한다.

재료 찾기는 크게 세 가지로 분류할 수 있다.

첫째, 내 안에 축적된 연기 수장고(收藏庫)를 열어 캐릭터의 내면과 가장 부합한 재료들을 역할에 대입시켜 본다.
행동과 말투 · 성격 · 시선 처리 · 습관 · 사교적 관계성 등 다양한 이미지를 떠올려보는 것이다.

둘째, 그동안 직간접적으로 관찰된 데이터를 꺼낸다.
타인의 습관과 행동 · 말투 · 체격과 외모 · 취향 · 사이코패스 등 본연의 나와 거리감이 있는 다양한 인간의 모습을 떠올리는 것이다. [뇌과학에서는 이러한 것을 '기억의 인출'이라 말한다. 어시틀코울린(Acetylcholine)이라는 인출 호르몬은, 걷거나 샤워 · 명상 중 몸의 이완 시 나오게 된다.]

셋째, 취재 관찰을 통해 상상을 덧붙이는 과정이다.
특정 직업에서 나타나는 행동이나, 지역 사투리, 신체적 장애의 다양한 특징과 동물 연기를 예로 들 수 있다.

사투리를 고치지 못하면 서울 무대 진출이 어려웠던 7, 80년대, 강한 경상도 사투리의 한 사나이가, 모노드라마 한 편으로 4개월 만에 6만여 명의 관객을 동원하며 일약 스타가 된 배우가 있다.

배우 '추상미', '추상록'의 아버지 (故) '추송웅(1941~1985년)' 선생이다.

추송웅 선생은 1977년 연극 〈빨간 피터의 고백〉을 위해 수개월간 동물원 '원숭이' 우리를 찾아가 매일 원숭이의 특징을 관찰하고 모방하는 훈련을 했다. 시간이 지나자 동물원을 찾은 사람들에겐 우리 안에 갇힌 원숭이보다, 우리 밖의 '인간 원숭이'가 더 큰 볼거리가 되었고, 우리 안의 원숭이마저 '추송웅'을 구경하는 기이한 일이 벌어졌다.

이후 〈빨간 피터의 고백〉이 대성공을 이루자 한국 연극계에 모노드라마 붐이 일기 시작했고, 배우 추송웅은 영화계와 방송계의 러브콜을 받으며 당대 최고의 주연급 성격 배우로 급부상했다.

그뿐만 아니라 그가 남긴 연극사의 업적과 배우로서의 명성은 타계한 지 39년이 지난 지금도 여전히 잊히지 않고 회자 되고 있다(당시 그는 '기획·제작·연출·출연·분장·장치'까지 1인 6역을 소화했다).

많은 배우가 추송웅의 뒤를 이어 〈빨간 피터의 고백〉을 공연했지만, 아직 그의 아성을 무너트리지 못했으며 모두가 추송웅을 추억하는 정도에서 끝이 났다. 물론 시대적 변화에 따른 관객 성향의 차이도 있겠지만, 이는 배우의 캐릭터 창조와 연기 대역폭의 차이점이 보여준 극과 극의 대표적 사례다.

추송웅 선생은 단순히 원숭이를 흉내 낸 것이 아니라, 집요한 관찰과 훈련을 통해 얻어낸 데이터(data)에 자신의 상상(想像)을 더한 '피터'를 창조해 낸 것이다. 이것이 곧 '창조(creation)적 상상'이다.

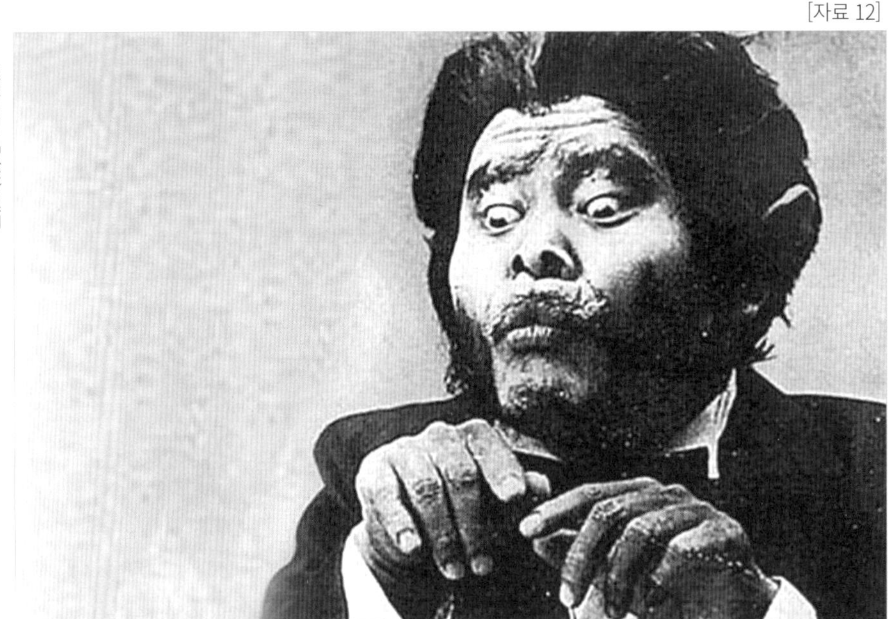

[모노드라마 〈빨간 피터의 고백〉의 배우 (故) '추송웅']

할리우드 배우 '숀펜(Sean Penn)'은 1995년 〈데드 맨 워킹 *Dead Man Walking*〉에서, 잔혹한 살해 혐의로 수감된 사형수 '매튜' 역할을 맡았다.

편지로 알게 된 '헬렌' 수녀에게 무죄를 호소하게 되고, 그녀의 주선으로 변호사를 만나 항소하게 된다. 그러나 TV에 공개된 잔혹한 살해 현장과 판사 모욕 및 인종차별과 히틀러를 찬양한 사이코패스적인 매튜의 행동들은, 결국 이들의 수고를 수포로 돌아가게 하며 사형 집행의 종국을 맞이하게 된다.

당시 '숀펜'은, 한 방송 인터뷰에서 "감정 기복이 심한 이 작품에서 당신이 보여준 매끄러운 연기비결은 무엇입니까?"라는 질문에,

"나의 모든 연기는, 그간 연기술을 통해 꾸준히 축적된 나만의 고유 색깔들을 끄집어낸 결과였다."라고 말했다.

'숀펜'은 자신의 색깔을 덧입힌, 누적된 연기술의 유전자(DNA)와도 같은 밑천들을 끌어낸, '재생(playback)적 상상'에, '매튜'의 혼을 집어넣은 '창조(creation)적 상상'을 더한 것이다.

[자료 13]

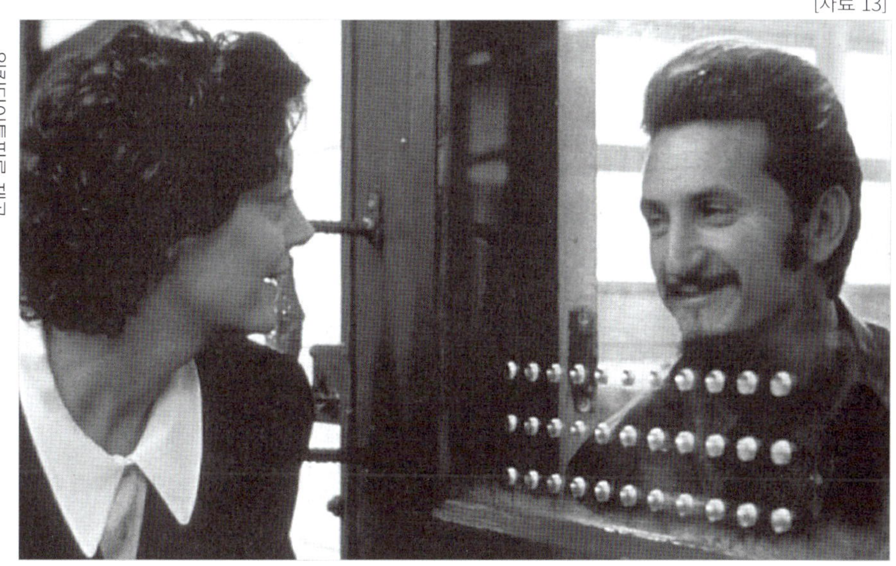

[1995년 영화 〈데드 맨 워킹〉의 '수잔 서랜드(좌)'와 '숀펜(우)']

시나리오 바로 읽기
바로 말하기

시나리오 읽기는, 자신이 맡은 배역에 칠할 페인트의 뚜껑을 여는 것과 같다. 24색이나 32색 물감의 경우, 같은 색은 단 하나도 없다.

비슷한 계열의 색깔은 있어도 각자의 쓰임새가 다른 명확한 자기 색깔을 가지고 있다.

배우 역시, 시나리오에 등장한 수많은 역할이 있지만, 자신의 캐릭터를 결정짓는 고유의 색깔을 오픈하는 첫 단계가 대사 읽기다.

시나리오를 소리 내어 읽는 것은 배역에 대한 첫 이미지를 전달하는 것이며, 캐릭터 구축의 주요 동력이 된다.

'시나리오 분석' 「상상력 더하기」에서도 말했듯, 대사를 소리 내 읽게 되면 자기 귀에 각인효과(刻印效果)가 일어나기 때문에 반복을 거듭할수록 캐릭터가 굳어진다. 위험성은 잘못된 개인 연습이 이어질 경우, 향후 연출자의 지적에도 불구하고 함몰된 늪에서 벗어나기가 쉽지 않다

사람의 감정을 나타내는 첫 번째 수단이 말(言)이다.

때론 자신의 감정을 속이는 수단이 되기도 한다.

"반갑습니다. 고맙습니다. 좋아요. 싫어요. 됐어요." 등등.

사람에 따라 자기 말이 먹히지 않을 경우, 과격한 행동으로 이어지며 힘을 과시해 보기도 하지만, 입으로 뱉어내는 말에는 촌철살인(寸鐵殺人)이란 말처럼 사람을 죽이고 살리는 강력한 힘이 숨어 있다.

배우에게 있어서도 말(대사)은 상대는 물론이며, 자신의 캐릭터를 죽이고 살리는 연기 비중의 반 이상을 차지하는 핵심 무기다.

일례(一例)로, 일면식이 없는 낯선 사람의 전화 음성이나, 라디오 드라마의 목소리, 배우들의 시나리오 리딩(reading) 시 상대의 행동이 보이지 않는 음성만으로도 그 사람의 캐릭터를 직감할 수 있다.

시나리오의 주재료인 대사와 지문은, 상황 전개와 함께 배우의 감정을 유발시키는 지시서다. 배우는 자신에게 주어진 대사와 지문에 따라 행위의 타당성을 갖게 되고, 동선의 크기와 범위를 결정짓게 된다.

이후 대사의 음량(volume)과 톤(tone)에 따라 표정과 호흡이 달라지며, 신체 움직임의 유속의 변화를 겪게 된다.

대사는 캐릭터 창조의 원천이며, 역할 간의 충돌을 일으키는 하나의 매개체다.

기본 용어

시나리오를 읽다 보면 약자로 된 용어들을 발견할 수 있다.

촬영용 연출대본(continuity)이 아닌 리딩용 시나리오에 작가가 표기한 기본 용어는 대략 5, 6개 정도다. 기본 용어를 모르면 작가의 의도를 정확히 이해하며 머릿속에 그림을 떠올리기가 쉽지 않다. 기본 용어는 다음과 같다(그 밖의 전문용어는 「부록」을 참고 바람).

> 김철수:　**(OFF)** "계세요?" / (화면 밖에서 들리는 목소리)
>
> – **F.I.** – / 화면이 차츰 밝아지는 것(fade in).
>
> – **F.O.** – / 화면이 차츰 어두워지는 것(fade out).
>
> **컷백**(cut back) / 주로 회상 장면에서 둘 이상의 화면이 연속적으로 교차하는 기법(C.B.로 쓰지 않고, 한글로 쓰거나 cut back으로 표기함).
>
> **부감**(high angle) / 크레인이나 건물 위에서 내려다보는 화면.
>
> **앙각**(low angle) / 아래에서 위를 쳐다보는 화면.

그 외에도 작가마다 추가적인 용어를 사용하기도 하지만, 나머지는 콘티뉴이티 단계에서 사용하게 될 감독의 고유 영역이라 할 수 있다. 작가가 설정한 용어들은 시나리오의 분위기 파악을 위한 것일 뿐, 실제 촬영과 편집에서는 전혀 다른 해석의 화면 연출이 진행되는 경우가 대부분이다.

읽기

대사 읽기는 크게 네 단계로 나눌 수 있다.

다음 예시는 개인 연습 과정을 말하고 있으며, 시나리오에 등장하는 자기 대사 전체를 처음부터 끝까지 이와 같은 순서대로 한 번씩 연습하길 권한다. 필요에 따라 셋째와 넷째 방법은 회차를 더 해 반복하는 것이 좋으며, 반드시 책상에 앉아 녹음(recording)을 통해 본인의 대사를 듣고 수정하는 오디오 교정 과정이 필요하다.

첫째, 최대한 감정을 배제한 채, 대사와 지문을 눈동자로만 스캔하듯 내용 파악에 목적을 두고 읽는다.

둘째, 감정을 30% 정도만 넣어 대사와 신(scene)의 상황이 자연스럽게 흘러가는지, 아니면 상황과 대사간의 괴리감이 발견되는 부분은 없는지 확인하며 읽는다.

셋째, 대사가 조금 틀려도 좋으니 상황과 감정의 50%까지만 집중해 읽는다.

넷째, 장면의 상황과 자신의 감정 수위가 일치한다고 느껴지면, 이제 다시 틀린 대사를 고쳐가며 정확한 발음과 함께 감정의 70%까지 디테일을 살려 읽는다.

이 연습에서 중요한 것은 성우처럼 대사의 오디오(audio)만을 신경 쓰는 것이다.

S#10. 류마티스과 진료실

상구 · 명희 · 은미 앉아있고, 의사 한숨 쉬며.

의사: 학생, 나 목이 마른 데, 커피 한 잔만 뽑아다 줄래요?

은미: (의아한)

명희: (눈짓하는)

은미: 네.. (일어서 나간다)

상구와 명희 심상치 않은 분위기에 서로 마주보는...

의사: 따님이 예쁘네요!

혹시, '근무력증'이라고 들어보셨습니까?

명희: 근.. 무력증이요?

상구: 저희 딸이 그 병이란 말인가요?

의사: 검사 결과 따님은 근무력증으로 판명이 났습니다.

상구: 그게 어떤, 심각한 병인가요?

의사: 네! 이 병은 신경에서 근육으로 명령 전달이 잘 안 돼서 생기는

병이라고 할 수 있는데, 현대의학으로서도 거의 손을 쓰지 못하

고 있는 난치병입니다. 현재로선 별 치료법도 없고요.

노력들은 하고 있지만 아직은 그 원인조차도 확실하게 규명되어
있지 않은 상태라....

명희: (파르르 떠는)

상구: 그럼 저희 딸은 어떻게 되는 겁니까?

의사: 앞으로 차츰 증상이 더 심해질 겁니다.

지금은 주로 다리에서 증상이 나타나고 있지만, 조금 더 지나면
팔이나 손끝에도 마비가 오게 될 거고, 더 심해지면 음식을 삼키
기 힘든 상태가 되고, 눈도 뜰 수 없고.... 더 악화되면 호흡 군이
마비돼서 생명이 위태로워질 수도 있습니다.

S#11. 진료실 앞

문 앞에서 듣게 된 은미.
바닥에 커피잔 떨어트리며 털썩 주저앉는...

S#12. 진료실

명희: (바들바들 떨며) 어떻게 그런 무서운 병이..

어떻게 그런 무서운 병이 우리 딸한테...

아닐 거예요, 아닐 거예요.

선생님 다시 검사해주세요. 뭔가 잘못된 거예요.

분명해요, 잘 못 된 거라고요. 다시 검사해주세요...

의사: (난색으로 고개를 돌리는데)

상구: (침착하려 애쓰며) 그럼 이제 어떡해야 합니까?

우리가 뭘 어떡해야 하는지 말씀해주십시오.

의사: 지금 현재로선, 집에 있으면서 약을 복용하는 게 최선의 방책

이라고 할 수 있습니다. 효력이 보장되는 약은 아니지만,

더 나빠지지만 않으면 성공하는 거고요.

더 좋은 약이 나올 때까지 기다려 볼 수밖에...

상구: (말 자르며, 버럭) 그걸 지금 말이라고 하십니까?

이제 막 피기 시작하는 내 딸한테 잔인하게 사형선고를 내려놓

고, 우리한테 그냥 집엘 가라고요?

효과가 있는지 없는지도 모르는 약 나부랭이나 들고 가서

무작정 기다리라고요?

의사: (고개 돌리는)

상구: 당신이 그러고도 의사요?

당장 입원하라는 것도 아니고, 죽을병 걸린 사람한테 집엘 가라

고요?

은미: (문 열고 들어오며) 아빠 그만둬요. 우리 집에 가자.

나 서울도 싫고, 여기도 싫어. 무서워, 무서워 죽겠어.

저 선생님 거짓말하는 거야.

내가 뭐 어떻다고.. 그냥 발 좀 자주 삐고,

다리 좀 아프고, 그뿐인데 뭐!.. 엄마, 나 괜찮아.

나 아무렇지도 않아 엄마. 나 아무렇지도 않아 엄마...

〈모정의 뜰〉 '김수정' 극본, 저자 '문홍식' 연출 / KBS 제공

주의할 점은 혈압측정기 같은 기구를 이용해 감정 이입의 단계를 수치로 구분할 수는 없지만, 자기 머릿속에 기준을 세워 앞에 제시한 단계적 연습을 진행할 필요가 있다.

읽기 과정의 수치적 퍼센트를 지켜주길 권하는 이유는, 캐릭터를 잡아가기 위해 조금씩 색칠을 더 해가는 것은 무리가 없지만, 한꺼번에 과도한 색이 부어지게 되면 각인효과(刻印效果)로 인해 수정의 어려움이 발생하기 때문이다.

특히 개인 연습은 감독의 통제를 받는 전체 리딩과 달리, 빗나간 설정에 함몰되기 쉬운 취약점이 있다.

연출자와 함께 리딩할 경우 두 단계 정도로 줄이거나, 곧바로 감정을 넣어 각자 최대치의 연기를 보여줄 수도 있다. 그러나 이땐 배우가 적정선을 이탈하게 되면 감독이 즉시 브레이크를 걸어 수정할 수 있기 때문에 전체 연습과 개인 연습의 단계적 차이는 꼭 필요한 것이다.

말하기

개인 '리딩'의 넷째 단계까지 연습이 착실히 이루어졌다면, 대사가 거의 입에 붙었을 것이다. 이제부터는 자리에서 일어나 실제 연기와 같이 행동을 수반한 말하기 과정이 남아 있다.

말하기는 두 단계로 나눌 수 있다.

첫째, 한 손에 시나리오를 든 채, 막히는 대사만을 참고해가며 눈앞에 없는 상대 배우와의 주고받는 호흡의 포즈(pause)나 듣는 리액션(reaction)을 포함한 약 75%까지의 연기를 끌어낸다.

이 과정은 반응과 동선의 리허설 개념이다.

둘째, 장면을 떠올리며 출입구와 계단·창문·앉는 위치 등을 정하고 상황이 요구하는 동선을 그어가며, 사용 가능한 소품을 이용해 실전과 같은 100%의 연습을 하는 것이다.

읽기 과정에서 녹음기를 사용한 것처럼, 동선이 포함된 말하기는 반드시 비디오 촬영을 통해 자신의 연기를 스스로 평가하며 절제할 부분과 발산할 부분을 찾아 반복하는 교정 과정이 필요하다.

비디오카메라라는 비싼 장비가 아니더라도 휴대폰 동영상이면 충분하다. 과거에는 거울을 보며 연습하는 배우들도 있었으나, 춤과 노래와 달리, 거울에 비친 자기 모습을 보는 순간 연기의 맥은 끊어진다. 거울은 눈동자끼리 마주쳐야만 확인이 가능하기 때문에 연기에 집중할 수 없다.

반드시 비디오 촬영을 실천해주길 바란다.

6·25 한국전쟁 참전 후 독학으로 연기를 시작한 배우 '마이클 케인(Michael Caine / 1933년생)'은 촬영 전 개인 연습이 철저하기로 유명하다.

자기 집이나 호텔방 어디에서든, 시나리오의 장면에 맞게 옷장이나 테이블·소파 등의 가구들을 이리저리 옮겨 촬영장과 거의 비슷하게 세팅해 연습한다. 심지어 커피잔과 받침은 물론이고 필요하다고 판단되는 모든 소품을 갖춘 후, 실전과 같은 연습을 하며 시간까지 측정한다(마이클 케인의 저서 『ACTING IN FILM』 중 발췌).

연기의 시간을 측정하는 것은, 매회 고무줄처럼 달라질 수 있는 무질서한 연기의 호흡을 조이고 통제해, 촬영장에서 빈틈없는 완벽한 연기를 보여주고자 함이다.

미국 '아카데미 영화제'에서 두 번의 남우조연상과 영국 '아카데미' 주연상 및 두 번의 '골든 글로브' 주연상을 포함, 세계 유수영화제에서 총 열두 번의 주·조연상을 휩쓴 세계적인 명배우가, 학생들의 연극 워크숍에서나 볼 수 있는 이런 기초 훈련을 왜 아직도 게을리하지 않는 것일까?

배우는 철저한 자기관리가 우선 되어야 한다. 외모나 팬 관리보다 더 중요한 것은 본업인 연기 우선주의자가 되어야 한다.

[자료 14]

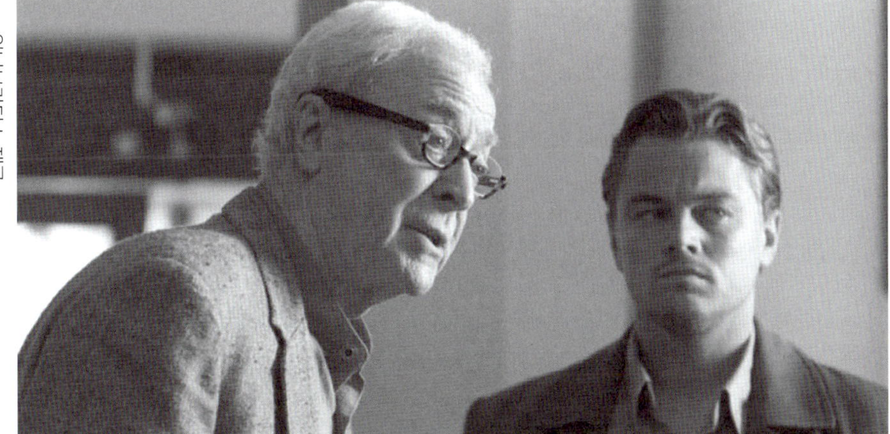

[영화 〈인셉션〉의 '마이클 케인(좌)'과 '레오나르도 디카프리오(우)']

촬영장에서 자신 있게 연기를 펼치는 배우들의 공통점과 그 숨은 비결은 무엇일까?

'마이클 케인'은 앞에 언급한 자신의 저서를 통해 "나는 장면마다 지겨워질 때까지 대사와 행동을 반복하고 또 반복한다."라고 했다.

피아니스트 '백건우'와 발레리나 '강수진'의 사례에서도 말했듯 모든 예술가에게 있어 연습 없는 천재는 없다. 오직 혹독한 연습 벌레만이 나비로 변신해 꿈꿔온 자기 날개를 펼칠 수 있게 된다.

시나리오 읽기(reading) 과정이 끝나면 말(speaking)을 해야 한다.

일부 배우들은 대사 암기를 연습의 끝으로 생각하는 경우가 있다. 초등학생들이 숙제를 끝내면 공부 다 했다고 생각하는 것과 다를 바 없다. 자신이 맡은 배역의 말이 나와야 하는데, 여전히 암기한 대사만을 읊고 있는 연기자들이 있다. 대사(lines)는 시나리오에 적힌 약속된 말(words)을 이르는 용어에 불과하다. 중요한 것은 말(言)을 해야 한다.

국민배우 '김혜자(1941년생)' 선생 역시 한 인터뷰에서, "대사란 내가 하는 말이다."라고 했다. 대사란, 픽션이나 논픽션 모두 '인간의 감정과 의지의 상태(狀態)를 드러내는 말'이다(이는 TV 내레이터나 뉴스 앵커 역시, 내용 전달을 위한 원고 읽기가 아닌, 자신이 녹여낸 말이 우선 되어야만 한다). 그러나 10여 년 넘게 연기 생활을 해왔음에도 불구하고 아직 카메라 앞에서 말을 하지 못한 채, 평소에 쓰지 않는 이방 언어와 같은 대사를 재생하는 배우들이 있다.

Ⅱ. 연기훈련 「코칭」 부분에서 언급했던, 거장 '누리 빌게 제일란(Nuri Bilge Ceylan 튀르키예어 발음)' 감독이 비전문 배우인 가족이나 주변 사람들을 최

고의 배우로 거듭나게 한 비결 중 하나가 바로 말하기다.

제일란 감독은 배우에게 대사를 강요하지 않는다. 배우 역시 종이에 인쇄된 대사에 연연해하거나 강박관념에 시달리지 않는다.

그렇다고 대사를 마음대로 고치거나 즉흥적으로 지어내는 것은 더더욱 아니다. 촬영장에 도착한 배우들은 이미 머릿속에 대사가 암기되어 있지만, 제일란 감독은 암기된 대사를 끌어내려 하지 않는다.

배우의 심연(深淵)을 건드려 감정과 말이 당위성을 갖고 나올 수 있도록 유도할 뿐이다. 배우들은 약속된 대사에 근거해 상황에 집중하게 되고, 감정이 지시하는 대로 말을 쏟아낸다. 특히 제일란 감독의 영화는 롱테이크(long-take)의 신들이 많음에도 불구하고, 배우들의 연기는 매우 사실적이고 섬세한 일상의 말로 이어진다. ('롱테이크'란 카메라가 멈추지 않고 1, 2분 이상 지속되는 촬영 기법을 말한다. 제일란 감독의 영화에는 5분 이상의 롱테이크가 흔하다)

나는 2005년 제일란 감독의 영화 〈5월의 구름 *Mayis Sikintisi*〉을 한국에 개봉할 당시, '알렉산드리아 국제영화제'에서 남우주연상을 받은 제일란 감독의 아버지 '메흐멧 에민 제일란(Mehmet Emin Ceylan 튀르키예어 발음)'과의 인터뷰에서 다음과 같은 얘길 듣게 되었다.

"연기가 두렵지 않았습니까? 그리고 연기의 가장 어려웠던 부분은 무엇이었습니까?"라는 질문에, 그는 이렇게 말했다.

"아들(제일란 감독)이 제작비가 없어 출연료를 아끼기 위해 나와 아내에게 출연해 달라고 통사정했지만 우린 반대 했었지.

그동안 연기를 해본 적도 없는데, 오히려 아들의 영화를 망칠 거라는 걱정이 앞섰지. 하지만 자식 이기는 부모 없다고 우린 결국 아들의 설득에 넘어갔어. 그런데 자꾸 N.G.가 나자, 아들은 나에게, *'아버지, 필름이 또 30피트(약 9m)가 날아갔어요... 이번엔 50피트가 날아갔어요.'* 하며 부담을 주자, 난 그만 자리를 털고 일어나 촬영을 관두기로 했지. 그러나 아들은 몇 시간째 자리에서 일어나지 않고 나를 기다리고 있더군. 어쩔 수 없이 난 다시 마음을 고쳐먹고 카메라 앞에 앉으며, 내 마음을 차단하고 있던 뭔가의 껍데기 하나를 벗어 던져버렸지. 그랬더니 연기의 부담이 사라지며 N.G.도 잘 나지 않고, 새로운 일에 재미를 느끼게 되었어. 하하하…….

난 아직 내가 배우라고 생각하질 않아. 그런데 물어보니까 대답해 주는 건데, 연기는 말(言)만 잘하면 돼!... 말이 연기의 반 이상을 차지하더군. 내가 진짜 그 상황에 빠지면, 말은 보물 상자의 뚜껑을 연 것처럼 막 쏟아져 나오더군. 어쩔 땐 아들이 쓴 대사보다 내가 한 말이 더 멋질 때도 많았지.

이 나이에 내가 아들 영화에 출연하며 눈치 볼 게 없잖아. 자기가 사정해서 출연해 주는 건데, 내가 주눅 들 것 없이 편하게 내 생각처럼 말하니까 연기가 쉽고, 아들 녀석도 좋다고 잘했다고 하더군...

해보고 나니 연기의 비밀은 이미 내 안에 다 있었던 거야! 하하하."

제일란 감독의 아버지 '에민' 역시 연기의 반 이상은 대사가 차지한다고 말했다. 바꿔 생각하면 대사(말)는 기성과 신인 모두에게 연기의 가장 큰 부담을 안겨주는 영원한 숙제라는 것이다.

다행스러운 것은 '에민'의 마지막 말처럼, 연기의 비밀은 이미 내 안

에 숨어있기 때문에, 대사에 관한 나의 가치관이 조금만
바뀌면 보물 상자는 열리게 되어 있다.

수입 배급: (주)문필름코리아   [자료 15]

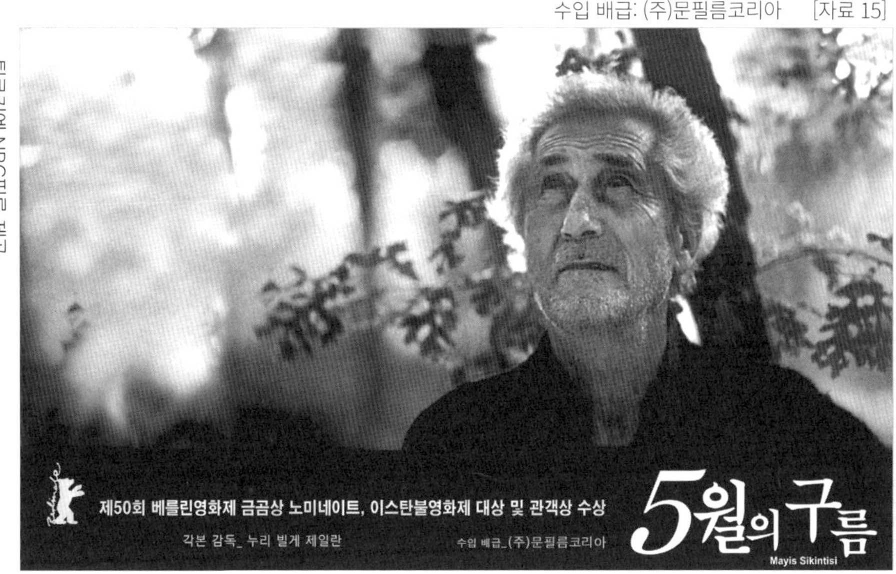

[영화 〈5월의 구름〉의 '메흐멧 에민 제일란' / 국내 개봉 2005년]

「읽기」편에 제공된 TV 드라마 〈모정의 뜰〉(100~102쪽)의 대본을 충분히
연습했다면 QR코드의 링크 오디오를 참고하길 바란다. 연습 전 미리
오디오를 듣게 될 경우, 이 훈련의 학습 효과는 얻을 수 없다.

실제 드라마에 출연한 배우들의 연기는 어디까지나 참고용일 뿐이다.
만약 모범 답안으로 오해해 모방하려고 애써서는 안 된다. 연기란, 같은
대본을 가지고도 공간적 상황과 카메라의 위치나 각도에 따라 변수가
발생할 수 있고, 배우 상호 간의 캐스팅 조합에 따라 서로 간의 연기 호
흡은 미묘하게 달라지기 때문이다.

「읽기」편 연습 대본 〈모정의 뜰〉의 오디오 듣기

발음

배우는 그 나라의 국어선생(國語先生)이란 말이 있다.

공인인 배우가 대중에게 들려주는 드라마 속 대사는 정확한 발음의 모국어(母國語)를 사용해야 하며, 평소에 사용하던 일상어(日常語)가 자신의 역할을 통해 카메라 앞에서 본능적으로 튀어나와야만 한다.

대중은 영화나 TV를 통해, 사극이나 근현대사 및 청춘물을 비롯한 각종 드라마를 접하게 된다. 외국인들 역시 해외 드라마를 보며 타국의 문화를 접하게 되고 풍습과 말을 배우기도 한다.

드라마 〈겨울연가〉와 〈대장금〉 수출 이후 한류열풍과 함께 '한국어과'를 신설한 해외 대학들이 있다. 이들은 한국 드라마를 필수 영상 자료로 사용하는데, 드라마 속 배우들의 말을 공인된 표준어로 인정하고 있기 때문이다.

한국에서도 스크린 영어(영화 전편을 비디오와 책으로 묶은 교재)를 통해 원어민 배우들의 발음을 따라 공부하는 사람들이 많다. 유튜브에 올려진 영어 강의 프로그램에서도 정확한 발음을 들려줄 때, 영화 클립 대사나 원어민 강사의 발음을 들려준다. 그러나 듣는 사람에게 발음의 신뢰도를 주는 쪽은 영화 클립 대사다. 아역이나 무명 배우의 대사도 동일한 신뢰감을 주는데, 그 이유는 생활 언어이며 공신력 있는 메이저 영화에 등장한 검증된 배우의 발음을 믿어 의심치 않기 때문이다.

스포츠 스타나, 가수들의 인터뷰, 뉴스 앵커의 보도를 보며 외국어 회화 공부를 하는 사람은 거의 없다. 모두 배우들의 연기를 통해 그 나라의 말을 배우고, 발음의 교범으로 삼는다.

인기를 누리고 있는 주·조연 배우 중에서도 발음이 명확하지 않은 연기자들이 있다. 혀 짧은 소리나, 복식호흡의 대사가 아닌 입에서만 오물거리는 소리는 배우로서 최악의 아킬레스건이다.

과거 후시녹음 시대인 6, 70년대 배우 중엔, 대사는 아예 성우에게 맡긴 채 얼굴만으로 밀어붙인 비디오 스타들이 있었다.

그러나 한국의 경우 1978년 '우진 필름'의 〈율곡과 신사임당〉을 시작으로 동시녹음 기술이 도입되며, 대사가 되지 않는 비디오 스타들은 하나둘 은막에서 하차해야만 하는 변혁의 시대를 맞았다.

이들의 가장 큰 문제점은 대사 읽기와 고저장단(高低長短), 발음의 부정확, 대사를 끌고 가지 못한 짧은 호흡 등이었다. 연기의 반 이상을 차지하는 대사의 장벽을 넘지 못한 배우들은 손을 들 수밖에 없었다. 반면 연극무대에서 연기력을 쌓아 대사의 탄탄한 기본기를 갖춘 배우들이 새로운 별들로 떠오르기 시작했다.

국내 첫 동시녹음 작을 연출한 '정진우(1938년생)' 감독은 '극단 민예극장'에서 연극을 하던 (故) '김흥기(당시 만 33세)' 선생을 주인공으로 등장시켰다. 당시 민예극장은 김흥기를 비롯해 최불암(40년생), 김영철(53년생), 김성녀(50년생) 등의 내로라하는 배우들을 배출시킨 극단이었다.

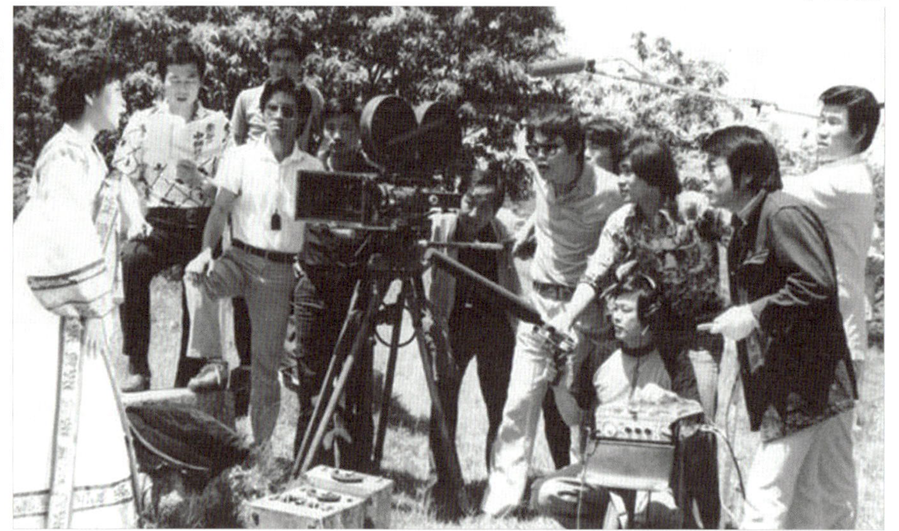

[1978년 '김흥기' 주연의 국내 최초 동시녹음 영화 〈율곡과 신사임당〉의 촬영현장]

'김흥기'는 〈율곡과 신사임당〉이 영화 데뷔작이었다. 이후 그는 TV 활동을 통해 더욱 탄탄한 연기력을 과시한 존재감 있는 배우로 급부상하며, 출연이 끊이지 않는 연기자 중 한 사람이었다.

'낭중지추(囊中之錐)'란 말이 있다.

주머니 속의 송곳은 끝이 뾰족해서 감춰지지 않고, 결국 밖으로 튀어나온다는 말이다.

은막과 TV 스타를 꿈꾸지 않고, 오직 연극만 해오던 '김흥기·최불암·김영철·김성녀' 등의 재능은, 주머니 속의 송곳처럼 세상 밖으로 뚫고 나와 알려질 수밖에 없었다.

준비된 자가 결국 배역을 얻고, 새 시대의 주역이 되는 것이다.

스타가 되기 위해 뭔가를 좇기보다, 배우로서의 내실을 다지는 훈련과 역량에 힘쓰길 권한다.

아무리 감정이 풍부하고 표정 연기가 좋다고 해도, 발음이 부정확한 배우는 코미디언들의 성대모사 모델이 되어 줄 뿐이다.
의지와 노력만 있다면 발음은 얼마든지 고칠 수 있다.

내가 아는 어느 중견 탤런트는 혀 짧은 소리를 고치기 위해, 집에서 스스로 쪽가위를 이용해 혀 아래 연결된 힘줄을 잘랐다고 한다. 과연 그 일로 인해 발음이 어느 정도 교정이 되었는지는 모르겠지만 배우는 끊임없이 자신의 약점을 발견해 수정하는 뼈를 깎는 의지와 노력이 필요하다.

배우는 인기와 명성보다 재능을 담보로 한 승부욕의 소유자가 되어야 한다. 뼈대 없이 쌓아 올린 인기는 한순간 무너지기 마련이다.

교정 Tip

발음 교정을 위해 볼펜을 입에 물고 책 읽기를 하는 사람들도 있지만, 턱만 아플 뿐 그다지 효과는 없다. 또한 침이 고여 입 밖으로 흘러나오는 불편이 뒤따른다. 이러한 이유로 인해 볼펜을 물고 발음을 교정한다는 것은 거의 불가능한 일이다. 하루에 2, 30분 하기도 힘들뿐더러, 모든 훈련은 반복 시간에 비례해 결과를 얻게 되어 있다.

사람은 누구나 극한 상황에서도 15일간만 반복된 생활을 하게 되면 그 환경에 적응한다는 연구 보고가 있다.

부정확한 발음이나 사투리를 고치는 방법은 동일하다.

자신의 언어적 장벽을 넘기 위해 일상의 모든 대화를 의식하며 말하는 것이다. 매일 한두 시간씩 발음교정을 위한 별도의 훈련보다, 일상에서 사용하는 모든 말을 훈련의 기회로 활용해 뇌와 신체를 적응시켜가는 것이다. 처음엔 머리에 쥐가 날 만큼 힘들고 "이게 뭐 하는 짓인가." 하는 생각마저 들 것이다.

해외 이민자 중에서도 한국인들과 함께 일하는 사람들은 10여 년이 지나도 그 나라의 말을 쉽게 배우지 못한다. 반면 한국말을 전혀 사용할 수 없는 환경에 처하게 되면, 짧은 1, 2년 내에도 수준급의 회화가 가능해진다.

자신의 뇌와 신체를 15일 이상만 새로운 환경에 집어넣으면 우리 인체는 살아남기 위해 그대로 순응(順應)하게 되어 있다. 볼펜을 물지 않아도, 혀 아래 힘줄을 자르지 않아도 발음과 사투리는 완벽히 고쳐진다. 내가 지켜본 배우들의 경우 6개월이면 충분했다.

만약 6개월의 시간이 길게 느껴지거나 자신이 없다면, 배우를 그만두는 게 좋다. 평생 혀 짧은 소리를 하거나 모든 배역을 고향 사투리로밖에 연기하지 못한다면, 그거야말로 배우로서 정말 끔찍하고 수치스러운 일이다.

배우 '박근형_(1940년생)' 선생은 전라북도 정읍이 고향이다.

젊은 시절부터 키 크고 잘생긴 외모 덕분에 영화나 TV 드라마에서 '왕 · 의사 · 회장 · 정치인' 등의 역할을 주로 맡아오며 거의 매번 표준어만을 사용해 왔다. 그러나 일상에선 언제나 정읍 사투리를 쓰고 계신다. 고향을 떠나온 지 60여 년이 지났지만, 여전히 몸에 밴 본토 사투리를 지우지 않은 채, 마치 자신의 정체성처럼 간직하고 있다.

사투리를 고치지 못해 일상어와 연기 언어를 구분 짓지 못한 배우가 있는 반면, 박근형 선생은 일상어와 연기 언어를 칼로 자르듯 명확히 구분하는 배우로 정평이 나 있다.

발음과 사투리 교정을 위한 별도의 훈련은 필요하지 않다.

뉴스 원고 읽기나, 시 낭송 · 웅변 · 씹어 읽기 · 끊어 읽기(staccato) 등 고전 방식의 훈련을 하지 않아도, 누구나 모국어의 정확한 발음을 듣고 구분할 수 있는 귀(耳)를 가지고 있다.

정확한 귀는, 정확한 카피(copy)를 해낼 수 있다.

다른 예술 분야와 달리 배우는 일상의 모든 시간을 연습의 기회로 활용할 수 있다. 악기가 없어도, 팔레트나 붓이 없어도, 배우는 끊임없이 연기를 연구하고 · 관찰하고 · 교정하는 반복을 거듭할 수 있다. 정확한 발음을 듣고 훈련을 통해서도 카피가 되지 않는다면 노력의 시간이

짧거나, 연기의 재능이 없는 것이다.

나는 회사 집무실이나, 집안 서재에서 글을 쓰거나 책을 읽을 때, 또는 운동을 하거나 집안일을 돌보는 일상의 소소한 모든 시간을 글쓰기나 강연 준비의 연장선으로 활용한다. 특별한 강연을 앞둔 상황에서의 연습은 물론이며, 잘 풀리지 않는 글이나 책의 의문점, 또는 어떠한 논리를 정리하고 추리할 경우, 나는 늘 홀로 열띤 토론(討論)을 한다. 마치 상대가 앞에 있는 것처럼 목소리의 톤까지 조절해 가며 문제점을 풀고자 애쓴다. 어떠한 의문이 생길 때 머릿속으로 생각하는 것과 달리, 입 밖으로 그 문제점을 꺼내어 질문하고, 다시 스스로 답변을 찾아 정리하는 스피치(speech) 훈련을 동시에 겸하는 것이다.

나는 지금 쓰고 있는 원고를 검토할 때도 소리 내어 성우처럼 읽는다. 배우생활을 그만둔 지 20여 년이 넘었지만 나는 여전히 드라마 대사가 녹슬지 않았고, TV 다큐멘터리의 내레이션과 각종 오디오 낭송을 지금도 가끔 해가고 있다. 그러나 특별한 연습 시간을 따로 두지는 않는다. 앞서 언급했듯 업무적 시간을 제외한 일상의 말들을, 배우처럼 · 성우처럼 · 강연처럼 하고 있을 뿐이다.

막내로 태어난 나는 어린 시절 "혀 짧은 소리 한다."라는 놀림을 받았으며, 탤런트 데뷔 전까지 심한 사투리를 고치지 못했던 장본인이었다.

발음과 사투리 교정은 선생이 필요 없는, 자신의 의지(意志)가 고쳐내는 것이다. 볼펜을 물고 고쳐낸 사람도 결국 그 사람의 의지가 고쳐낸 것이지, 볼펜을 물었기 때문에 고쳐진 것은 결코 아니다.

　무용수는 평상복을 입고 길을 걸을 때도 무용수의 자태가 드러난다. 긴장이 풀린 일상에서도 꼿꼿한 허리와 흐트러짐 없는 걸음걸이는, 프로 근성의 직업의식이 가져다준 신체와의 유기적 관계를 증명해준다.

　몸으로 표현하는 배우는 자신의 단점을 채찍질해, 더 이상 자라지 못하도록 가지를 쳐내는 결단(決斷)이 필요하다. 그리고 좋은 싹이 자라도록 스스로 환경을 지배하는 조절 능력을 키워야 한다.

　아래 QR코드의 오디오는, 나의 꾸준한 말하기 습관(habit)이 가져다준 일례를 확인시켜주고자 싣게 되었다(내레이션의 절대적 기준이나 모델로 오해하지 않길 바라며, 평가의 대상으로 삼지 않길 바란다).

[저자 '문홍식'의 최근 TV 다큐 내레이션 오디오]

전체 리딩과
호흡

감독을 중심으로 배우들이 한자리에 모인 시나리오 리딩(reading)은, 영화나 TV 드라마의 톤(tone)을 피부로 체감할 수 있는 자리다.

자신의 캐릭터 역시 트랙 위에 올려 전체 균형과의 조화는 깨지지 않는지, 상대 배우와의 호흡은 적절한지, 감독이 요구한 수정 사항은 없는지를 체크하는 것이다.

연극과 달리, 영화나 TV 드라마는 배우 전체가 함께 모여 연습할 기회는 리딩 단계가 유일하다. 작품과 연출자의 성향에 따라 차이는 있지만 평균 2회 정도에 그친다. 캐스팅이 완료된 시점에서 전 출연자의 상견례를 겸한 1차 리딩이 이루어지고, 촬영 전 2차 리딩으로 최종 호흡을 맞춘다.

일제강점기 소재나 특별한 외국어가 주요 대사로 사용될 경우, 배우들은 제작사가 지원한 원어민 강사들을 통해 장기적인 외국어 지도를 받게 된다.

‘음악·미술·분장·의상·헤어’ 등의 주요 스태프 역시 리딩에 참관한다. 시나리오상으로 분석한 이미지와 달리, 배우들의 대사를 통해 청각적으로 듣게 되면 상상력을 극대화할 수 있기 때문이다.

음악감독의 경우 배우들의 감정을 통해 악상의 영감이 떠오르기도 하며, 주고받는 대사의 호흡에 따라 곡의 길이를 예측할 수 있게 된다.

‘분장·의상·헤어’ 팀 역시, 각 배우의 캐릭터에 맞는 설정을 디자인할 수 있는 절호의 기회다. 연습이 끝나면 각 스태프는 자신들의 필요에 따라 배우들의 몸 치수를 재거나 사진을 찍는 일들이 진행된다. 배우들을 한자리에서 만날 기회가 흔치 않기 때문이다.

[자료 17]

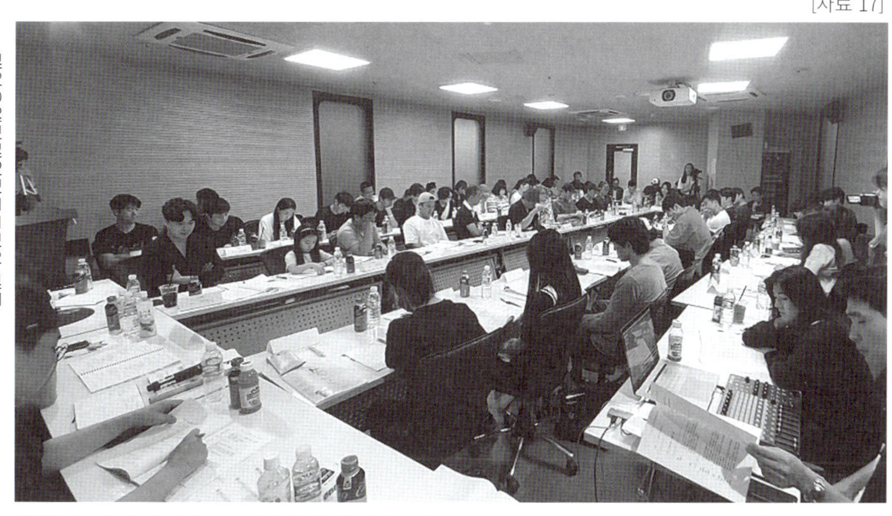

[영화 〈소리꾼〉의 시나리오 리딩 현장. '음악감독'을 비롯한 스태프들이 우측 끝 열에 동석 / 감독 '조정래']

이처럼 시나리오 리딩은, 배우들의 연습 목적 외에도 스태프들의 상상력과 창의적 표현의 확장성을 가져온다.

연출자 역시 오케스트라의 지휘자와도 같이 배우들의 연기를 전체적으로 조율하며, 콘티뉴이티(continuity)를 수정할 간과할 수 없는 기회가 된다.

특히 리딩은 한 편의 드라마를 오디오로 축약시킨 영화의 샘플링(sampling) 과정이라 할 수 있다.

전체 리딩은 회차가 늘어날수록 배우 간의 앙상블(ensemble)이 맞게 되며 연기의 완성도를 높여갈 수 있다. 그러나 현실적인 여건상 2, 3회로 마치다 보니 촬영 현장에서 예상치 못한 문제가 발생하거나 작은 이견 차이로 시간이 지연되기도 한다.

대사 수정

아무리 연습해도 입에 잘 붙지 않는 대사가 있을 수 있다.

이런 경우 배우의 자질 문제로만 볼 수는 없다. 작가가 배우의 입장을 고려하지 않은 채, 과도한 문어체의 문장을 구사한 이유일 수도 있고, 상황과 감정에 맞지 않는 억지스러운 대사로 인해 배우가 받아들일 수 없는 거부감을 일으킨 대사의 원인일 수도 있다.

배우는 자기 확신이 서지 않으면 대사를 할 수 없고, 해서도 안 된다. 의미나 뜻을 모른 채, 또는 역할의 정체성과 상충하는 대사를 내뱉는다면, 주인의 말에 복종해 따라 하는 구관조(九官鳥)나 앵무새(parrot)와 다를 게 없다.

대사가 입에 붙지 않는 여러 이유가 있을 수 있지만, 이러한 일을 겪게 될 경우 해결책을 찾지 못하면 피해는 고스란히 배우 개인에게로 돌아간다. 작가 다음으로 대사를 가장 많이 읽고 연구하며, 카메라 앞에서 최종적으로 표현하는 자가 바로 역할의 당사자인 배우이기 때문이다.

과도한 설명적 문체나, 설득력 부족의 대사, 발음상의 문제, 그 어떤 경우가 되었건, 배우 본인의 입에 붙지 않는다면 전체 리딩 전까지 반드시 대안을 찾아야 한다.

나는 다음 네 가지 범주 안에서 그 해결책을 권한다.

첫째, 뜻이 왜곡되지 않는 범위 내에서 자기 대사에 몇 마디를 더하거나 줄여가며 입에 붙도록 수정한다.

둘째, 문어체는 구어체로 바꿔가며 입에 붙여본다.

셋째, 상대역과 주고받는 대사의 괴리감은 없는지 점검한다.

넷째, 아무리 연구해도 대안이 나오지 않을 경우, 전체 리딩 전 감독에게 연락해 함께 해결할 수 있도록 조치한다.

인간의 감정과 심리를 누구보다 잘 알고 있는 배우 중엔 뛰어난 작가적 기질이 숨어 있는 예가 있다. 그동안 많은 시나리오를 읽고 연구한 사람일수록, 특별한 글쓰기를 배우지 않아도 감정을 통해 뱉어내는 대사 쓰기의 후천적 재능이 발달하게 된다.

셋째 과정까지 중에서 해결책이 나왔다면, 전체 리딩이 시작되기 전 여유 있게 도착해 감독에게 문제의 원인과 대안으로 수정한 대사를 들려줘야 한다. 그러면 감독은 곧바로 둘 중 어느 것이 나은지 정해줄 것이고, 연습이 시작되기 전 "몇 신, 누구의 대사는 이렇게 바뀌었습니다."라고 공표할 것이다.

그런데 만약 연습 도중 이런 말을 꺼낸다면, 전체 리딩이 잠시 중단되며 연출자와 출연자 모두에게 돌발적인 브레이크를 걸게 된다. 개인의 문제로 인해 많은 사람에게 불편을 주는 결과로 이어지며, 수정해온 대사가 아무리 좋다고 한들 부정적 인상과 함께 뜻이 받아들여지기 쉽지 않을 수 있다.

또한 어떤 배우는, "내가 읽기에는 전혀 문제없는데, 너에게 문제가 있는 거 아냐?"라고 공개적인 핀잔을 줄 수도 있다.

그러나 분명한 것은, 입에 붙지 않는 대사를 억지로 전달하는 것보다, 뜻이 바뀌지 않는 선에서 편한 말로 바꿔야만 서로가 사는 것이다.

자신 없는 대사는 어색한 연기를 낳게 되고, 상대 배우의 연기를 깎아먹으며, 감독의 연출력마저 도마 위에 오르는 연대적 피해로 이어진다.

흔히 배우들은 가벼운 어미 처리나 약간의 애드립(ad-lib)을 섞어가며 자신의 캐릭터를 재미있게 연기한다. 그러나 TV 연속물의 경우 애드립 차원이 아닌, 조사(助詞)나 어미(語尾) 처리를 조금만 바꾸어도 감독이나 배우에게 곧바로 항의하는 호랑이 작가가 있다. 심지어 작가에게 찍혀 배역이 중간에 사라지기도 한다. 이런 작가를 만나면 배우들은 다른 드라마에서보다 훨씬 더 긴장할 수밖에 없다.

('조사'는 순우리말 '토씨'라고도 한다. 어떠한 말과 말의 뜻을 도와주는 접속 조사나 격조사 등을 말하는데, '을/를', '이/가', '와/과', '에서', '에게', '로', '부터', '까지', '조차' 등을 예로 들 수 있다. / '어미'는 용언의 어간이나 서술격 조사에 붙는 것을 말한다. 즉, 밝다·밝고·밝으며·밝으니 등에서 '다', '고', '으며', '으니'를 예로들 수 있다.)

그러나 둘 중 어느 쪽이 더 좋고, 어느 것이 나쁘다고 말하기는 어렵다. 둘 다 창작자의 동등한 입장에서 자신의 절대 영역과 표현의 자유를 팽팽히 주장할 수 있고, 보장받아야 하기 때문이다.

대사라는 짜인 틀에 배우를 억압시킬 경우, 자연스러운 연기를 끌어낼 수 없는 단점에 비해, 철저히 작가의 색깔(色)을 살려낼 수 있는 장점이 있다.

반면 대사의 구속에서 벗어나 자율적 통제권을 가지고 연기할 경우, 배우는 좀 더 밀도 있는 연기를 할 수 있게 되고, 결국 창조성 보장을 통해 얻는 쪽은 작가와 감독일 것이다.

그런데 아이러니하게도 분명한 것은, 대부분의 시나리오 작가나 감독은 원문 그대로의 대사를 원한다. 자신들 또한 수없이 고민해가며 한 글자 한 글자를 써냈기 때문이다. 말의 군더더기가 붙거나, 쓸데없는 애드립이 난무하면 자신의 배역만 튈 뿐 드라마 전체의 균형을 깨트릴 수 있기 때문이다.

그러나 일부 작가나 감독은 시나리오를 규율처럼 지키려 하기보다,

드라마의 최종 표현 자인 배우의 상상력과 느낌을 존중하고 살려내려는 경우가 많다.

어느 쪽이 옳다 정의하긴 힘들지만, 배우는 작품마다 다양한 상황을 마주할 수밖에 없으므로 그 대처 능력을 키워야만 한다.

배우는 내가 하고 싶은 연기를 하는 것이 아니라, 작가가 쓴 허구의 인물을 감독 의도에 맞게 연기해 주는 협력자이자 창작자이며, 작품을 완성하는 키를 쥐고 있는 동업자의 관계이다.

만약 배우가 통제받지 않고 자신의 계산대로만 연기한다면, 상대 배우와의 마찰은 물론이며 매너리즘에 빠지기 쉽다.

그러나 감독의 주문 사항을 최대한 받아들이면 늘 새로운 연기를 보여줄 가능성이 커진다. 감독은 운동선수의 코치와 같은 역할을 하고 있기 때문이다. 연기에 집중한 배우는 자기 모습을 볼 수 없지만, 감독은 배우를 입체적이고 객관적으로 바라보며 문제점을 찾기 위해 언제나 주시하고 있기 때문이다.

감정 분할

앞서 '리딩'은 드라마 전체를 오디오로 축약한 샘플링 과정과도 같다고 했듯, 연기의 반 이상을 차지하는 배우의 대사야말로 가장 공들여 연습해야 할 연기의 절대적 수단(手段)이다.

책상에 둘러앉아 읽는 전체 리딩 역시, 입에서만 나오는 소리가 아닌 전신의 호흡을 이용해 뱉어내는 연기다. 특히 리딩은 카메라 연기와 달리, 오직 대사만을 집중적으로 파고드는 구체적인 다듬기 과정이다. 다시 말해 대사의 오디오를 다듬는다는 것은, 함께 동반될 수밖에 없는 감정과 표정, 호흡의 모든 연기의 합을 동시에 맞추는 것이다.

연극 연습은 리딩이 전체 스케줄의 1/3 정도를 차지한다.

대사 다듬기는 곧 동선(動線) 긋기와 연기의 완성도로 이어지기 때문이다.

시나리오 분석 「챕터 나누기」 편에서 언급했던, 드라마의 스토리를 끌고 가는 큰 구조의 산맥과 뻗어나간 줄기와 골짜기의 비유를 기억할 것이다.

이제 세부적으로 나누어진 신(scene) 내에서도 인물 간의 행동과 대사를 '분할(分割)'하며, 결국엔 자기 대사 한 줄에서도 초감각적인 감정의 기복을 분할해야 한다. 이것은 연기의 깊이감을 좌우하게 된다.

(몹시 화난) "닥쳐!... 내가 그동안 입이 닳도록 말했어."

이 짧은 한 줄의 대사를 당신은 어떻게 연기할 것인가?

전후 상황을 알 수 없는 예문이지만, 이 한 줄의 대사에서도 감정의 기복과 긴장과 이완, 음의 높낮이가 배우의 역량에 따라 천차만별의 차이를 보이게 된다.

① "닥**쳐**!... 내가 그동안 **입이 닳**도록 말했어." (+)

② "닥쳐!... 내가... 그동안 입이 닳도록 말했어." (-)

대면 강의가 아닌 책의 한계상, 두 가지 예문만을 글자의 크기와 자간(字間)을 통해 음의 높낮이를 표현해 보았다. ①번은 활자의 크기와 굵기가 플러스로 커지며 감정이 폭발(爆發)하는 반면, ②번은 오히려 마이너스 쪽으로 줄어들며 감정 절제(節制)의 느낌을 보여준다. 그러나 이 두 가지의 공통점은, 여섯 어절로 이루어진 한 줄의 대사를 세 마디로 분할(divide)시켰다는 것이다.

① "닥**쳐**!... / 내가 그동안 / **입이 닳**도록 말했어." (+)

② "닥쳐!... / 내가... / 그동안 입이 닳도록 말했어." (-)

주의할 점은 ① · ②번 모두 [예문 3]의 빗금(/) 부분에서 호흡이 끊어지지 않고, 한 호흡으로 대사를 처리해야만 연기의 맛이 살아난다. 호흡에 관한 부분은 이 과의 마지막 부분에서 설명하도록 하겠다.

시나리오란, 작가가 한 땀 한 땀 공들여 세분화시킨 세포들의 결합체다. 이제 배우는 다시 챕터와 신으로 나누어진 대사들을 세분화시켜, 세포들의 조각으로 '분할'해 연기할 차례다.

100년 전 '스타니슬랍스키(Константи́н Серге́евич Станисла́вский)'는 이와 같은 연기의 세부적인 분할의 조각을 '단위(unit)'라는 말로 표현했다(러시아의 배우 겸 연출가 '콘스탄틴 세르게예비치 스타니슬랍스키' 1863~1938년).

또한 1920년대 미국에서는 최소 단위를 이르는 '비트(bit)'를 연기 용어로 사용했다. 이를 근거로 미국의 연기 지도자 '주디스 웨스턴(Judith Weston)'은 자신의 저서 『Directing Actors』(1996년)에서 "비트는 화제(話題)에 의해 구분되며, 화제가 바뀌면 비트도 바뀌고, 비트를 찾기 위해서는 화제가 바뀌는 지점들을 모두 찾아내야 한다."라고 말했다. 그러나 이 이론은 초보자들에겐 매우 난해하고 어려운 과정일 것이다.

연기는 상황(狀況)과 감정(感情)에 나를 맡기는 것이다. 시나리오를 문제지 풀이하듯 접근하기보다, 상황에 나를 맡기면 [예문 3]의 ① · ②, 또는 그 이상 ⑦ · ⑧까지 다양한 감정 분할의 표현들이 나올 수 있다.

대사, 곧 연기는, 나의 계산으로만 직행하는 일방통행이 아닌, 상대 배우와의 쌍방향의 교감을 통해 항상 바뀌게 되어 있다.

예를 들어 연극배우는 매회 공연마다 대사의 느낌이 달라질 수 있다. 특히 상대 배역이 더블 캐스트(double cast)인 경우 배우들의 호흡에 따라 연기는 항상 변할 수밖에 없고, 또 변해야만 한다.

조각낸 대사가 감정의 기복을 만들어 내는 게 아니라, 감정의 기복이 곧 대사의 분할로 이어지는 것이다.

대사는 악보의 음표와도 같은 것이며, 음악에 얹어지는 노래 가사와도 같다. 대사는 드라마를 끌고 가는 스토리 라인(story line)이자, 상황과 감정에 의해 입 밖으로 내뱉는 말(speaking)이다.

비트이건, 단위이건, 또는 분할이건, 중요한 것은 연기를 최소 단위까지 나눠야 하는 것이다.

5초나 10초간 이어지는 혼자만의 짧은 대사나 리액션 내에서도 긴장(緊張)과 이완(弛緩)이 분할되어야만 한다.

[자료 18]

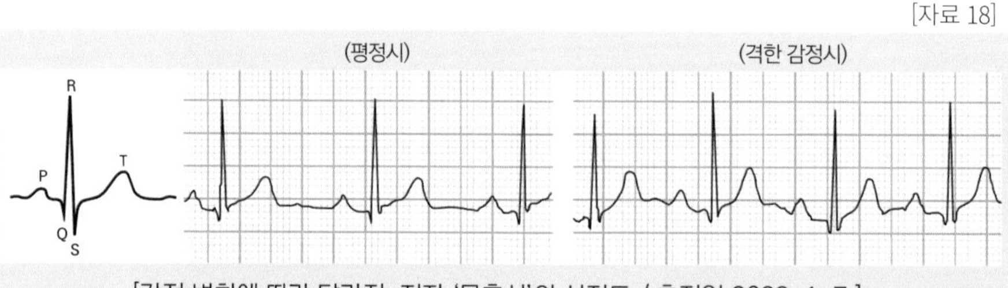

[감정 변화에 따라 달라진, 저자 '문홍식'의 심전도 / 측정일 2022. 1. 7.]

[자료 18]은 심장박동을 측정한 나의 심전도 그래프다.

동일인의 심전도 내에서도 처한 '상황과 감정 변화'에 따라 그래프의 P · Q · R · S · T의 높낮이와 간격이 상이한 차이를 보인다.

심전도의 급상승과 하강을 보이는 'Q · R · S' 구간은 심실의 탈분극을 나타내고 있으며, P는 심방의 수축(收縮), T는 심실과 판막 심근의 이완(弛緩)을 나타낸다.

배우의 연기 역시 '수축(긴장)'과 '이완'을 반복한다.

사람마다 차이는 있으나, 거의 1초에 해당하는 짧은 구간 내에서도 심장은 혈액 펌프질(pumping)을 위해 확실한 분할(分割)이 이루어지고 있다.

배우의 연기 변화를 그래프로 그려낼 수는 없지만, [예문 1]에 제시했던 대사의 짧은 구간에서도, 감정은 이와 같은 변화를 겪어야만 깊이 있고 밀도 있는 연기를 뽑아낼 수 있게 된다.

만약 충격적인 소식을 들은 배우를 향해 카메라의 화면 사이즈가 좁혀져 들어갈 때, 연기의 분할이 없다면 겁먹은 정지 화면과도 같은 꼴이 되고 말 것이다. 그러나 카메라가 배우를 향해 들어갈 때 상하좌우로 움직이는 시선 처리나, 점차 좁혀오는 화면 사이즈에 맞게 입술이 파르르 떨리거나, 눈꺼풀의 경련, 또는 콧물이나 눈물이 흘러내린다면, 배우는 짧은 10여 초의 리액션만으로도 심도(深到) 있고 밀도(密度) 있는 연기를 보여줄 수 있게 된다. 이것이 곧 감정 분할이며, 이러한 감정에 대사가 함께 실릴 때 감동과 스토리의 진전을 가져오게 된다.

연기력을 평가받은 흡입력 있는 배우들은, 절대 5초 이상 고정된 시선이나, 얼굴 방향을 한곳에 두지 않고, 세미한 움직임을 통해 관객의 시선을 자신에게 집중시켜 빠져나가지 못하도록 한다.

만약 얼굴이 의도적으로 한 방향으로 고정된 상황이라면, 이들의 눈동자는 반드시 불안정하게 흔들리거나 눈시울이 붉어지며 1, 2초 이내에 곧 눈물이 흘러내릴 것이다. 또는 감정이 점차 증폭해 열변을 토해내다, 끝내 나락으로 추락하듯 한순간 풀이 꺾여 자괴감에 빠지는 장면일 수도 있다. 이러한 감정 분할은 극세사(極細絲)적인 초감각 연기를 자아낸다.

쓰나미(つなみ)처럼 밀려오는 감정의 급격한 변화들은 배우의 심박(心搏)을 요동치게 하며, 연기의 분할(分割)과 함께 외형적으론 대사의 분할(division)을 낳게 된다.

또한 모든 대사의 쉼표와 끊어 읽기 역시, 배우의 감정 분할에 따라 대사를 토막 내어 체크하게 되어 있다. 감정을 이입하지 않고 대사 끊어 읽기를 체크하는 배우는 없다.

다시 한번 강조하지만, 대사에 의해 감정과 상황이 연출되는 것이 아니라, 상황과 감정에 의해 대사가 얹어지듯 나오는 것이다.

배우의 감정 분할은, 대사를 더욱 깊이 있게 만들며 호소력 있는 연기를 끌어낸다. 대사를 처리하는 기술(技術)에 집착하기보다, 상황(狀況)에 집중해 감정을 분할하면 대사는 자동으로 나오게 된다.

이 원리를 모르는 사람들은 자꾸 기술을 배우기 위해 애쓴다.

연기는 결코 얄팍한 기교로 승부를 걸 수 없다.

'감정 분할'은 연기의 지속이며, 캐릭터를 살리기 위한 의지적(意誌的) 펌핑(pumping)이자, 관객의 시선을 사로잡는 원동력이다.

긴장과 이완

「감정 분할」에서 언급했던 심전도의 그래프와 같이 배우의 연기는 끊임없이 '긴장(緊張)'과 '이완(弛緩)'을 반복해야 한다.

심전도에서는 탈분극(Q·R·S)의 폭발을 위해 이완(T)과 수축(P)을 가져오는데, 수축은 곧 드라마와 연기의 '긴장(tension)'에 해당한다.

만약 긴장과 이완이 없다면, 연기의 심장은 멈춘 것이다.

기승전결(起承轉結)로 구성된 모든 시나리오의 갈등 구조는 발단에서부터 결말까지 긴장과 이완의 변곡점을 그려가며 전개된다.

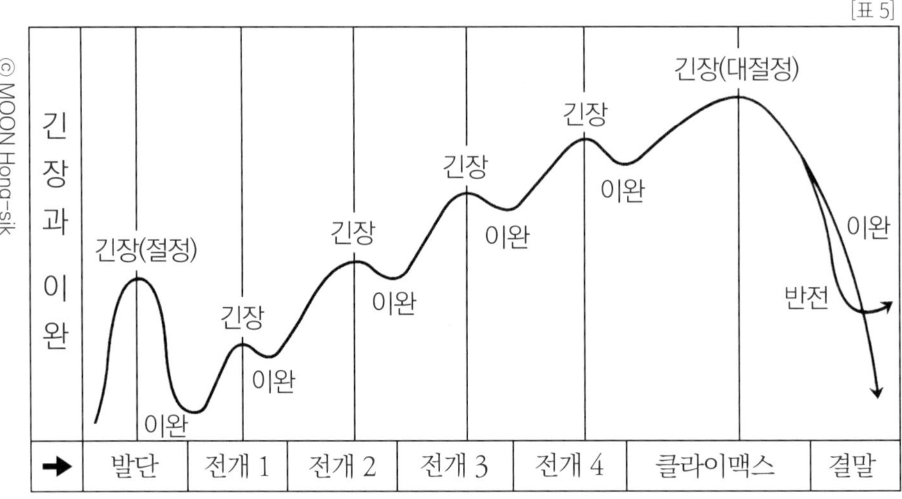

['긴장'과 '이완'을 반복하며 진행되는 시나리오의 전개 구조 (예)]

한 편의 시나리오를 진행 방향에 따라 '긴장'과 '이완'의 그래프로 시각화하면 이와 같은 모양임을 확인할 수 있다.

장르와 스토리는 달라도 거의 모든 영화는 이 범주 안에서 사건·사고를 만들어낸다. 드라마 자체가 긴장과 이완으로 이루어졌으며, 시퀀스(sequence)와 각각의 신(scene), 그리고 배우들 간의 불꽃 튀는 연기와 단 한 줄의 대사까지 긴장과 이완은 끊임없이 지속된다.

그렇다면 배우의 연기만을 두고 봤을 때, 긴장과 이완은 어떻게 만들어질까?

첫째, 자신이 등장할 전체 신들의 '긴장'과 '이완'의 균형(均衡)을 파악
　　　해야 한다.

둘째, 하나의 신 내에서도 긴장과 이완 부분을 찾아야 한다.

셋째, 자기 대사를 감정에 맡긴 악보의 음표로 가정했을 때 긴장과
　　　이완 및 강세의 지점은 명확히 구분된다.

넷째, 상대 배우와의 충돌(대립)을 통해 긴장과 이완이 형성된다.

다섯, 감정의 기복이 곧 긴장과 이완의 변곡점을 찍게 된다.

여섯, 리액션과 자기 대사 사이에서 긴장과 이완이 발생한다.

일곱, 짧은 단 한 줄의 대사나 몇 초간의 리액션 내에서도 긴장과 이
　　　완의 순환(循環)이 이루어져야 한다.

여덟, 감독의 "컷" 소리가 나기 전까지 긴장의 끈을 놓지 말아야 한다.

결국 '긴장'과 '이완'을 맛깔스럽게 요리하는 것은 셰프(chef)와 다를
바 없는 연기의 주체자인 배우 본인이다.

촬영에 직면한 배우들을 통해 확인할 수 있는 긴장은, 크게 세 가지로
구분된다.

배우가 긴장과 이완의 경계를 자유롭게 넘나들 때 캐릭터가 살아나며, 관객을 쥐락펴락하는 카리스마 있는 독보적 연기를 보여주게 된다. 연기의 '긴장'과 '이완'은 곧 영화 전체의 긴장(tension)을 유지하게 되고, 카메라 이동과 편집의 묘미가 음악 효과와 함께 더해지며 절정에 이르게 된다.

그러나 아무리 현란한 카메라 움직임과 빠른 편집도 배우의 연기를 능가할 긴장과 이완은 만들어낼 수 없다. 장비와 기술은 배우의 연기를 돕는 한계를 벗어날 수 없기 때문이다.

19세기 후반, 프랑스 심리학에 기초를 두었던 '스타니슬랍스키' 역시 '이완(弛緩)'을 연기의 중요 훈련 과제로 삼았다. 그는 이를 위해 모스크바 예술극장 배우들에게 '상상력과 집중력, 감각의 기억 되살리기' 등을 적용한 바 있다.

‘긴장’과 ‘이완’은 우리의 일상에서도 누구에게나 발견되고 반복되는 것이지만, 무용이나 음악·스포츠 경기, 심지어 화가들의 그림에서도 긴장과 이완의 순환(cycle)은 반복된다.

세밀하게 분할된 배우의 감정이 곧 긴장과 이완을 만들어 내듯, 그림에서 느낄 수 있는 생기와 활력의 원인은 긴장과 이완이 크고 작게 분할되어 균형을 이루고 있기 때문이다.

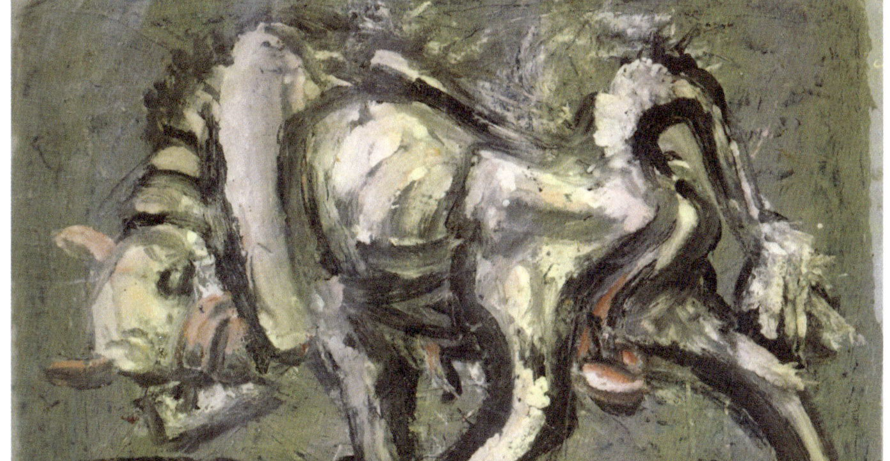

[20세기 한국 근현대 미술의 대표작가 ‘이중섭’의 〈흰 소〉]

1950년대 작으로 추정되는 화가 ‘이중섭(1916~1956)’의 〈흰 소〉는, 일제 강점기 식민지로 억압받았던 조선을 ‘소’를 통해 재소환 시킨 작품이다.

곧 부러질 듯 비정상적으로 꺾인 등과 앙상한 뼈에 들러붙은 가죽과 한쪽 눈을 잃은 듯 명확하지 않은 소의 머리는 주권을 잃은 고통당한 조선의 과거를 여실히 드러내고 있다. 힘겹게 걷는 다리의 '긴장'과 종족 번식을 상징하는 드러난 성기와 꺾인 꼬리와 끌려가듯 힘을 잃고 처박은 '이완'된 머리는, 한 치 앞을 내다볼 수 없었던 민족 말살 시대인 조선의 아픔을 회고하고 있다. 〈흰 소〉에서 백색이 강렬하게 표현되지 못한 것 또한 짓밟힌 조선의 '이완'을 상징한다.

[자료 20]

[20세기 한국 근현대 미술의 대표작가 '이중섭'의 〈다섯 아이와 끈〉]

1950년대 '이중섭'의 또 다른 작품 〈다섯 아이와 끈〉을 한 점 더 살펴보자. 시계 방향의 원형 구도를 취하고 있는 발가벗은 아이들은 천진난만한 표정을 짓고 있다. 일제강점기와 6·25 한국전쟁을 치른 격동의 시대를 지나온 작가는, 서로의 몸이 맞닿은 채 안전그물과도 같은 녹색의 끈을 붙잡고 있는 아이들을 통해 현실을 반추하는 미지의 세계를 보여주고 있다. 마치 꿈나라 같기도 하고, 낙원의 천사들과도 같은 아이들의 모습 속엔 식민지와 전쟁 증후군이 가져다준 심리적 불안감이 고스란히 '긴장'과 '이완'의 형태로 드러나 있다(정확한 연대가 밝혀지지 않은 '이중섭'의 〈흰 소〉와 〈다섯 아이와 끈〉은, 저자가 시대적 배경과 작가의 심리와 붓 터치의 관점에서 '긴장'과 '이완'의 구조를 해석한 것으로, 해설자마다 다양한 차이가 있을 수 있다).

정지된 순간을 표현한 한 점의 그림에서도 긴장과 이완이 공존하듯, 인간의 삶을 조명하는 배우는, 연기의 생명 줄인 '긴장과 이완의 끈(the balance between tensions and relaxations)'을 놓지 말아야 한다.

그렇다면 긴장과 이완은 배우의 몸을 통해 어떻게 표현되는 것일까? 더 정확히 말하자면 신체는 긴장과 이완 시 어떻게 반응할까?

긴장과 이완은 '호흡(breathing)'을 통해 반응하고 표현되는 것이다.

'호흡(呼吸)'은 다다음 장에서 구체적으로 다루고자 한다.
내가 호흡을 두 차례나 언급했지만, 또다시 뒤로 미루는 것은, 호흡은 연기의 모든 것이기 때문이다. 어쩌면 이 책에서 가장 길게 다뤄질 부분이 호흡이다. '감정·대사·리액션' 이 모든 것이 호흡으로 인해 발생할 뿐만 아니라, 연기의 승패가 좌우되기 때문에 기본적 이해가 뒷받침된 후에 듣는 것이 효과적이다.

긴장과 이완은 전구를 밝히는 플러스(+)와 마이너스(-)의 전류공급과도 유사하다. 우리가 사용하는 가정용 2선식 전기는, 플러스와 마이너스가 변하지 않는 건전지의 직류(直流)방식과 달리, 전류의 방향이 양쪽 라인으로 섞여 흐르는 교류(交流)작용을 통해 초당 60회의 플러스(+)와 마이너스(-)가 교차하며 전구의 불을 밝히게 된다(220V 60Hz 단상 2선식 전기는 +와 -를 교차시키는 주 전력선인 單相의 L과 0V의 中性인 N라인이, 전압에 따라 전류의 흐름이 양쪽 라인으로 바뀌는 교류 현상을 통해 전기를 공급받게 된다. 이러한 이유로 건전지와 달리 플러그를 어느 방향으로 꽂든 전기 에너지를 사용할 수 있는 것이다).

[그림 1]

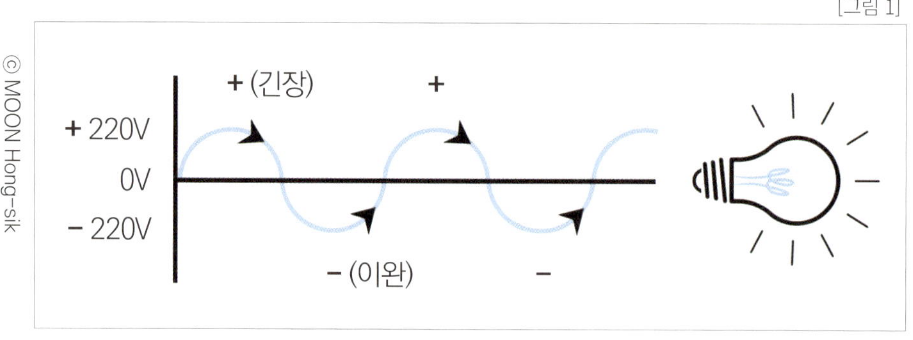

[220V 단상 2선식 전류의 교류방식을 예로 든 '긴장'과 '이완'의 교차]

배우의 연기 역시 긴장(+)과 이완(-)이 끊임없이 교차할 때 살아 있는 캐릭터의 불을 밝힐 수 있다.

배우에게 긴장이란, 한 가지 일에 오감(五感)을 집중시킨 행위라 할 수 있다. 운동경기에 임한 선수나, 연주자·배우 할 것 없이 관중이나 카메라 앞에 서는 순간부터 본능적인 긴장의 태엽(clockwork)을 감기 마련이다. 마치 야구의 투수가 공을 던지기 위해 몸을 감는 와인드업(wind-up)과 같은 것이다.

[투수의 '긴장(wind-up)'에서 공을 던진 '이완'까지의 예]

투수의 긴장과 이완은 길어야 1, 2초 이내에 불과하다.

연기 역시, 큰 구간과 작은 구간의 긴장과 이완이 반복되어야 한다.

하프타임을 제외한 90여 분의 축구 경기나 연극을 공연 중인 배우가 계속해서 긴장만 한다면, 경기나 공연이 끝나자마자 육체적 탈진으로 인해 쓰러지고 말 것이다. 그래서 이를 극복하기 위한 신체 조절이 바로 '이완(弛緩)'이다.

줄낚시에 걸린 물고기를 끌어 올릴 때도, 줄을 감았다 풀어주기를 반복하지 않고 감기만 한다면, 서로 간의 팽팽한 줄다리기가 이어지며 최대의 힘(+)이 가해지는 순간 줄은 곧 끊어지고 말 것이다.

이처럼 긴장(+)과 이완(-)은 밀고 당김이며, 배우 자신과 상대 배우뿐만 아니라, 결국 관객과 주고받는 긴장과 이완으로 이어진다.

긴장은 '호흡 안'에 육체를 가두는 것이며, '호흡(breathing)'으로 조였다 풀기를 반복하는 것이 긴장과 이완이다.

발성

대사를 전달하는 배우의 몸은 곧 '악기(樂器)'다. 소리를 내는 울림통 자체라 할 수 있다.

　사람의 말은 '발성(發聲)'을 통해 전달되고, 발성은 '호흡(呼吸)'에 의해 만들어진다.

　숨을 들이마신 후 날숨을 뱉어내는 호기(呼氣)에 의해 성대를 '진동(震動)'시켜 음성(音聲)을 만들어 내는 것을 '발성(vocalization)'이라 한다.

　관악기의 소리 또한 날숨을 이용해 연주하게 되고, 스피커나 별도의 오디오 장치가 필요 없는 파이프오르간 역시 송풍실에서 뿜어내는 바람(wind)을 이용해 장엄하고 화려한 연주음을 들려주게 된다. 아코디언 역시 들숨과 날숨과도 같은 공기주머니의 바람을 이용해 소리를 낸다. 이 모두가 인체의 발성과 유사한 바람의 원리를 이용한 것이다.

　배우들은 누구나 한 번쯤 "복식호흡으로 대사를 하라."는 말을 들어봤을 것이다. 또는 "단전에서 소리를 밀어 올리라고." 말하는 사람들도 있다.

‘복식호흡(腹式呼吸)’이란 말이 우리에게 익숙하지 않은 이윤 뭘까?

사람은 누구나, 평소 가슴을 이용한 ‘흉식(胸式)호흡’을 하고 있기 때문이다. 복식호흡은 뭔가 특별한 사람들에게만 필요한 것으로 느껴진다. 그러나 실제 흉식호흡으로 말할 경우, 목으로만 소리를 내기 때문에 아주 가까운 거리밖에 소리가 전달되지 않고, 큰소리를 내기도 힘들며 성대에 무리를 주게 돼 목이 금방 쉬게 된다.

이러한 이유 때문에 배우는 복식호흡으로 대사를 해야 하는 것이다.

복식호흡이란 아코디언의 바람 주머니처럼 복부에 숨을 집어넣었다 빼내듯, 배의 근육을 움직여 가슴부위에 해당하는 ‘횡격막’을 이용한 호흡운동이다. 우리 인체의 호흡은 약 70%가 횡격막 운동을 통해 이루어지고 있다. 그런데 이 복식호흡으로 발성을 하게 되면 먼 거리까지 맑고 호소력 있는 또렷한 말을 전할 수 있게 된다.

대부분 모든 성악가나, 소리꾼 · 배우 · 성우 · 아나운서 · 강연자들은 바로 이 복식호흡을 사용하고 있다. 그러나 복식호흡을 사용하는 판소리 명창이나 성악가, 때론 대중 가수 중에서도 무리한 연습으로 인해 성대결절을 겪기도 한다. 발성(發聲) 자체가 복식호흡으로 밀어 올린 날숨을 이용해 성대를 ‘진동(vibration)’시키는 것이기 때문에 성대가 붓거나 상처가 나는 것이다.

국악기 중 ‘대금(大笒)’은 사람의 발성과 유사한 방식으로 소리를 낸다. 외형이 비슷한 ‘플루트(flute)’나 다른 관악기와 달리, 연주자의 입김을 불어 넣는 ‘취구(吹口)’ 다음 ‘청공(淸孔)’이란 두 번째 구멍에 갈대

속에서 채취한 얇은 '청(淸)'을 붙여, 청의 울림을 통해 대금의 다이내믹
(dynamic)한 음색의 변화를 주게 된다.

대금은 서양 금관악기와 달리 절대 음을 낼 수 없는 악기의 특성상,
성악가나 소리꾼 못지않은 연주자의 힘 있는 복식호흡과 날숨을 조절한
입술의 기교를 통해 소리의 '바이브레이션(vibration)'을 만들어 낸다.
사람의 성대 울림과 유사한 얇은 '청(淸)'은 대금의 소리를 좌우하는 생
명이나 다름없다. 그래서 청이 찢어지면 정상적인 소리를 낼 수 없게 된
다.

사람의 성대 역시 무리한 연습이나 잘못된 발성은 파열음을 가져오며
정상적인 소리를 내지 못하게 된다.

[자료 21]

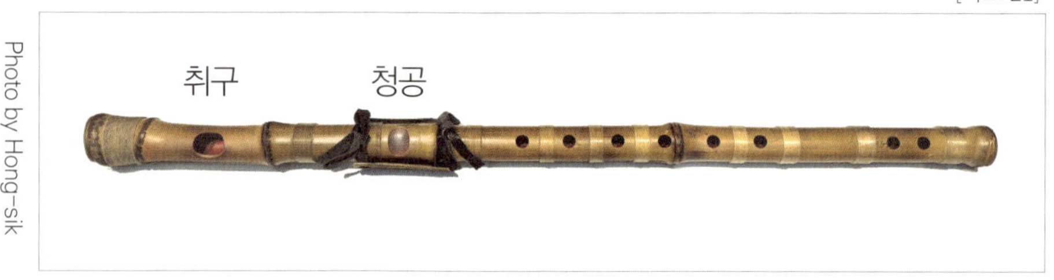

[대나무로 만든 한국의 전통 관악기 '대금']

발성 훈련은 직업 배우가 되기 위한 민간인의 때를 벗는 과정이며, 대
사 전달력과 '발음(發音)'으로 이어지는 유기적 관계다.

아나운서들은 세계 어느 곳이나 '솔(G)' 음계의 톤으로 뉴스 기사를
전한다. TV와 평균 약 2.5m의 시선 거리를 둔 시청자들에게 가장 명확
하게 앵커의 목소리를 각인시킬 수 있는 톤이 '솔' 음계다. 뉴스는 시청

자가 듣고 싶지 않아도, TV나 라디오가 켜져 있다면 시·청취자의 귀에 반강제적으로 전달되어야만 한다.

그러나 아침 방송 토크나 대담 프로그램의 경우 '미(E)' 음계가 일반적이다. 반면 TV 드라마의 경우는 신 상황에 따라 다양한 음역의 톤이 존재하기 때문에 시청자가 화면에 집중해 귀를 기울이지 않으면 아무리 볼륨을 높여도 대사의 각인 효과는 기대할 수 없다.

성악가나 연극배우에 비해, 영화배우나 TV 탤런트는 발성 훈련의 의존도가 낮은 편이다. 요즘은 대극장 공연에서도 마이크를 사용하지만, 과거엔 마이크 없이 연극이나 오페라 공연이 이루어졌다.

더 나아가 전기나 마이크 시설이 없던 시대, 고대 야외극장에서 배우들이 육성의 정확한 발음으로 공연할 수 있었던 것은 오직 훈련된 복식호흡을 사용했기 때문이다.

그러나 동시녹음 마이크를 사용하는 영화나 TV 드라마에서도 배우들의 대사는 복식호흡에 의해 구사되어야만 한다.

'복식호흡'이란, 사극에 등장한 장군의 우렁찬 목소리나, 대중을 사로잡기 위한 연설에만 사용되는 것은 아니다. 오히려 복식호흡은 카메라 연기자에게 더욱 필요한 것이다. 화면 사이즈에 따라 가깝게는 30cm 앞까지 마이크가 들어오기도 하지만, 세미하게 꺼져가는 미세한 음성에서조차 복식호흡은 절대적 요소가 된다.

숨죽여 말하는 초저음의 대사일수록 복식호흡은 매우 섬세하고 깊이 있는 연기를 보여주게 된다.

과거엔 발성과 복식호흡을 설명하기 위해 해부학적인 호흡계 기관의 그림을 그려두고 '소리가 어디에서 어디를 거쳐 나와야 한다.'라는 식의 설명들을 했었다. 그러나 우리가 직접 장기(臟器)의 움직임을 들여다볼 수 없는 상황에서 설득력은 매우 부족하다.

어렵고 복잡하게 설명했던 복식호흡을 그림이나 시범을 보지 않고서도 쉽게 이해할 방법이 있다.

복식호흡은 배우나 성악가가 아닌 일반인들도 이미 일상에서 사용하고 있는데, 그것이 복식호흡인지 모르고 있을 뿐이다.

인간은 누구나 어린 시절부터 복식호흡을 사용하고 있다.
걸음마를 시작하며 모국어를 배우기 전부터 호흡과 발성을 본능적으로 익히게 된다. 예를 들어 갓난아기가 젖을 찾을 때도, 엄마 품에 안겨 있을 때와 자신의 시야에 엄마가 보이지 않을 때 울음소리의 세기가 달라진다. 아기는 그때 본능적인 복식호흡을 이용해 큰 소리로 울어대며 엄마를 찾게 된다. 만일 아기가 복식호흡을 사용하지 않고 목으로만 울어댄다면, 100일이 되기도 전 성대 결절을 겪고 말 것이다. 이러한 모습은 복식호흡이 인간의 본능적 행위임을 증명한다.
또한 시장 상인들이 손님들에게 호객행위를 할 때나, 자신과 거리가 떨어진 사람을 향해 말을 건넬 때, 모든 사람은 복식호흡의 발성을 통해 '목소리의 거리감'을 조절한다.

「프롤로그」와 **개관**부에서 이미 언급한 바 있지만, 사람은 누구나 연기에 필요한 모든 재료를 이미 내 안에 가지고 있다.

발성과 복식호흡 역시 모든 사람이 필요에 따라 본능적으로 사용하고 있음에도 불구하고 인식하지 못하고 있을 뿐이다.

이제 '발성'과 '복식호흡'을 내 몸으로 직접 확인해 보자.

첫째, 들숨을 내뱉는 날숨을 이용해 성대를 진동시켜 내는 소리가 '발성'이다(모음, ㅏ, ㅑ, ㅓ, ㅕ, ㅗ, ㅛ, ㅜ, ㅠ.... or 숫자나 단어로 테스트해 보자).

둘째, 복부의 근육을 움직여 심장 주변인 횡격막의 '수축'과 '이완'을 통해 호흡하는 것이 '복식호흡'이다.

셋째, 소리를 멀리 던지기 위해 거리감을 조절할 때, 본능적으로 배에 약간의 힘이 들어간 것이 복식호흡을 이용한 발성이다.

넷째, 허리를 펴고 바르게 다듬어진 정교한 소리를 내기 위해 입을 모아 말할 때, 본능적으로 복식호흡의 발성이 가동된다(성우, 앵커, 성악가, 강연자, 배우, 내레이션 낭송자 등을 예로 들 수 있다).

다섯, '도·레·미·파·솔·라·시·도'를 한 호흡 내에서 단계별로 끌어올릴 때 우리 몸은 본능적으로 복식호흡의 발성을 하게 된다. 이때 본능적인 반응이 나타난 이유는, 음계가 높아질수록 호흡이 달리기 때문에 몸은 자동적으로 배꼽 근처인 아랫배를 조이듯 힘을 주며 호흡을 밀어 올리게 된다. 이것이 복식호흡의 발성이다.

결론을 내리자면 발성과 복식호흡은 이미 오래전부터 누구나 사용해 왔던 인간의 '발성 조절 능력'이다. 그런데 배우의 길을 걷는 당신이 복식호흡의 발성을 지금 와서 다시 확인하고, 필요에 따라 재훈련을 쌓아야 하는 것은, 좀 더 프로(professional)다운 배우가 되기 위함이다.

휠체어를 타지 않고, 지팡이에 몸을 의존하지 않는 비장애인 중에서도 걸음걸이를 다시 배우는 경우가 있다. 잘못된 보행이나 바르지 못한 자세는 관절과 척추에 이상을 가져온다. 특히 운동선수들의 경우 좋은 결과를 얻기 위해 자세 교정에 힘쓴다. 자세에 따라 결과가 달라지는 것이 운동이다. '골프·승마·수영·야구·탁구' 등 모든 스포츠가 자세에 따라 다른 결과를 가져오듯, 배우 역시 대사의 가장 기본이 되는 '발성(發聲)'을 재점검할 필요가 있다.

배우의 몸은 악기라고 말했듯, 당신의 악기를 명품으로 만들고자 한다면 '바른 발성'을 위해 최선을 다해야 할 것이다.

목소리가 좋아서 우연히 성우가 된 사람은 없다. 성우가 되기 위해 끊임없이 목소리를 다듬다 보니, 결국 나만의 매력 있는 음성의 성우가 된 것이다.

내게 축적된 수많은 연기 재료가 있지만, 이것을 어떻게 사용하느냐가 관건이다. 내 안에 축적된 재료가, 마치 들판에서 자란 야생마(野生馬)와 같다면, 이제 경주마(競走馬)가 되기 위해 경마장 안으로 들어

가 기수의 채찍을 맞으며 혹독한 재훈련을 쌓아야만 비로소 경주마로
거듭날 수 있는 것이다.

채찍을 쥔 기수는 바로 당신 자신이다.

호흡(Breathing)

앞서 「긴장과 이완」부에서 "호흡은 연기의 모든 것이다."라고 말했듯,
'호흡(呼吸)'은 감정과 대사와 리액션 등의 모든 연기를 총체적으로 장
악하고 있는 연기 그 자체이며, 연기의 몸통인 실체다.

인간에게 있어 호흡은 생명의 연장이며, 생사(生死)를 구분 짓는 의학
적 판정 기준이 된다.
반면 배우의 호흡은 연기의 생명(生命)이자, 자신의 캐릭터를 죽이
고 살리는 산소탱크의 밸브(valve)와도 같다.

[자료 22]

['산소통'이나 '가스', '수도관'에 사용되는 '밸브(valve)'의 이미지]

‘밸브’는 심장과 혈관의 ‘판막’을 뜻하는 의학 용어이기도 하며, 개폐의 목적과 함께 공급량을 ‘조절(control)’하는 역할을 하고 있다.

배우는 호흡으로 감정을 조절하며, 대사의 강약과 유속을 조절한다. 그뿐만 아니라 걸음걸이와 어깨, 뒤통수의 연기까지 총체적 연기를 주관하고 있는 것이 바로 호흡이다. 호흡에 ‘감정’과 ‘대사’와 ‘반응’을 맡기는 것이다. 심장의 맥박과 무관하게 나의 호흡을 죽이고 · 살리고 · 멈추고 · 조이며 폭발시키는 절대적 이유는, 곧 감정과 대사 · 리액션을 하기 위함이다.

‘모차르트(Wolfgang Amadeus Mozart)’는, “소리란 음표(音標)의 자리에서 나지 않고, 음표와 음표 사이에서 발생한다.”라고 했다. 그 사이는 곧 음표와 음표를 이어주는 호흡이며, 그 호흡으로 인해 음악은 완성되는 것이다. 연기의 호흡 역시, 대사의 ‘어절(語節)과 어절’을 이어주며 완성된다.

대사가 없는 세미한 호흡 · 거친 호흡 · 대사를 동반한 절절한 호흡 · 흐느낌과 들썩이는 어깨의 호흡 등 인간의 모든 감정은 호흡 변화로부터 시작되고, 이 호흡 위에 뱉어내는 말이 곧 대사다.

출렁이는 배가 파도를 만들어 내는 것이 아니라, 바람에 의해 파도가 생겨나고, 그 파도 위에 배가 떠가는 것이다. 관객의 눈엔 출렁거리는 배가 보이겠지만, 그 원인은 파도이며, 파도는 바람에 의해 발생한 것이다.

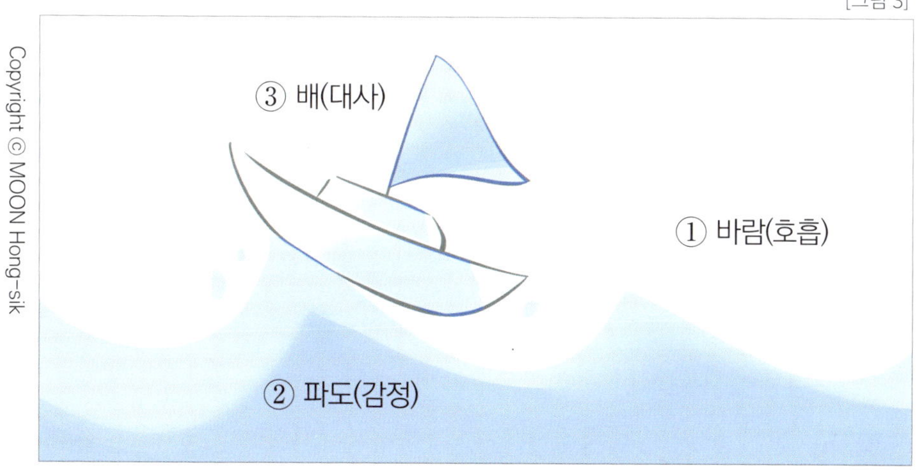

['호흡'에 의한 '감정'과 '대사'를 바람과 파도로 비유한 그림]

혹자는 감정에 의해 호흡이 달라진다고 말할 수도 있겠지만, 감정은 상황을 인지하는 뇌와 가슴이 충돌해 '혈압과 맥박·호흡'의 변화를 가져오며 외부적으로 표출되는 것이다.

대사의 화법은, 배우 스스로 호흡을 장악하고 감정을 조절할 때 가장 훌륭한 대사가 나오게 된다.

대사란 상황에 따라 말이 꼬이거나 발음이 틀려도 좋고, 어순이 맞지 않아도 아무런 관계가 없는 것이다(대사 전달의 의미보다, 상황이나 감정 전달이 더 중요할 때를 말한다).

언어가 다른 전 세계 어느 곳에서든 대사를 지도하는 사람은 결국 호흡(breathing)을 가르치는 것이다. 만약 호흡을 배제한 화법의 다른 기술을 우선시하거나 기교를 가르친다면, 연기의 진정한 근본 원리를 깨닫지 못한 채 껍데기만을 전수하는 것이다.

호흡을 동반하지 않고, '웃거나·화를 내거나·말을 할 수 있는지' 테스트해 보길 바란다.

사람은 흥분된 감정이나 놀란 가슴을 진정시키고자 할 때, 시도하는 첫 번째 행위가 숨 고르기의 호흡 조절이다. 충격을 받아 쓰러질 때 입 밖으로 나온 "억..." 역시, 말이 아닌 혈압변화에 따라 심장이 멎을 것 같은 호흡 반응에서 나타난 소리다.

연기는 인간 본연의 신체적 반응을 역행하는 행동을 할 수 없다. 신체 반응의 범주 안에서 순리대로 반응하는 것이 가장 좋은 연기다.

호흡 조절 능력은 밀도감 있는 감정과 대사를 만들어 내고, 때론 불필요한 설명적 대사보다 더 큰 의미를 내포한 심연 깊숙한 캐릭터의 원초적 속내를 피부로 드러낼 수 있게 된다.

2003년 제53회 칸 영화제 남우주연상 수상작 〈우작 *UZAK*〉은 엔딩 컷을 무려 2분 13초의 '롱테이크(long-take)'로 마무리한다.

주인공 '메흐멧(무자페르 오즈데미르)'은, 자신이 반강제적으로 내쫓은 거나 마찬가지인 사촌 동생 '유스프(메흐멧 에민 토플락)'가 흘리고 간 담배를 바닷가 벤치에서 꺼내 피운다. '메흐멧'이 뱉어내는 한 모금의 담배 연기와 그의 어깨에 실린 호흡을 따라 화면 가득 좁혀져 들어가는 얼굴에, 영화 전편에 깔린 쪼잔 하고 야비한 속물적 인간상의 모습이 단적으로 드러난다. 여기에 그 어떤 대사나 부가적인 설명은 필요하지 않다.

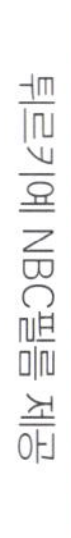

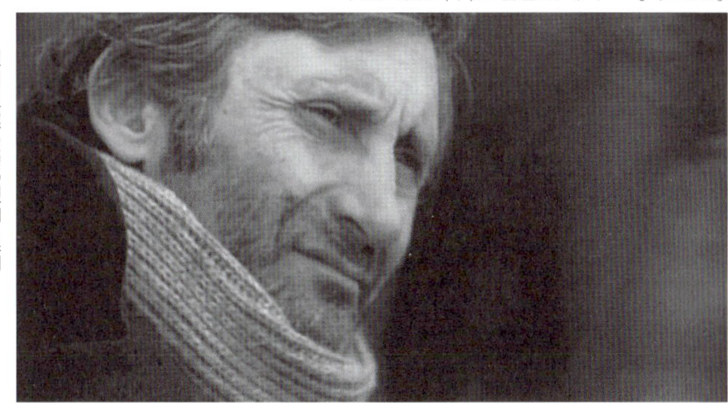

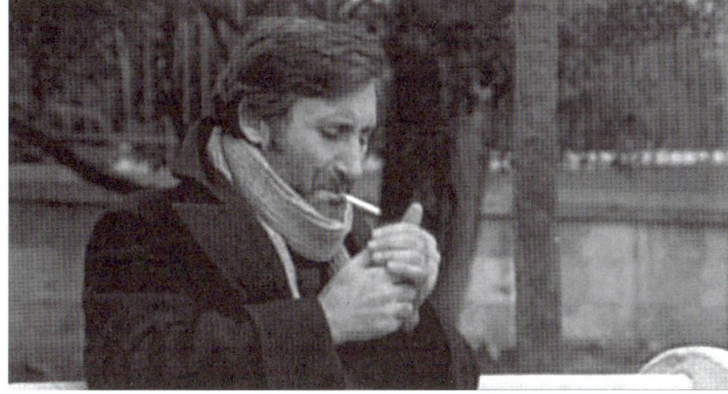

['누리 빌게 제일란' 감독의 영화 〈우작〉 / 칸 영화제 남우주연상 수상 '무자페르 오즈데미르']

　배우에게 있어 호흡은, 감정을 끌어내고, 자제력과 폭발을 부추기며 말없이 타들어 가는 다이너마이트의 심지와도 같은 것이다.

　배우의 호흡이 살아 있다는 것, 호흡을 조절할 줄 안다는 것은 노련한 배우만이 할 수 있는 고차원적 연기임이 틀림없다.

　한국이 낳은 월드 스타 방탄소년단 'BTS'를 모르는 사람은 없을 것이다. 그러나 나는 한국의 또 다른 국보급 가수 '장사익'과 '임태경'의 창법을 통해 호흡을 말하고자 한다.

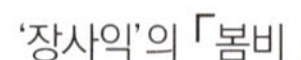

'장사익'의 「봄비」　　　　　　'임태경'의 「봄날은 간다」

　동영상을 먼저 시청해도 좋고, 글을 읽고 난 후 동영상을 확인해도 관계없다. 모든 가수가 복식호흡의 발성을 사용하고 있지만 '장사익(1949년생)'과 '임태경(1973년생)'의 창법은 한국 가수 중에서도 독보적인 색깔을 가지고 있는 특별한 소리꾼들이라 할 수 있다.

　언어가 달라도 이들의 창법과 호흡은 이해할 수 있을 것이다.

　두 사람의 노래는 매우 드라마틱하며, 호흡이 발성과 노래에 어떤 영향을 미치는지 한눈에 느낄 수 있다.

　이들의 공통점은 몸이 하나의 악기가 되어 전신을 울리며 소리를 만들어 낸다는 것이다. 열린 발성의 호흡을 가장 효과적으로 사용하고 있는 가수들이다. 특히 '장사익'은 호흡에 자기 몸을 완전히 내어 맡긴 채, 박자에 얽매이지 않고 감흥에 따라 박자를 마음대로 조절하는 가수다. 장사익은 호흡에 감정과 가사를 맡겨, 마치 배우의 대사처럼 소절 소절을 씹어가며 아구성(어금니와 턱관절에서 내는 소리)과 치성(치아 사이로 내는 소리), 두성(성악에 사용되는 벨칸토 창법), 견비성(어깨에서 나오는 소리), 흉성(가슴을 이용한 소리)을 자유자재로 사용해 청중의 영혼마저 휘감아내는 심금을 울리는 마력의 소유자다(아구성·치성·두성·견비성·흉성은 한국의 판소리에 사용되는 창법이다).

　뮤지컬 배우를 겸하고 있는 '임태경'의 창법 역시 최대로 개방한 열린 발성을 쓰고 있다. 테너(tenor) 톤에 기반을 둔 채 장엄하기까지 한 그의 발성은 마치 종교 음악과도 같고, 절대자를 향한 영적 호흡인 기도와도 같은 숭고함 마저 묻어난다. 그러나 임태경은 여성성을 강조한 '카스트라토(castrato)'나 '카운터테너(countertenor)'와는 다른 남성(男性性)의 섹시미(sexy美)가 매우 강한 창법이다. 또한 박자의 길이를 감흥에 맡기는 장사익과 달리, 철저한 정박 안에서 긴장과 이완의 경계를 몽환적으로 넘나드는 천상의 소리는 관객으로 하여금 전율을 느끼게 한다 (과거에 들었던 느낌과는 전혀 다른 학습효과를 얻게 될 것이다. 호흡 사용법을 새롭게 깨달을 수 있는, 호흡 연기의 최고의 모델이니 지금 즉시 시청하길 바람).

이제 다시 배우의 호흡으로 돌아가 보자.

TV나 영화계 신인들의 경우 '롱테이크(long-take)'의 긴 대사를 소화하지 못한 채 연기력의 바닥을 드러낼 때가 있다. 연기의 지속력을 좌우하는 호흡 조절 능력이 부족한 결과다.

머리로는 알고 있지만 호흡이 따라주지 않는다는 것은, 연기의 발전을 기대할 수 없는 장애 요소다.

연극과 달리 화면의 컷을 나눠 대사를 연결해 갈 수도 있겠지만 감독이 의도한 롱테이크의 화면은 얻어낼 수 없게 된다. 배우가 이 상황을 극복하지 못한다면, 감독의 콘티뉴이티(continuity)가 바뀌기보다 캐스팅이 바뀔 가능성이 높다.

과거 필름 시대엔, 고가의 필름 부담 때문에 영화나 TV 야외 촬영의 경우 한 대의 싱글 카메라(single camera)만을 사용했다. 그러나 지금은 디지털 카메라 덕분에 야외 촬영에서도 두 세대의 멀티 카메라(multi camera)를 동원할 때가 많다. 멀티 카메라를 사용하는 감독은 콘티뉴이티가 몇 개의 컷으로 나누어져 있건, 끊어 찍지 않고, 마치 '롱테이크'나 '원 신·원 샷'의 화면처럼 한 호흡으로 연결해 찍는다. 만약 이런 상황에서 배우의 호흡 부족으로 화면을 끊어 찍는다면 비싼 멀티 카메라를 동원할 아무런 이유가 없는 것이다.

바로 이런 이유로, 배우는 롱테이크와 무관하게 어떤 신이건 호흡이 달려 N.G.를 내거나 끊어 찍는 수치를 피해야 한다.

배우의 호흡을 돕는 훈련 중엔 성악이나 판소리를 권할 수 있다. 특히 판소리에 비해 접근성이 쉬운 성악은, 대중가요와 달리 배우의 발성과 음색·호흡 조절력을 동시에 키울 수 있는 장점이 있다.

연극의 긴 독백 대사나, 세계 기네스북에 오른 (故) '박동진' 명창의 여덟 시간 완창 판소리 「춘향가」를 비롯해, 한 시간 이상 쉬지 않고 노래하는 소리꾼들의 비결은 오직 호흡 조절 능력이다.

나 역시 배우 시절, 여류 명창 최초로 동초(東超)제 판소리 다섯 마당 모두를 완창했던 국창 (故) '오정숙(1935~2008년)' 선생의 수제자 '강선숙(1960년생)' 선생께 몇 년간 판소리를 사사(師事)한 바 있다(판소리 다섯 마당은 춘향가·심청가·흥보가·수궁가·적벽가를 말함).

배우나 성악가 소리꾼의 호흡은, 요가의 명상이나 승려들의 단전호흡과는 다르다. 명상의 호흡은 정신 집중과 참선을 위한 호흡일 뿐, 대사(lines)나 가사(lyrics) 전달을 위한 호흡이 아니다.

롱테이크(long-take)의 대사를 끌고 가지 못하는 이유는, 들숨의 호흡을 끝장낸 채 도둑숨을 들이마시지 못하기 때문이다. 유능한 배우나 소리꾼들은 호흡을 바닥내지 않고 대사나 가사 사이사이에 존재한 매우 짧은 포즈(pause)들을 이용해 들숨을 자유롭게 조절한다. 이는 마치 휴대폰 충전기를 연결한 채 기기를 사용하는 것과 같다.

들숨과 날숨을 자유롭게 사용하기 위해선 '몸(體)'을 이완(弛緩)시켜야 한다. 한 마디로 몸이 풀려야 하는 것이다. 그러나 그 이완 가운데 호흡과 감정변화의 긴장과 이완은 끊임없이 교차해야만 한다.

몸 자체를 긴장시키게 되면 호흡 조절력은 급격히 떨어진다.

무용수는 호흡의 긴장과 이완이 없이는 단 한 발짝도 움직일 수 없다. 골프 선수나 피겨스케이트 선수 역시, 몸의 힘을 뺀 이완 상태에서 호흡과 정신의 긴장을 통해 집중력이 발휘된다. 만약 운동선수나 배우의 몸에 힘이 들어간다면, 그것은 호흡의 긴장이 아닌 주눅이 들어 몸이 굳어진 초보적 현상이다.

먹(墨)을 이용한 붓을 든 화가나 서예가 역시, 몸을 '이완'시킨 상태에서 결국 '호흡'을 이용해 글씨를 쓰고 그림을 그린다. 서양화와 달리, 화선지를 사용하는 '사군자(梅蘭菊竹)'나 서예는 호흡을 중요시한 정신 수양이자 예도(禮度)를 함께 배우는 예술(藝術)이다.

느리게 쓰는 한 획(劃) 한 획이나, 단숨에 써 내려가는 일필휘지(一筆

揮之) 역시 호흡을 통한 집중력으로 필력 있는 글씨와 군자의 기세를 치
(畵)게 되는 것이다.

　이러한 이유로 서예가의 필력(筆力) 또한 '골프나 판소리·연기(演技)'
와 같이, 붓을 쥔 손의 힘을 뺀(relax) 상태에서 나온다.

[자료 24]

[저자, 石丁 '문홍식'의 예서체 '이은상' 詩 「푸른 민족」 중 / 長田 '하남호', 木人 '전종주' 선생께 사사]

　소리꾼의 열린 발성이나, 서예가의 필력, 프로 골퍼의 공통점은 몸의
힘을 뺀 '이완(弛緩)' 상태에서 '호흡(呼吸)'을 이용한다는 사실이다.

　무슨 일이든 힘이 들어가면 유연성을 잃고 부러지게 되어 있다. 특히
배우에겐 유연함이 좋은 연기를 끌어낼 수 있는 지름길이다.

　배우의 연기를 위해 호흡은 아무리 강조해도 지나치지 않다.

　이번 기회를 통해 당신은 호흡의 원리와 호흡이 미치는 영향력을 완
벽히 이해해야만 한다. 호흡을 이해한다는 것은 연기의 개념을 새롭
게 정리하는 것이며, 호흡 안에서 당신의 대사와 감정 연기는 리뉴얼
(renewal)될 것이다.

　그림이나 조각상이 살아있듯 생동감을 느낄 수 있다면, 대상물이 눈을 감고 뜸과 관계없이 온몸에 실려 있는 '호흡'이 느껴지기 때문이다. 반대로 그림이나 조각상이 눈을 부릅뜨고 있다고 해도 생명력이 느껴지지 않는다면 호흡을 담지 못했기 때문이다.

　성서에 의하면 첫 인간은 조물주가 흙으로 빚은 조소(彫塑)에 호흡(呼吸)을 불어넣어 '생령(生靈)'이 되었다고 기록되어 있다. '존재'와 '생명'의 뜻을 내포하고 있는 히브리어 원문 '레네페쉬(לנפש)'를 한글은 신령 영(靈)의 한자로 번역했지만, 우리말 사전은 '생령'을 '살아 있는 넋·자생적으로 숨을 쉬는 생명(生命)'으로 정의했다. 히브리어 원문의 뜻과 거의 동일한 해석이다.

　생명체가 아닌 조형물이 살아 있는 것은 오직 미술가가 호흡을 집어넣었기 때문이다. '레네페쉬' 역시 창조주가 불어넣은 숨에 의해 무생물이 힘차게 살아 움직이는 생명체가 된 것이다.

　전반부에서 언급했듯 배우의 호흡은, 인간의 생명 연장을 위한 호흡이 아닌, 자신의 캐릭터를 살리고 죽이는 영적(spiritual) 호흡을 불어넣는 일이다. 배우(俳優)의 한자 광대 배는, 사람인(人)과 아닐 비(非)를 결합(俳)한 글자다. 사람이 아닌 것은 귀신이다. 그런데 '귀신 귀(鬼)'자에는 '지혜'와 '교활'의 뜻이 포함되어 있다.

　과거 석가모니의 제자들은 도통을 얻기 위해 수행을 해왔지만, 도통을 얻기가 쉽지 않았다. 도통을 얻는다는 것은 그들이 곧 부처가 되는 신(神)의 경지뿐이었다. 그러나 석가모니는 아이러니하게도 제자들에게, "도통(道通)을 얻는 사람은 무대 위에 선 '광대'다."라고 말했다.

배우의 길을 걷고 있는 당신이 주목할 점은, 무형의 캐릭터를 살려내는 배우는, 마치 무속인이 죽은 자의 영혼을 불러들여 자기 입으로 말하며 굿판을 벌이는 것과 유사하다는 것이다. 이처럼 배우는 연기를 시작하는 순간, 세상사를 초월한 도통(道通)한 자로서 지혜롭고 교활한 귀신이 되어 캐릭터의 영(靈)을 불어넣어야만 한다.

가끔 배우들이 공연이나 촬영이 끝난 후에도 심취되었던 역할에서 벗어나지 못한 채, 자기 영과 캐릭터의 영적 혼란으로 인해 결국 극단적 선택으로 생을 마감한 경우들이 있다.

흔히 배우들이 혼신을 다했을 때나 관객이 감동했을 때, 최고의 극찬은 "신들린 듯 연기했다."라는 말이다. 관객의 눈에, 허구적인 캐릭터의 '영(靈, spirit)적 호흡(breathing)'이 배우의 몸에 부어져 새로운 세계를 경험하게 된 것이다.

이런 측면에서 한자로 풀이된 우리말 '배우(俳優)' 안에, 이미 당신이 풀어가야 할 해답이 있다. 연기훈련을 비롯한 세상 모든 개념(概念)은 단어(單語)의 정확한 해석에서부터 시작된다.

시나리오의 대사를 비롯한 모든 글과 악보에 '쉼표'가 있다.

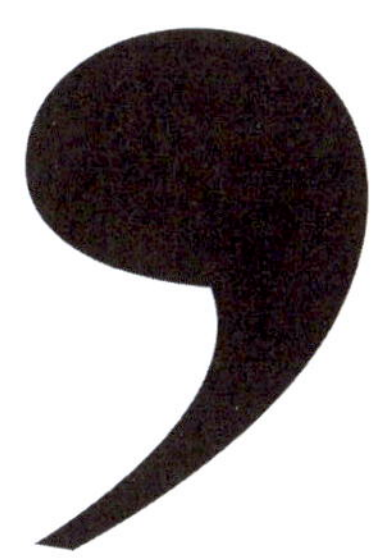

쉼표는 글을 눈으로 읽는 사람이나, 말하는 배우, 노래하는 가수에게 매우 중요한 역할을 한다. 쉼표는 끊어 읽기이며, 쉼표의 위치에 따라 뜻이 달라지거나 오해를 불러일으킬 수도 있다.

시나리오에 표기된 쉼표는 작가가 읽기를 위한 최소한의 위치를 정한 것이다. 배우는 자신의 캐릭터를 위해 쉼표를 자유롭게 추가하거나 뺄 수 있어야 한다.

쉼표는 말 그대로 '숨'을 쉬어주라는 '숨표(breathing mark)'다.
배우는 바로, 이 숨표에서 '들숨(inhale)'을 마셔야 한다.

배우는 '들숨'을 정지해 긴장과 공포를 자아내며, 때론 심리적 불안이나 고도의 집중력을 요하는 호흡으로 사용한다.

이는 들숨을 정지해 몸의 균형을 잡는 줄타기 곡예사나, 활시위를 당긴 양궁선수가 호흡을 정지한 채 과녁을 향해 정신을 집중시킨 것과 같다.

훌륭한 배우들은 관객의 시선을 집중시킬 때, 대사가 아닌 '호흡'을 사용한다. 연극이나 카메라 연기 할 것 없이 무언의 호흡은 그 어떤 대사보다 강력한 힘을 발휘하기 때문이다.

반면 초보 연기자들의 가장 큰 어려움은 호흡 조절력 부족이다. 신인들의 경우 자기 대사가 끝나면 연기를 쉬어버린 경우가 있다. 대사의 숨표나 상대방의 대사를 듣는 리액션은 연기의 진행상태이므로, 연기의 '쉼'이 되어선 안 된다.

'호흡'의 긴장이 풀어질 때 캐릭터의 영혼(靈魂)은 사라지며, 배우 본인의 육체인 껍데기만 카메라 앞에 남게 된다. 배우는 다큐멘터리를 제외한 드라마에서 '내가 나를 연기(演技)'해서는 안 된다.

줄타기 곡예사나, 활시위를 당긴 양궁선수가 호흡의 긴장을 풀어버린 것과 같다. 몸(體)은 힘을 뺀 이완이 되어야 하지만, '호흡'은 언제나 긴장과 이완을 교차해야만 출렁거리는 줄을 탈 수 있는 것이다. 팽팽한 줄은 긴장 상태를 유지하고 있지만, 곡예사의 걸음에 따라 줄은 '긴장'과 '이완'의 경계를 넘나들며 관객의 시선을 사로잡는다. 만약 줄 위에 선 곡예사의 호흡이 풀린다면 그 순간 떨어지고 말 것이다.

또한 들숨을 정지한 양궁선수가 활시위를 놓기 전 호흡의 긴장을 푼다면 활은 전혀 엉뚱한 방향으로 날아가게 된다.

서프보드(surfboard)의 파도타기 역시, 밀려오는 파도의 긴장과 이완이 내 몸의 긴장과 이완의 호흡으로 하나가 될 때, 파도는 위협이 아닌 즐김의 대상이 되는 것이다.

배우는 항상 살얼음판 위에 자신이 서 있다고 생각하면 호흡의 긴장
은 절대 풀리지 않는다. 몸의 이완이 아닌 '호흡'의 긴장이 풀리는 순
간 유체이탈(遺體離脫)과 같이 역할의 캐릭터는 나를 떠나게 되고, 몸
(體)은 얼음판 아래로 빠져 수장되는 것이다.

배우의 '호흡'은 무대에서 퇴장해 관객의 시선 밖으로 사라질 때까지
지속되어야 하며, 카메라 밖으로 자신의 그림자가 사라질 때까지 유
지되어야 한다.

공기에 불과한 호흡은 사람의 눈엔 보이지 않지만, 쉼표의 숨을 잘 못
끊거나 조절하지 못한 배우는 카메라와 관객의 눈을 속일 수 없다. '호
흡'의 긴장과 이완이 교차하는 쉼표의 자리에 마침표를 잘 못 찍는
순간 연기는 끝나는 것이다.

또한 감독의 "컷" 소리 후로도 몇 초간 호흡을 유지해 주는 게 좋다.
배우의 호흡과 감정은, 전기 차단기를 내리듯 곧바로 멈춰선 안 된다.
대부분 감독이 편집 길이를 생각해 여유 있게 "컷"을 외치지만, "컷" 소
리 후까지 연기가 지속되어야 하는 이유는, "컷" 소리에 연기를 멈춘 사
람과 "컷" 소리 후까지 호흡을 지속 시킨 배우의 '마무리 연기(finishing
acting)'는 깊이와 완성도가 달라지기 때문이다.

이는 프로골퍼와 아마추어의 샷이 한눈에 구분되는 것과 같다. 프로
골퍼는 골프채의 헤드가 공을 치고 날아간 뒤까지 머리가 흔들리지 않
은 채 공이 놓였던 자리에 시선을 유지한 반면, 아마추어의 샷은 헤드가

공을 치는 순간 동시에 고개가 돌아가 날아가는 공을 향해 시선을 던진다. 아주 짧은 순간의 차이지만 공과 함께 고개를 돌린 샷과 공이 날아간 후까지 안정된 자세를 유지한 프로골퍼의 샷은 길이와 정확도가 차이가 날 수밖에 없다.

모든 운동이 자세가 반 이상을 차지하듯, 호흡은 연기의 기본자세이며 '호흡 자체가 곧 연기'다.

'쉼표'를 어떻게 활용하고 적용할 것인가? 또 그 쉼표 안에서 '호흡의 긴장과 이완의 줄타기를 어떻게 할 것인가?'의 문제가 좋은 연기를 보여줄 수 있는 관건이 된다.

이제 「호흡」부를 마무리 짓고자 한다.

앞서 대금 연주자의 호흡을 말한 적이 있지만, 관악기가 아닌 현악기 연주자 역시 호흡을 사용하긴 마찬가지다. 스포츠와 다양한 예술 장르의 호흡을 비유적으로 설명한 것은, 배우는 인간의 모습을 보여주는 역할을 하고 있기 때문이다. 사물을 보지 않고 추상적으로 그린 그림과 대상물의 특징을 충분히 분석한 후에 그린 그림은 사실성과 작품의 깊이가 다를 수밖에 없다. 연기는 절대 추상적이어선 안 된다.

바이올린이나 비올라 · 첼로 연주자를 살펴보면, 악보를 보는 눈과 손끝의 기교만으로 연주하지 않고, 호흡(呼吸)에 자신의 감정을 실어 심취해 연주함을 발견할 수 있다. 만약 현악기 연주자가 호흡을 사용하지 않는다면 악기의 멜로디는 기계음과 다를 바 없을 것이다. 연주자 역시 미술가나 배우와 마찬가지로, 악기에 자신의 호흡을 집어넣어 힘찬 생명(生命)력을 소생(蘇生)시킨 음악을 선사하게 되는 것이다. 물론 피아노나 다른 악기의 연주도 호흡의 긴장과 이완을 조절하지 않고서는 불가능하다.

무거운 역기를 들어 올린 역도선수의 비결도 결국 호흡이다.

호흡 조절이 잘 못 되면, 평소 들어 올렸던 무게도 들지 못하고 실패하는 경우가 있다.

많은 사람이 반려동물을 키우고 있지만, 지구상에 존재한 모든 동물 역시 호흡을 통해 감정과 자신들만의 의사 표현을 한다.

맹수나 짖어대는 사나운 개들의 으르렁도 공포의 본질은 '호흡(呼吸)'에 있는 것이다.

[자료 25]

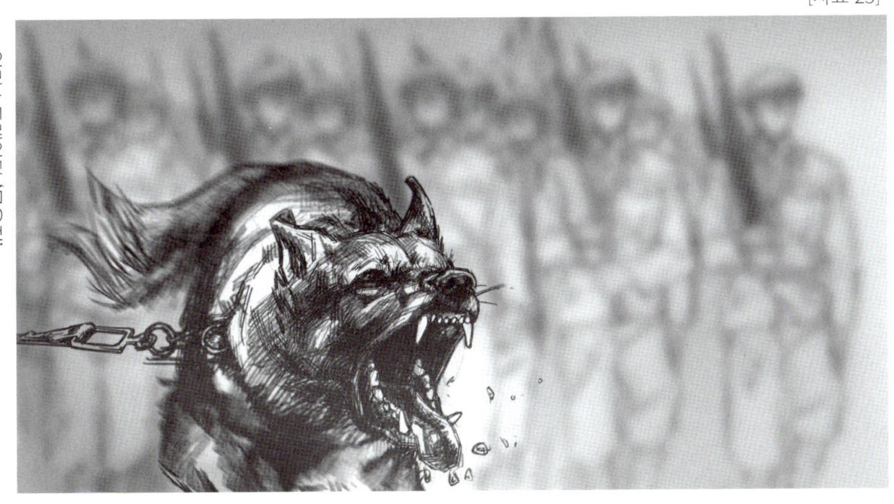

[저자 '문홍식' 감독의 콘티뉴이티 〈도망자〉의 스토리보드 중 / '호흡'을 담은 그림의 예]

일등 항해사는 거센 '풍랑' 가운데 진가를 발휘한다.

돛을 단 요트 역시 거센 '바람'을 역이용해 돌진해 나아간다.

일등 항해사는 바람을 읽을 줄 알고, 바람을 탈 줄 알며, 바다를 품을 수 있는 자다.

반면 배우는, 연기의 생명인 '호흡(呼吸)'을 다스려 '긴장(緊張)'과 '이완(弛緩)'의 파도를 타고 캐릭터의 정점을 향해 돌진해 나아갈 때, 관객이라는 무수한 바다는 역으로 당신을 품게 될 것이다.

[그림 4]

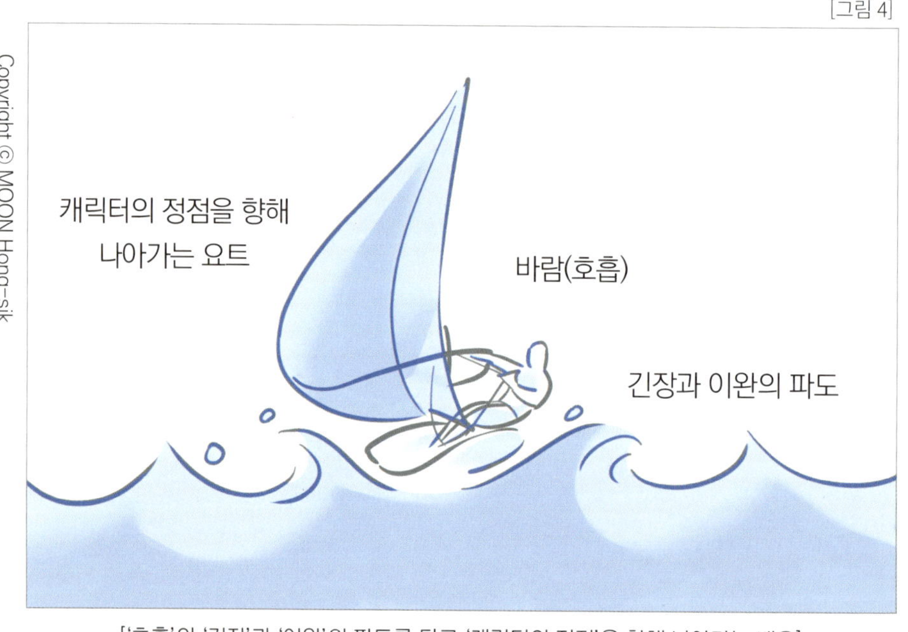

['호흡'의 '긴장'과 '이완'의 파도를 타고 '캐릭터의 정점'을 향해 나아가는 배우]

파이팅
트라이앵글

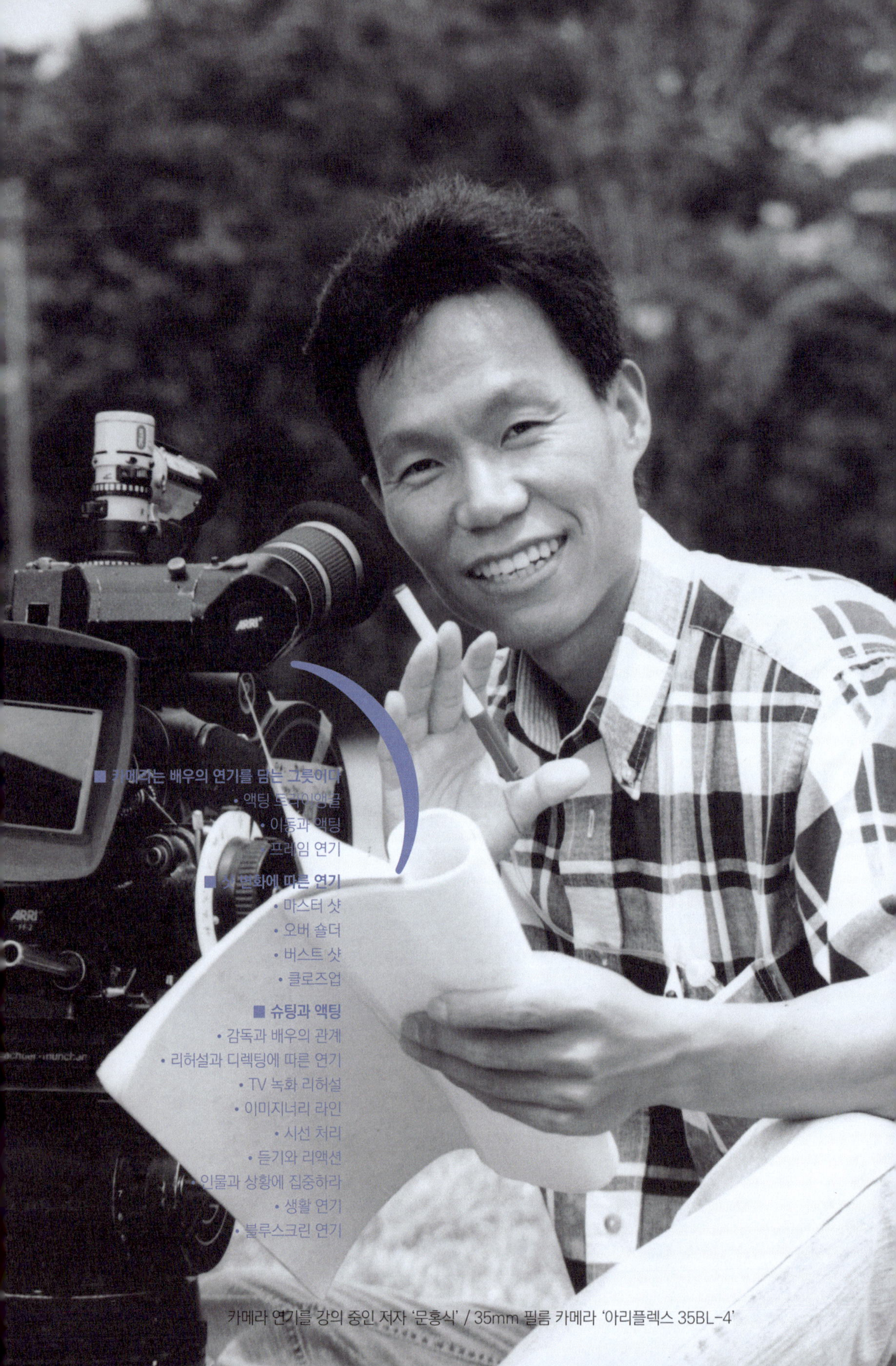

카메라 연기를 강의 중인 저자 '문홍식' / 35mm 필름 카메라 '아리플렉스 35BL-4'

III
카메라 연기

카메라는 배우의 연기를 담는 그릇이다

촬영을 위해 대사를 포함한 연기 연습을 끝마쳤다면, 이제 당신을 기다리고 있는 것은 바로 카메라다.

모든 사람이 카메라의 기능과 역할을 알고 있지만, 배우는 일반인과 다른 각도에서 카메라를 이해할 필요가 있다.

촬영 현장에 나가는 배우는 항상 첫 데이트의 설렘을 가지고 카메라를 마주해야 한다. 카메라는 하나의 기계에 불과할지 모르겠지만 당신을 손꼽아 기다려왔던 짝사랑의 당사자와도 같다.

카메라마다 각자의 역할이 있다. 타인의 비밀을 찍는 몰래카메라도 있고, 사건 현장을 취재하는 뉴스 카메라·CCTV 카메라·인터넷 화상 카메라·휴대폰 카메라 등 수많은 종류와 역할이 있지만, 촬영 현장에서 당신을 기다리고 있는 카메라는, "배우의 연기를 담는 첫 번째 그릇(receptacle)이다." 당신의 연기를 담는 카메라는 거짓 없이 정직하며, 보여준 그대로만 담아낸다. 또한 스크린을 통해 관객을 만날 수 있는 유일한 통로가 된다.

「연극과 영화의 차이」를 설명했던 Ⅰ. **개관**부에서도 말했지만, 카메라는 연극과 달리 돋보기나 망원경으로 들여다보듯 배우의 연기를 숨김없이 낱낱이 보여주게 된다. 대형 스크린을 통한 당신의 연기는 감동을 줄 수도 있지만, 역량에 따라 반대의 결과를 가져올 수도 있다. 연기의 결함 역시 확대된 스크린으로 인해 타격(damage)이 커질 수밖에 없다.

카메라는 연애를 시작한 애인처럼 나에게 가깝고 사랑스러운 존재지만, 때론 아주 까다로운 상대다. 당신의 연기를 담기 위해 다가오기도 하고 멀어지기도 하지만, 결국 당신이 카메라를 파악하지 못하면 둘 사이의 연애는 순조롭지 못하게 된다.

단순히 '나는 연기할 테니, 카메라 너는 나를 찍어라.'는 식의 태도는 안 된다. 배우는 상대 역할들과의 연기는 물론이며, 카메라와의 진정한 교감(交感)이 있어야만 훌륭한 연기를 보여줄 수 있게 된다.

카메라를 알지 않고는 진정한 교감이 일어날 수 없다.

연극과 달리 카메라 연기가 어려운 것이 바로 이 때문이다.

카메라는 배우를 가장 가까이에서 연기의 실체와 허상 모든 것을 여과 없이 담아내는 그릇이며, 편집자와 관객에게 당신을 어필 시킬 수 있는 최적의 편집 점(editing point)과 각도(angle)로 스크린을 빛나게 해줄 것이다.

이 모든 스크린 연기와 TV 연기의 첫 관문이 카메라다.

당신은 카메라 렌즈를 어떻게 통과할 것인가?

배우의 역량에 따라 카메라 렌즈는 공항 검색대와도 같은 긴장의 관문이 될 수도 있고, 자유롭게 넘나드는 홈그라운드가 될 수도 있다.

중요한 것은 영화배우나 TV 탤런트의 길을 걷고 있는 당신은 이제 카메라와 더 깊고 뜨거운 교제(交際)가 이루어져야 한다.

카메라는 딱딱한 기계 같지만, 당신의 태도에 따라 심장의 반응이 달라진다. 배우와 카메라의 만남은 사랑의 관계이자, 존중의 관계이며, 배려와 신뢰의 관계가 되어야 한다.

내가 계속 배우와 카메라의 관계를 사랑의 관계로 설명하는 것은, 기성 배우 중에서도 카메라를 알지 못한 채, 눈앞의 상대 배우와만 연기하는 사람들이 많았기 때문이다.

영화배우나 TV 스타를 꿈꾸는 배우가 카메라를 기계적인 도구로만 바라본다면 참으로 무지한 민낯이 아닐 수 없다.

배우가 카메라를 안다는 것은 기계적인 원리나, 화면 사이즈의 변화, 촬영 현장에서 움직여지는 카메라 이동과 기술적 용어만을 이해하는 것이 아니다.

카메라는 당신을 짝사랑하는 AI 로봇이다. 오직 드라마를 찍기 위해 영화 전용 카메라로 설계되었을 뿐만 아니라, 배우의 피부 톤에 따라서도 민감하게 반응하는 인공지능이 구현된다. 더 나아가 과거엔 편집실에서나 가능했던 기능들이 촬영과 동시에 카메라 내에서 자체적으로 이뤄지기도 한다. 당신은 그를 존중한 인격적 만남이 필요하다. 당신의 태도는 카메라와 촬영 감독에게 고스란히 전달될 것이며, 당신의 모든 연기를 밀도 있게 담아낼 것이다.

감독 역시 카메라에 찍힌 OK 컷이나 N.G. 컷 모두를 편집에 사용한다. 배우들은 N.G. 컷은 버려진다고 생각하겠지만, 감독은 모든 화면에서 옥석을 골라 편집한다. N.G. 화면이라고 해서 전체가 나쁜 것은 아니다. 초반이나 중반까지의 연기는 아주 좋은 경우가 많다. 감독은 이 화면들을 골라 최상의 컷만을 편집한다.

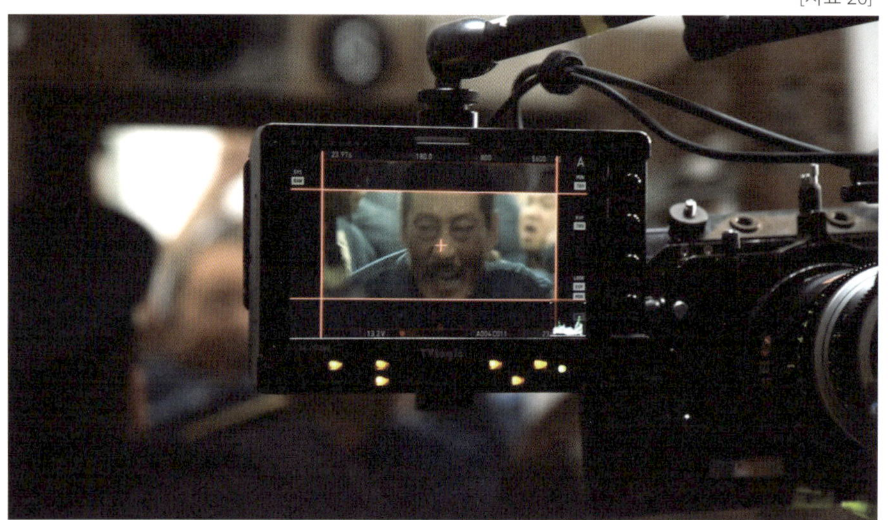

[저자 '문홍식' 감독의 영화 〈꺼지지 않는 불꽃〉 중, 일제강점기 독립투사들의 옥중 시위 장면]

액팅 트라이앵글(Acting Triangle)

촬영이 시작된 배우와 카메라 사이(space)는 아무도 침범할 수 없는 성역(聖域)의 공간이다.

촬영 현장은 카메라를 중심으로 모든 스태프가 배우를 기다리며 준비한다. 바로 그 중심에 배우가 서게 되고, 카메라는 연기하는 배우와 교감(交感)하게 된다. 배우와 카메라의 관계를 연애나, 교감·교제로 표현한 것은 비유적 과장이 아니다. 촬영 중인 '배우·카메라·촬영감독' 이들의 트라이앵글(triangle)을 눈여겨보길 바란다.

고정된(fixed) 샷에서는 느낌이 좀 약하겠지만, 크레인 샷(crane shot)이나 트래킹 샷(tracking shot), 핸드헬드(handheld) 촬영의 경우 '배우와 카메라·촬영감독'이 하나가 되어 연기함을 발견할 수 있다.

특히 촬영감독은 배우와 동일한 감정으로 드라마의 호흡을 함께 타고 달려간다. 배우들의 격렬한 감정이나, 불안·공포 등의 심리는 카메라를 멘 촬영감독의 어깨를 통해 완성되는 것이다.

아무리 뛰어난 명배우의 연기도 카메라가 교감(交感)해주지 않는다면 매우 단조로울 수밖에 없다.

그렇다면 역으로 생각해볼 때, 배우 역시 카메라와 끊임없는 교감을 나눠야 함은 당연한 일이다. 그럼에도 불구하고 많은 배우는 이 부분을 놓치고 있다. 눈앞의 상대 배우와 연기하기에 급급한 나머지 카메라와는 교감을 나눌 여유가 없는 것이다.

연극의 3요소는 세계 어느 곳이나 '희곡 · 배우 · 관객'으로 정의하고 있다. 그러나 영화 연기의 3요소를 정의한 나라는 아직 없다.

나는, 연극과 다른 카메라 연기의 3요소를 '배우 · 카메라 · 촬영감독'으로 정의했다.

[표 6]

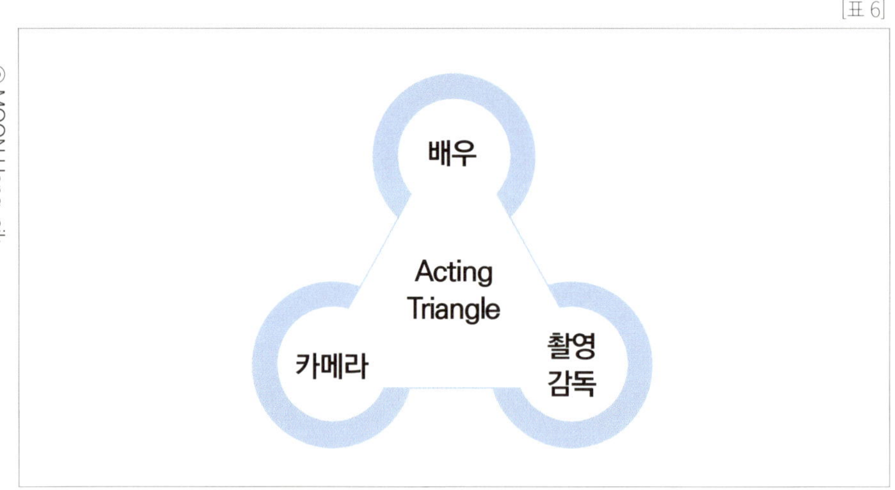

[카메라 연기의 3요소 '배우 · 카메라 · 촬영감독']

그동안 카메라를 기록용으로만 봐왔다면, 이제 그 개념을 바꾸지 않으면 당신의 연기는 바뀌지 않을 것이다. 영화배우나 TV 탤런트가 카메라를 모른 채 연기한다는 것은, 혼인신고만 했을 뿐 상대를 전혀 알지 못한 상태에서 결혼생활을 시작하는 것과 같다.

영화배우나 TV 탤런트가 부정할 수 없는 사실은, 카메라 연기는 촬영감독이 상당 부분 배우의 연기를 돕고 있다는 것이다. 특히 영화는 '어느 촬영감독이 카메라를 짊어지느냐'에 따라 배우의 연기를 죽이고

 카메라를 짊어진다는 것은 배우의 연기를 일정 부분 떠안아 자기 어깨에 지는 것이다. 감독은 이러한 이유로, 주연배우 캐스팅 못지않은 고심 끝에 최적의 촬영감독을 영입하게 된다. 친분을 떠나 감각과 열정, 체력적 측면을 고려할 수밖에 없다. 무거운 카메라를 운용하는 촬영감독의 육체적 피로감은 제작일정과 연출계획에 영향을 줄 수 있기 때문이다.

튀르키예의 거장 '누리 빌게 제일란' 감독은, 자신의 첫 단편영화 〈코자 KOZA〉(1995년)에서부터 칸 국제영화제 황금종려 수상작 〈윈터 슬립 Winter Sleep〉(2014년)을 포함한 자신의 전 작품(2024년 2월 기준, 10편)이 베를린 경쟁과 칸 경쟁작으로 초청된 세계 유일무이한 전무후무한 감독이다. 또한 그는 초기작 네 편을 직접 촬영한 이력을 가지고 있다. 제작비 절감 차원의 이유도 있었지만, 굳이 자신이 촬영하지 않아도 촬영을 자청한 감독들이 있었다. 그러나 본인이 촬영해야만 했던 것은, 비전문 아마추어 배우들을 카메라에 가장 잘 담아낼 수 있는 사람은 바로 자신이었기 때문이다. 어쩌면 전문 촬영감독이 카메라를 잡았더라면, 비전문 배우들이 마음껏 자연스러운 연기를 펼치지 못했거나, 칸 영화제에서 두 명의 남우주연상과 여우주연상을 거머쥐게 한 최고의 명연기는 뽑아내지 못했을지도 모른다.

제일란 감독은 다섯 번째 작품 〈기후 Climates〉에서부터 전문 촬영감독과 함께 일하고 있지만, 지금도 배우와의 '교감'이 중요한 장면은 자신이 직접 카메라를 어깨에 메고 촬영한다.

내가 또다시 '제일란' 감독의 사례를 언급한 것은, 촬영은 연출 의도

와 배우의 연기를 완성하는 간과할 수 없는 부분이기 때문이다('누리 빌게 제

일란'이 다루기 힘든 필름용 영화 카메라를 자신 있게 사용할 수 있었던 것은, 전직 사진작가 출신이었기 때문이다).

결코 배우 혼자 연기했던 게 아니라는 사실을 깨달아야 한다.

당신의 연기를 담는 카메라에 대한 관념을 새롭게 환기해야만 하며, 카메라와의 진정한 교감(交感)이 일어날 때 새로운 연기세계(演技世界)를 경험하게 될 것이다. 카메라와의 교감(; interaction)을 경험하기 전엔 카메라를 안다고 할 수 없고, 연기의 세계를 논할 단계가 아니다. 많은 배우가 작품의 편수나 자신의 연차를 과시하며 카메라를 안다고 자부하지만, 카메라를 안다는 것은 '교감의 경지'에 이르는 것이다.

얄팍한 기교인 연기술에만 집중한 자는 '교감의 경지'에 도저히 접근할 수 없다. 교감의 경지는 양적인 시간의 문제가 아니라, 질과 깊이에 집중할 때 얻을 수 있는 것이며, 이는 마치 스펀지(sponge)와 같은 흡수(absorb)의 차원이다. (물; '액팅 트라이앵글'인) 상호 교감의 개념(槪念)에 해당한 '습기'를 먹은 스펀지는, 바짝 마른 스펀지와 달리 카메라와 빠르게 동화(同和; 교감, in communion with)하며 연기하게 된다.

결국 시간의 문제가 아닌, 깨달음, 곧 '감각'의 문제다.

연극과 달리, 카메라 연기는 장시간의 훈련이 필요하지 않다.

카메라 연기를 장기간 지도한다면, 그것은 모두 거품이다.

연극 무대는 비전문 배우가 주연으로 데뷔하는 것조차 힘든 일이지만, 영화는 비전문 배우들이 데뷔작으로 세계 3대 영화제에서 남녀주연상까지 받는 사례들이 이어지고 있다. 이것이 곧 무대 연기와 카메라 연

기의 차이점이다. 오랜 훈련을 통해서만이 다져지는 무대 연기와 달리, 카메라 연기는 내 안에 축적된 재료를 꺼내어 쓰는 것이며, 나와 함께 연기하는 또 다른 배우이자 파트너인, '카메라'와 '촬영감독' 간의 트라이앵글 안에서 함께 '호흡'하며 '교감'하는 깨달음을 얻어야 한다.

「프롤로그」와 「코칭」 부분에서 언급했던 비전문 배우들은, 감독이 백지(white paper) 위에 그려준 약도(연기의 지시서인 번지수)를 들고 카메라와 촬영감독과 함께 길을 나서며 서로 '교감'했던 것뿐이다.

명배우는 고정(fixed) 샷에서도 카메라와 끊임없는 교감을 유지한다. 카메라와 교감하지 못한 것은, 서로 간의 교신(communication)이 끊어진 반쪽짜리 연기에 불과하다.

교감(交感)은 연기의 승화(sublimate)를 가져오지만, 교감이 없는 연기는 자기만족에 빠진 일방통행(一方通行)일 뿐이다.

연기의 교신이자 상호 호흡인 '액팅 트라이앵글(Acting Triangle)'의 깨달음은, 끓는 냄비 뚜껑에 구멍을 내준 것과도 같은 간단한 원리다.

이 간단한 원리를 깨닫지 못하고, 여전히 낡은 고전 방식의 훈련을 고집한다면 당신에게 새로운 연기는 절대 기대할 수 없다.

이 책의 '제목 첫 글자'를 뒤집은 이유는, 기존의 사고를 뒤집어 다른 각도에서 나의 숨은 가치를 재발견 하라는 의미다. 물구나무를 서면 시선의 위치와 각도가 달라지기 때문에, 이전에 보지 못한 새로운 것을 발견할 수 있게 된다. 매너리즘에 빠진 정체된 고인 물에서는 새로움이 창출될 수 없다. 비워야만 그 자리에 새로운 것이 채워진다.

그동안 기성 배우들의 재교육 프로그램을 진행해 본 결과 초보 연기 지망생들에 비해, 중고 신인들은 카메라와의 교감에 실패한 경우가 많았다. 버리지 못한 옛 방식의 습관적 연기를 반복했기 때문이다. 반면, 생짜 초보 지망생들일수록 아직 때묻지 않은 '흰 도화지'를 가지고 있었기 때문에 '액팅 트라이앵글'의 원리를 기성 배우들 보다 쉽게 받아들이고 깨우치는 특징을 발견했다.

중국 고대 사상가 '장자(莊子)'는, '오상아(吾喪我)'라는 말을 했다. "과거에 갇힌 나의 자아(自我)를 죽이지 않고서는, 미래를 만날 수 없다."라는 뜻이다. 과거에 함몰된, 틀 안에 짜인(mannerism) 당신의 자아를 극단적으로 장사 지내지 않으면, 새로운 연기는 나오지 않는다.

찌개 국물을 튀어가며 펄펄 끓는(열정) 당신의 냄비(연기) 뚜껑에 빛줄기와도 같은 구멍 하나만 뚫어('액팅 트라이앵글'의 개념) 준다면, 비전문 배우들이 해외 영화제에서 거머쥐었던 남녀주연상의 쾌거가 나의 스토리로 뒤바뀌는 역전의 기쁨을 맛보게 될 것이다.

모든 스태프는 결국 배우를 돕기 위해 존재한다 해도 과언이 아니다. 특히 '카메라'와 '촬영감독'은 배우의 연기를 관객에게 전하는 유일한 매개체이자, 기술 스태프임과 동시에 '배우와 함께 연기하는 공조(共助) 관계의 파트너(partner)'라는 사실이다. 이는 카메라 연기의 '완성'을 위한 뗄 수 없는 (연기의 3박자인) '3요소'의 절대적 구조다. 나는 이것을 '액팅 트라이앵글(Acting Triangle)'이라 정의한다('액팅 트라이앵글'은 이 책을 통해 세계 최초로 정의한 카메라 연기 용어다. 편의에 따라 Acting's Triangle로 사용해도 무방하다).

'액팅 트라이앵글'에 관한 설명은 이 장(場)을 시작으로, **Ⅲ. 카메라 연기** 전반에 걸쳐 분포되어 있다.

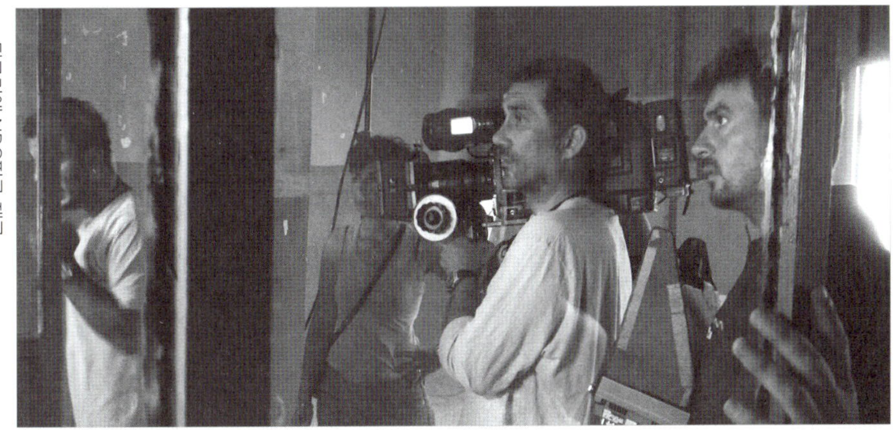

'핸드헬드' 촬영을 위해 카메라를 어깨에 멘 '누리 빌게 제일란' 감독 / 우측 끝(촬영감독)
2008년 칸 영화제 감독상 수상작 〈쓰리 몽키스 *3 Monkeys*〉의 현장 스틸

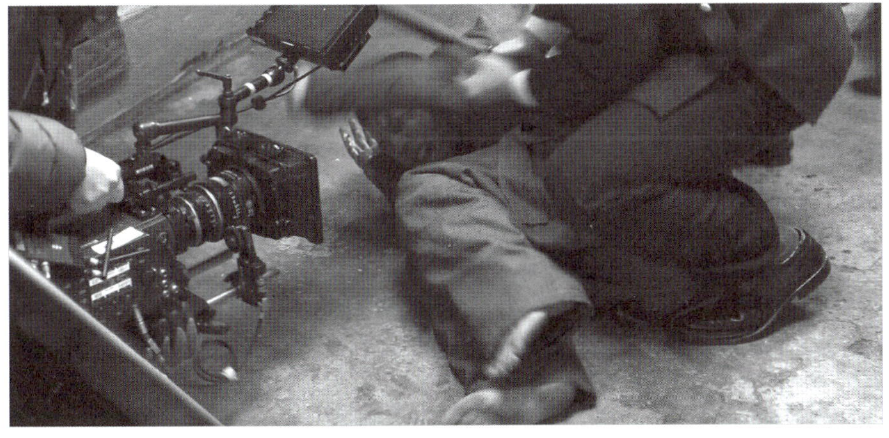

[저자 '문홍식' 감독의 〈꺼지지 않는 불꽃〉의 핸드헬드 스틸 / 촬영감독 '최상호']

이동과 액팅

배우는 기본적인 화면 사이즈와 카메라 이동(camera movement)에 관한 이해도가 있어야만 자신에게 주어진 연기를 더욱 효과적으로 소화해 낼 수 있게 된다.

카메라 이동에 관한 이해력이 부족할 경우 자신감이 결여될 수밖에 없고, 감독 의도와 상반된 연기를 할 위험성이 높다.

배우가 카메라의 움직임을 읽는다는 것은, TV 녹화장의 멀티 카메라인 1·2·3번의 숫자 램프를 감지(感知)하며 자신의 컷을 인지(認知)해 연기하는 것과도 같다.

카메라 연기에 필요한 기본적인 용어는 「부록」편에 소개하겠다.

촬영장에서 진행되는 배우들의 모든 연기는 카메라를 리드(lead)해 움직인다. 연출된 카메라의 동선을 따라 걷는 장면도, 근본적인 움직임(movement)의 원인은 배우의 '감정'과 '행동'을 따라 카메라가 '반응(反應)'하는 것이다.

카메라는 거리를 불문하고 배우를 그림자처럼 따라다닌다.

배우의 동선은 감독의 지시에 따라 움직여지는 것이 아니라, 드라마 속 캐릭터의 의지에 따라 '걷고·뛰고·멈추고·돌아서는 것'이다.

감독은 배우가 처한 상황과 감정에 맞춰 카메라의 동선과 화면 사이즈를 정한다. 이것이 곧 연출 콘티뉴이티(continuity)다. 그런데 이때 배우들의 가장 흔한 실수가 카메라와의 교감, 즉 거리와 속도를 무시한 채 자신들만의 일방적인 연기를 해 N.G.를 내게 된다.

근거리는 물론이며 카메라가 원거리에 있을 때도, 배우는 카메라의 이동 속도를 생각하며 연기해야 한다. 특히 근거리에서 카메라의 이동 속도를 망각할 때 배우는 화면 밖으로 벗어나게 된다.

'액팅 트라이앵글'에 속한 카메라는 언제나 배우의 또 다른 파트너라는 사실을 잊어선 안 된다. 4, 50kg에서 많게는 100kg이 넘는 카메라가 촬영감독의 어깨나, 크레인, 또는 이동차에 실려 배우를 따라가는 것은 결코 쉽지 않은 일이다. 빈 몸으로 걷거나 뛰는 배우를, 육중한 무게의 카메라가 따라갈 수 없는 속도의 물리적 한계를 생각하며, 카메라와의 '보폭(步幅)'을 맞춰야 한다.

배우는 항상 카메라와 함께 연기한다는 '액팅 트라이앵글(Acting Triangle)'을 잊어선 안 된다.

촬영 현장의 리허설이 배우들끼리만 진행되지 않고 반드시 카메라와 함께하는 이유가 거기 있는 것이다. 배우가 카메라의 이동과 속도를 완벽히 이해하고, 그 흐름 안에서 카메라와 함께 연기할 때 극적 상승효과는 최대치로 올라가게 된다.

(한국에서는 카메라 '이동'이나 '움직임'을 '카메라 워킹'이나 '카메라 무빙'이란 말로 사용하는 경우가 많다. 그러나 이는 영어권에서 통용되지 않는 콩글리시다. 바른말은 'camera movement'다.)

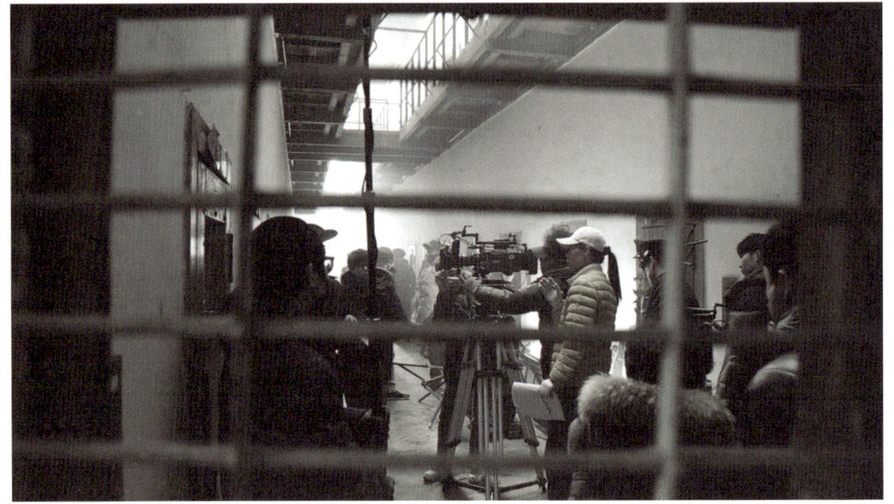

[저자 '문홍식' 감독과 '최상호' 촬영감독 / 영화 〈꺼지지 않는 불꽃〉 촬영 현장]

프레임 연기

배우는 카메라의 '프레임(frame)'을 읽을 줄 알아야 자신의 홈그라운드 안에서 마음껏 연기할 수 있다.

'프레임'의 사전적 의미는 틀(창·액자)이나 뼈대(가구·건물·차량)를 뜻한다. 반면 카메라의 프레임은 모니터나 스크린의 틀 안에 보이는 영상과 편집의 최소 단위인 '한 장의 그림'을 말한다(영화는 초당 24프레임을 사용하며, 방송은 29.98에 해당한 약 30프레임을 사용한다. p.189 [자료 32]를 참고 바람). 그리고 이 프레임 속의 시각적 요소인, 배경과 소도구·배우의 동선 및 화면 사이즈와 구도 등을 조절하는 구성력을 프레이밍(framing)이라 한다.

연극은 무대와 객석까지가 연기의 공간인 반면, 카메라 연기는 관객이 볼 수 있는 프레임 안에서만 전달력과 구속력이 발휘된다.

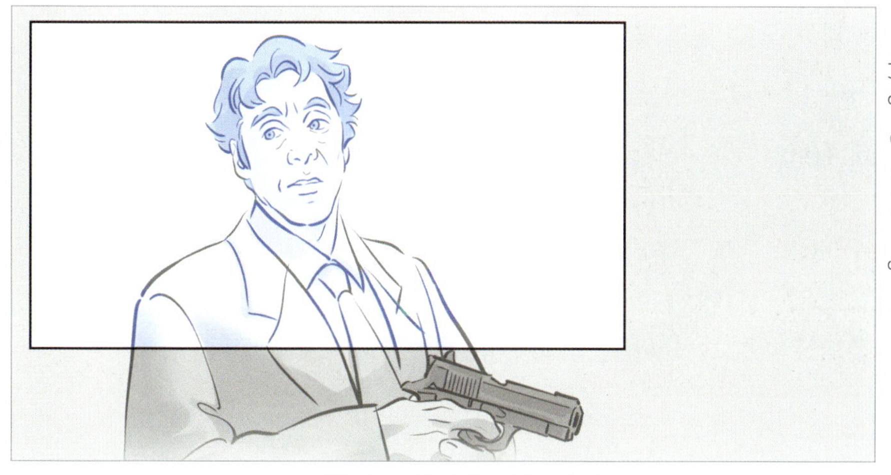

[프레임 밖에 권총을 들고 있는 경우]

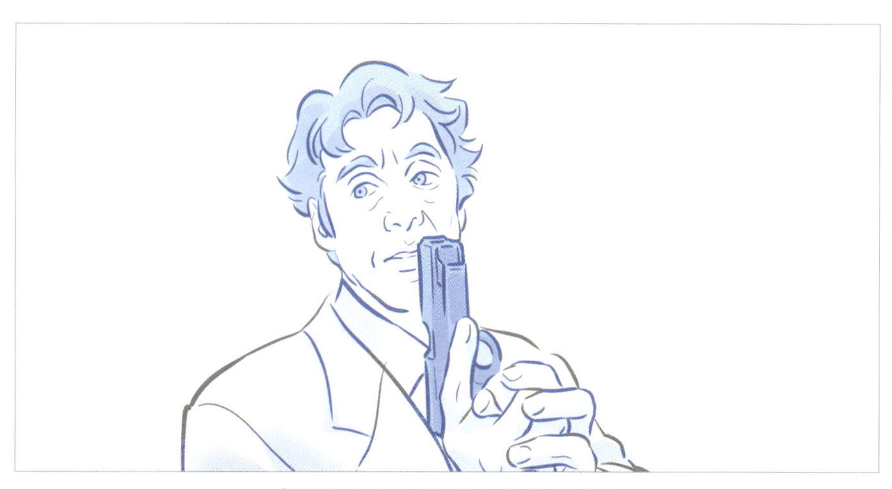

[프레임 안으로 권총을 들어 올린 경우]

그림 A의 경우 권총이 프레임 밖에 있기 때문에 카메라가 움직여 권총을 보여주거나 별도의 권총 컷을 찍지 않는 한, 제아무리 큰 대포나

폭탄을 손에 들고 있다고 해도 관객에겐 아무런 공포나 위기감을 줄 수 없다. 반면 **그림 B**는 동일한 '화면 사이즈(프레이밍)' 내에서 권총을 프레임 안으로 들어 올렸다. 관객에게 자신이 가지고 있는 무기의 위험성이나 방어력의 정보를 제공하며, 향후 액션이 어디로 튈지를 집중시키게 된다.

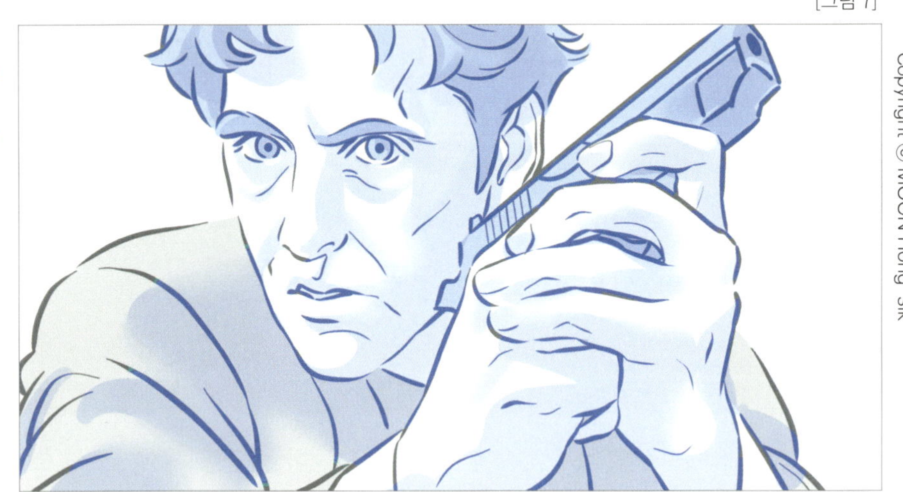

[프레이밍이 더욱 좁혀지자 권총을 얼굴 위치까지 들어 올린 경우]

이제 **그림 C**를 살펴보자. 그림 A · B의 사이즈보다 프레이밍이 더 타이트하게 좁혀졌다. 이때 배우는 권총을 얼굴 높이까지 들어 올려 관객의 긴장감을 유발시킨다. 이것이 곧 프레임 연기다.

만약 프레임 연기를 무시한 채 자신의 감정이나 실전에 사용되는 권총의 위치를 유지한다면, 권총은 **그림 A**와 같이 계속해서 프레임 밖에 있는 게 더 자연스럽다. 권총은 장총과 달리 어깨에 대고 조준하지 않고 팔을 뻗거나 복부 위치에서 쏘는 총이다.

연출 콘티뉴이티(continuity)에 따라, 카메라가 배우의 심리를 반영할 소품이나 행동을 추적할 수도 있으나, 대부분은 정해진 프레이밍 사이즈(풀 샷·버스트·클로즈업 등)와 카메라 이동에 맞춰 연기해야 한다.

만약 **그림 C** 컷과 비슷한 클로즈업(C.U.) 샷에서, 무료하게 누군가를 기다리다 지친 얼굴의 프레이밍을 가정해 보자.

짜증스러운 심리를 드러내기 위해 발길질로 돌자갈을 걷어찬다면, 이 역시 감독이 발을 별도로 찍지 않는 한 발길질은 아무 의미 없는 헛수고에 불과할 뿐이다. 이때 중요한 것은 감독이 클로즈업의 얼굴을 통해 지치고 짜증스러운 '표정(facial expression)'을 담고자 한다는 사실에만 집중해야 한다. 관객의 눈인 프레임의 '클로즈업 샷이 요구한' 심리적 반응이 '얼굴(face)'에 섬세하게 드러나는 것만이 중요할 뿐이다.

프레이밍의 화면 사이즈가 타이트하게 좁아지면 좁아질수록, 얼굴이나 손·발·눈동자 등 특정 부위만의 집중된 디테일 연기가 필요하다. 반대로 프레이밍의 화면 사이즈가 원경(long shot)으로 멀어지면, 배우는 그 장소의 배경과 하나가 된 유기적 형태의 그림을 만들어야 한다. 만약 농장이 배경이라면 소나 닭·오리 등과 함께 물 흐르듯 움직이거나, 감독이 지정한 위치에 하나의 소품처럼 고정이 되기도 한다. 이때는 자신의 연기에 힘줄 필요가 없이, 전체 그림의 일부가 되어 튀지 않는 연기를 보여주는 게 중요하다.

　프레이밍의 화면 사이즈가 넓어진 원경(遠景)에서의 배우는, 마치 한 폭의 그림 중, 하나의 점이나 꽃과 나무와도 같은 것이다. 그런데 롱 샷 (L.S.) 연기에서 깊은 한숨을 내쉬거나 얼굴에 내면의 조소를 띈다면 아무도 알아보지 못할뿐더러, 프레임을 전혀 읽을 줄 모르는 무지한 발 연기가 되는 것이다.

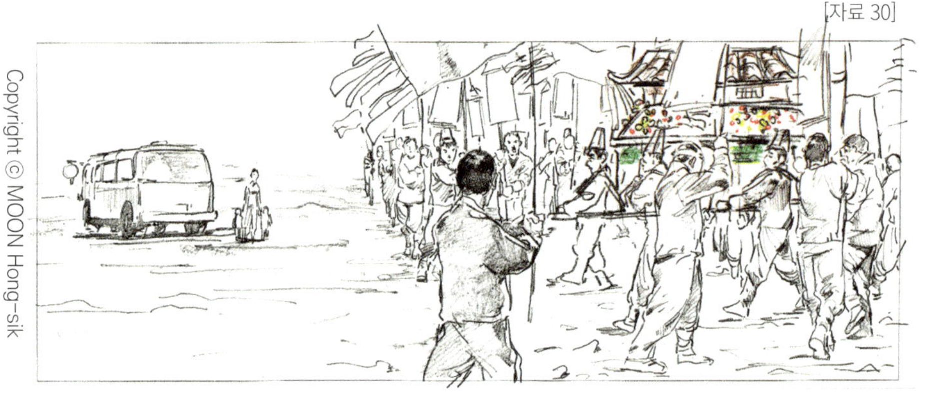

[자료 30]

[저자 '문홍식' 감독의 콘티뉴이티 〈티켓 버스〉의 스토리보드 중]

　근경과 원경을 동시에 담고 있는 이 그림은 현실이 아닌 '몽환(夢幻)'적 장면으로, 화면을 6:4 비율로 무게 중심을 나눴다.

　우측 상여꾼들의 역동적인 움직임에 반해, 좌측 버스 옆 여인이 아이들과 함께 망자의 넋을 관조(觀照)하는 장면이다.

　이 화면은 양측의 대조를 주기 위한 장면으로, 프레임 속 전체 등장인물들의 동선과 분위기가 중요한 것이다. 여인과 아이들의 특별한 연기가 요구되지도 않을뿐더러, 굳이 연기를 보여주기 위해 애쓸 필요가 없다. 오히려 뭔가를 하려고 한다면 불필요한 시선을 빼앗아 정작 중요한 것을 놓치고 말 것이다.

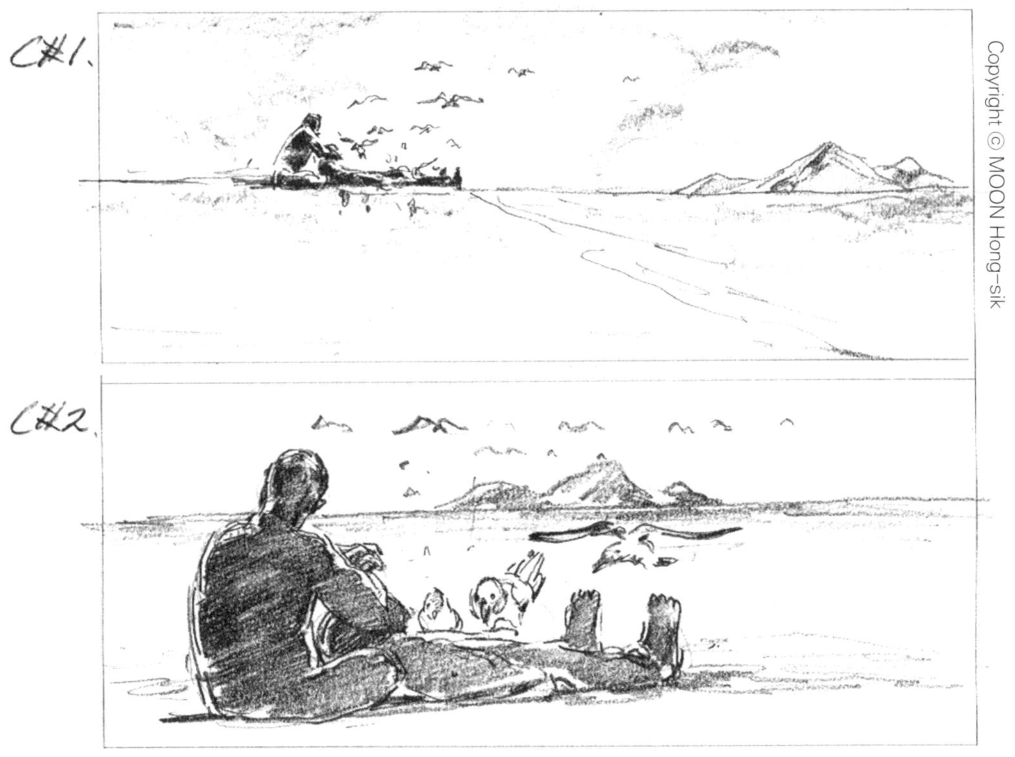

[저자 '문홍식' 감독의 콘티뉴이티 〈티켓 버스〉의 스토리보드 중]

위 그림은 카메라 이동의 연결이 아닌 단절된 두 컷의 장면으로, 시신을 끌어안고 있는 남자의 원경(L.S.)과 뒷모습의 실루엣을 담고 있다. 일반적인 샷(shot)의 공식은 뒷모습 다음으로 얼굴을 찍게 된다. 그러나 자식의 죽음을 마주한 노인의 얼굴을 버스트나 클로즈업으로 찍는 것은 오히려 설명적이며 신파적일 수 있다.

반면 감독은 배우의 얼굴 대신, 갈매기 떼와 밀려와 부서지는 파도를 연기(acting)로 사용해 노인의 감정을 대변하고 있다. 시신을 쪼아대는 갈매기 떼와 해 질 녘 실루엣의 원경과 뒷모습만으로도 자식을 잃은 노인의 아픔은 충분히 전달된다. 시간(時間)과 공간(空間)의 분위기를 통해, 캐릭터의 심리상태와 앞으로 전개될 드라마의 방향을 암시하고 있기 때문에 얼굴을 통한 배우의 감정 연기는 굳이 필요 없는 것이다(모든 상황이 그렇다는 것은 아니다. 반드시 얼굴 연기가 필요한 경우가 훨씬 더 많다).

주의할 점은 얼굴이 찍히지 않는다고 해서, 연기를 쉬거나 대강 넘어갈 수 있는 것은 결코 아니다. 어쩌면 전면에서 찍는 버스트(B.S.)나 클로즈업(C.U.) 연기보다 더 힘든 절제(節制)의 연기가 필요하다.

시나리오 읽기 편 「호흡」부에서 말했듯, 배우의 연기는 호흡을 통해 이루어진다. 죽음의 장면에서 빛을 잃어가는 해 질 녘 짙은 실루엣인 노인의 어깨는, 지나온 삶과 무너져가는 처절함의 고통이라기보다, 초연하리만큼 담담한 노인의 생애 경지의 호흡을 드러내는 부분이다. 이는 마치 흙으로 빚은 조소(彫塑)가, 작가가 불어넣은 호흡에 의해 살아 있는 생명력을 느낄 수 있는 것과도 같다.

많은 연기자는 카메라가 자기 얼굴을 찍을 때 최선을 다해 연기하지만, 뒷모습이나 멀어지는 장면에서는 어떻게 연기해야 할지 모르는 경우가 많다.

중요한 것은, 자기 몸이 카메라로부터 멀어질 때나 뒷모습일 때, 감독이 원하는 샷(shot)의 그림은 무엇인가를 생각하는 것이다.

프레임(frame) 안에 어떤 이야기(story)를 만들어 내려 하는지를 발견하고 깨닫는 것이야말로 차원 높은 연기의 과정이다.

결국 프레임 연기란, 내 감정에만 충실하지 않고, 연출 의도에 걸맞은 주제(主題) 살리기와 화면의 균형(balance)을 맞추는 것이다.

[자료 32]

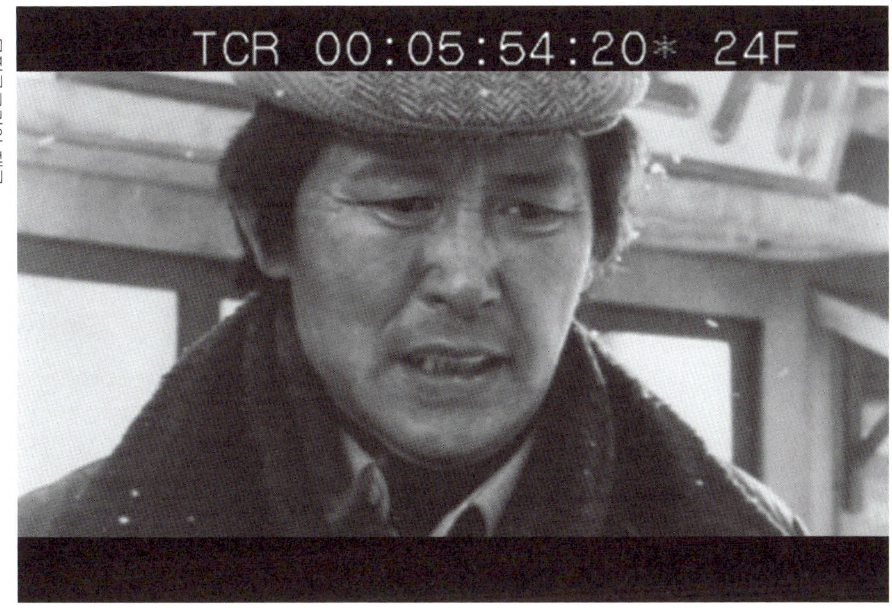

[타임 코드와 '24프레임'의 숫자가 기록된, 영상과 편집의 최소 단위인 한 (장의) 프레임]
저자 '문홍식' 감독의 영화 〈선영의 편지〉 / 배우 '강태기'

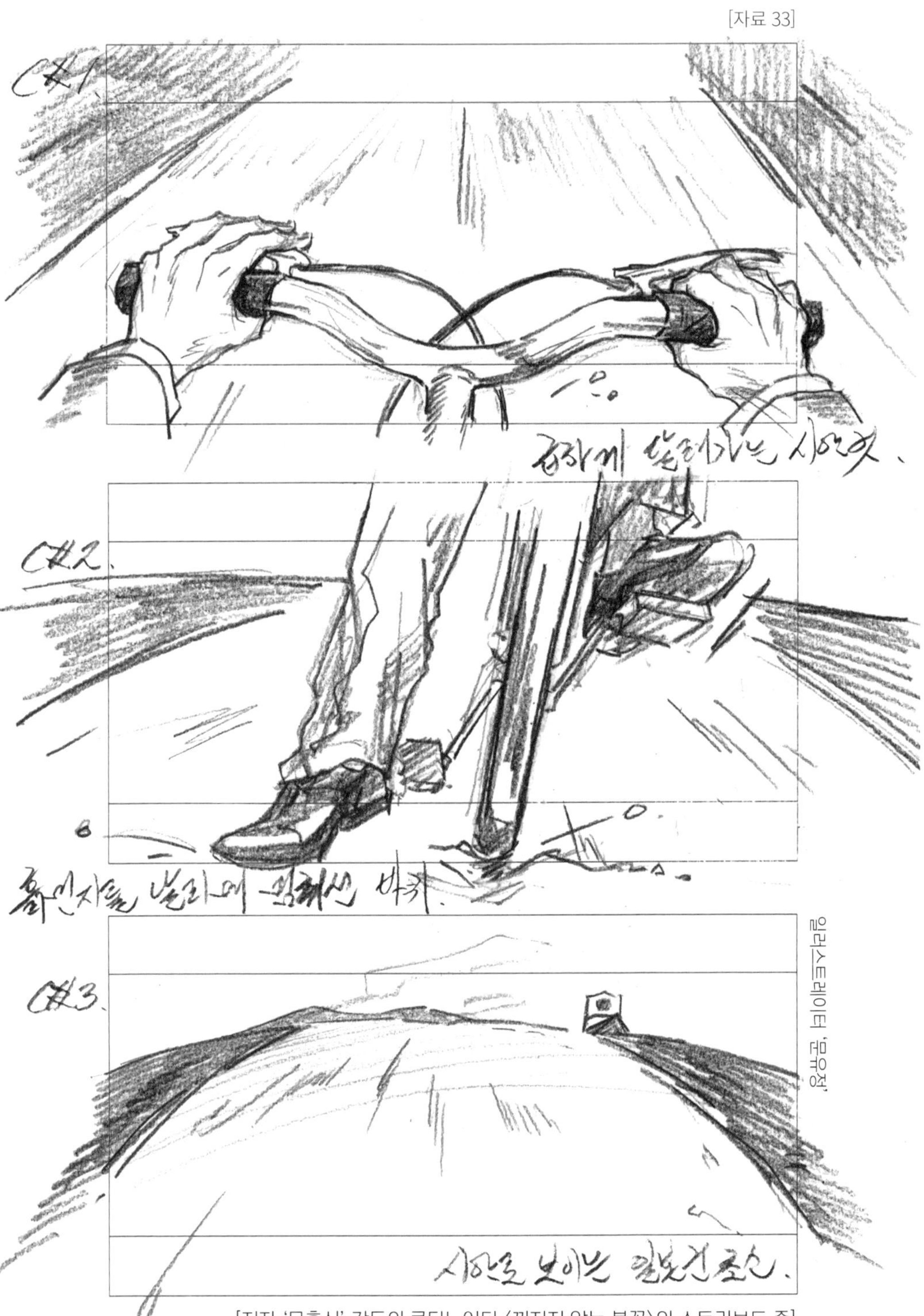

[저자 '문홍식' 감독의 콘티뉴이티 〈꺼지지 않는 불꽃〉의 스토리보드 중]

「연극과 영화의 차이」에서도 말했지만, 영화는 연극과 달리 '감독 의도'에 따라 보여주고 싶은 부분만을 카메라에 담는 강제적 구속력이 있다.

프레임의 또 다른 예를 살펴보자. 앞에 제시한 [자료 33]의 스토리보드는, 네 번째 컷의 얼굴이 나오기 전까지 자전거를 타고 달려와 멈춰 선 사람이 누구인지 보여주지 않는다. 이 경우는 권총을 들고 프레임 안에서 연기했던 [그림 5, 6, 7]의 A·B·C와 달리, 관객이 프레임 안에 구속되는 것이다.

어찌 보면 지금의 내용들이 연출 영역을 설명하고 있는 것 같겠지만 절대 그렇지 않다. 배우는 감독의 의도, 곧 프레임의 의도를 알아야만 최상의 연기를 해낼 수 있다. 단순히 대사나 감정 연기만으로 카메라 앞에 달려든다는 것은 매우 초보적인 행태이며, 만약 수십 년간 연기 생활을 해온 배우가 아직 프레임 연기의 개념이 서지 않았다면 참으로 부끄러운 일이 아닐 수 없다.

모든 병의 치료가 원인을 알아야 해결책이 나오듯, 연기의 발전을 저해한 잘못된 습관이나 문제점 역시, 냉철한 자가 검진을 통해 리스트화시켜 하나하나 개선해 나아가야 한다.

촬영 중 나이 든 배우가 젊은 연출자가 발견한 연기의 묘미를 발견하지 못할 때가 있다. 이는 감독이 직업상 남다른 눈을 가지고 있어서가 아니라, 프레임 안에 갇혀 있는 배우와 프레임 밖에서 관찰하는 감독의 척도(尺度)가 다르기 때문이다.

촬영 현장에서 감독은 카메라와 연결된 모니터를 바라보며 화면 구도나 연기에 관해 말한다.

'프레임'은 우물 안과 밖에서 바라보는 관점의 차이와도 같다.

앞서 '카메라 이동'과 '액팅'의 관계를 얘기했지만, 영화배우와 TV 탤런트는 결국 '프레임 안에서' 연기하는 것이다. 카메라의 프레임은 또 다른 상대역임과 동시에 '관객의 눈(audience's eyes)'이라는 사실을 잊지 말아야 한다.

배우는 자기감정에만 충실해서는 안 된다. 이것이 바로 근시안적인 매너리즘 연기다. 프레임을 읽는다는 것은, 감독의 생각을 읽는 것이며, 편집화면의 그림을 상상해 연기하는 것이다.

배우는 '액팅 트라이앵글(Acting Triangle)'의 뗄 수 없는 카메라와의 유기적 관계 속에서 프레임이 요구한 연기를 해야 한다. 이러한 이유로 인해 연기는 아무나 할 수 있지만, 배우는 아무나 될 수 없는 것이다.
카메라의 프레임(frame), 곧 스크린(screen)을 생각하며 연기한다는 것은, 배우에게 있어 가장 기본이 되는 일이지만 난도 높은 힘든 일임이 틀림없다.

촬영이 시작되면 카메라는 당신을 감옥의 철창처럼 프레임 안에 구속한다. 그러나 당신은 제한된 그 프레임 속에서 자유를 누리며, 감독의 의도와 자신의 연기를 마음껏 펼쳐야만 하는 사명적 존재이다.

프레임은 당신의 완벽한 홈그라운드가 되어야 한다.

[자료 34]

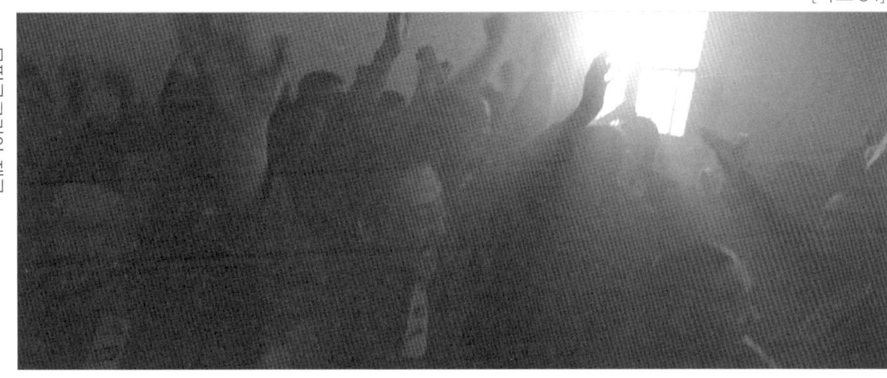

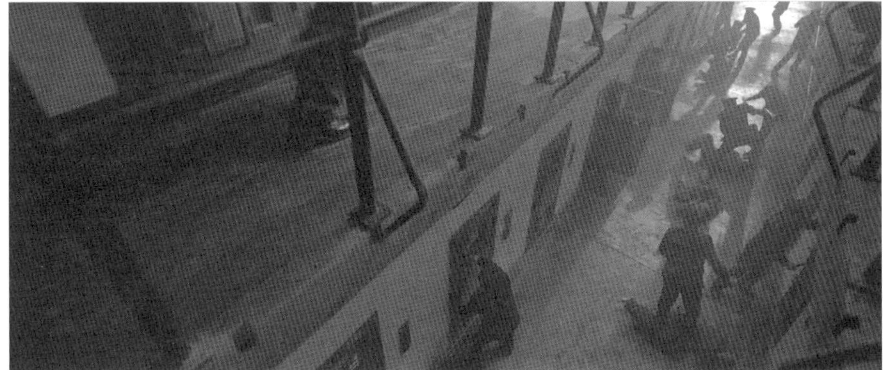

[저자 '문홍식' 감독의 영화 〈꺼지지 않는 불꽃〉 중, 옥중 만세 장면의 지미집 컷]

샷 변화에 따른 연기

카메라 앞에 선 배우는 감독이 찍고자 한 '화각(an angle of view)'의 넓이, 즉 화면 사이즈(프레이밍)의 타당한 이유를 알아야 한다. 동일 신 내에서도 화각(畵角)의 사이즈는 다양하게 나누어진다. 감독이 화각의 사이즈와 위치·높낮이를 정하는 것은, 드라마의 진행과 속도·긴장과 이완·배우의 심리와 감정·복선의 장치 등 다양한 이유를 근거로 화면의 변화를 주게 된다.

카메라 연기자가 화각의 개념(槪念)을 이해해야 하는 것은, 수학 문제를 공식(公式)으로 풀듯, 연기를 화각의 공식 내에서 풀어야 하기 때문이다.

영화는 기술적 공식 위에 창의성을 발휘한 예술이다.

배우의 연기 역시 화각의 공식을 벗어날 수 없으며, 화각의 공식을 깨닫는 자는 이전에 발견하지 못한 연기의 신세계를 경험하게 될 것이다(연극 또한 무대 연기의 공식이 존재한다).

명배우들은 화각의 개념이 명확히 선 사람들이다(명배우란 인기 유무와는 무관하다.

인기스타 중에서도 연기력 미달자가 있는가 하면, 무명 중에서도 실력자가 있다).

카메라와의 교감(交感), 액팅 트라이앵글(Acting Triangle), 이 모든 것이 화각(畵角)의 '샷 사이즈(shot size)'와 밀접한 관계를 이루고 있다.

[그림 8]

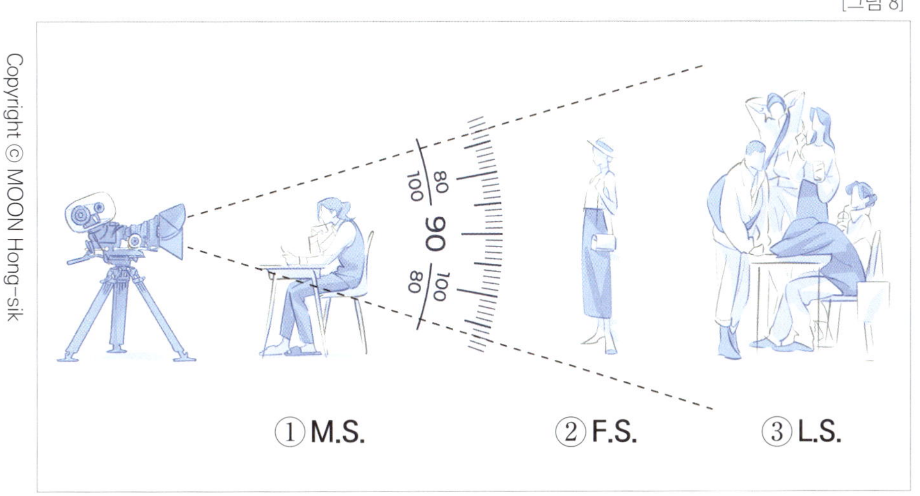

[렌즈의 '화각' 거리에 따른 피사체의 '샷 사이즈']

[그림 8]과 같이 카메라와 피사체의 거리가 멀어지면 멀어질수록 화면의 폭인 샷의 사이즈는 넓어지며, 극적 긴장도는 떨어진다. 반면 카메라와의 거리가 좁혀지면 좁혀질수록 긴장도는 높아진다.

배우가 화각의 공식을 알게 되면 프레임 밖으로 몸이 빠지는 실수를 막을 수 있다. 감독 의도와 달리 배우의 몸이 프레임 밖으로 사라진다는 것은, 연극배우가 무대 밖으로 떨어지는 것과 같다.

화각의 공식 내에서 연기한다는 것은, 각각의 샷 변화에 따른 최적의 맞춤 연기를 뽑아내는 것이다. 예를 들어 [그림 8]의 1번 앉아 있는 미디엄 샷(M.S.)의 경우, 배우는 프레임 안에 구속된 상반신 연기에만 집중하면 된다. 만약 사이즈가 버스트(B.S.)나 클로즈업(C.U.)으로 더욱 타이트하게 좁혀진다면, 전신의 감각과 에너지를 한 곳에만 집중할 수 있는 감정 이입 효과는 더욱 높아진다.

이제 화각 변화에 따른 기본적인 연기의 개념과 주의할 점을 살펴보자.

[자료 35]

드림픽쳐스 제공

[35mm 필름 카메라의 화각 사이즈를 확인하고 있는 저자 '문홍식' 감독]

마스터 샷(Master Shot)

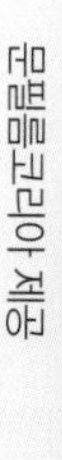

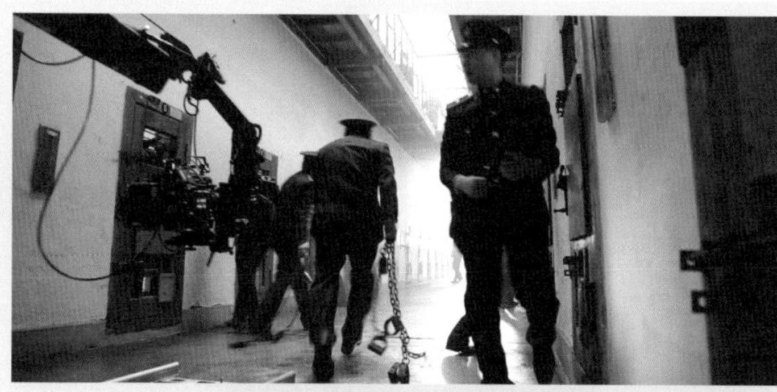

마스터 샷
촬영을 위한
지미집 이동
스틸

C#1

마스터 샷
(감옥 안)

지미집 샷으로
훑는 복도

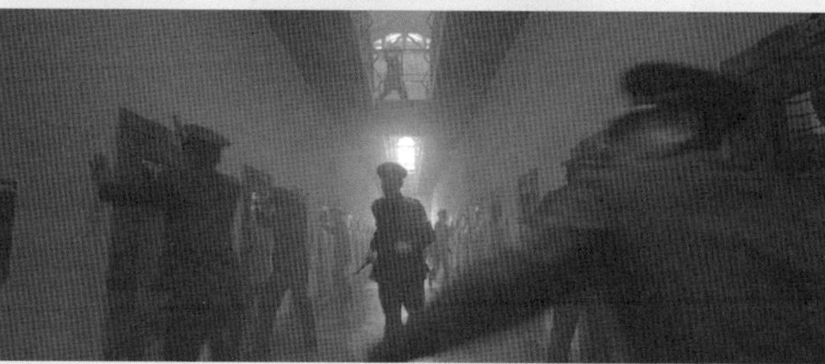

C#2

O.S. 철창 안

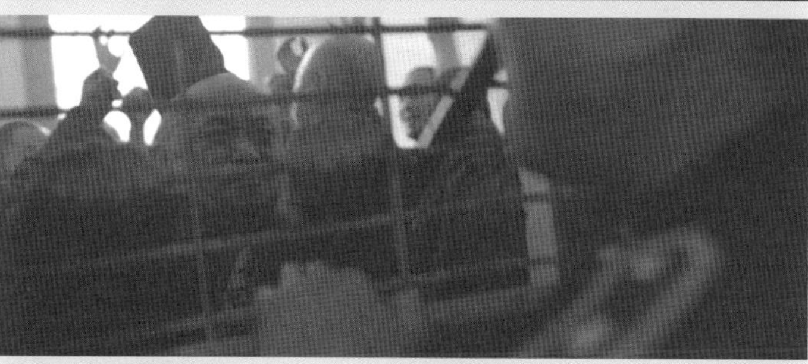

C#3

철창 컷

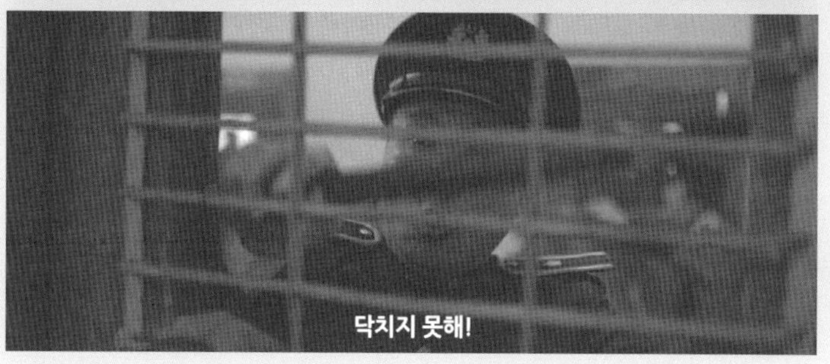

[저자 '문홍식' 감독의 영화 〈꺼지지 않는 불꽃〉의 옥중 만세 시위 진압 장면 / 촬영감독 '최상호']

‘마스터 샷(master shot)’은 신이 바뀔 때 새로운 장소와 분위기를 보여주는 정보 전달의 의미가 강하며, 신 전체를 끊지 않고 ‘원 테이크(one take)’로 찍는 것을 말한다. 상황에 따라 ‘원 신 · 원 샷(one scene, one shot)’으로 하나의 신을 마무리하기도 하지만, 대부분 마스터 샷 사이에 끼워 넣을 다양한 사이즈의 화면을 여러 각도에서 촬영해 편집하게 된다.

샷의 크기는 일반적으로 ‘풀 샷(full shot)’의 경우가 많지만, 감독 의도에 따라 배우의 ‘웨이스트 샷(waist shot)’이나 ‘버스트(bust)’가 마스터 샷이 되기도 한다.

마스터 샷의 개념은 한 장면의 시점(時點)을 보여주는 설정 샷으로, 시간 경과나, 인물 간의 상황적 관계, 배우들 간의 동선을 한눈에 볼 수 있게 찍는 샷을 말하기 때문에 화각의 사이즈만으로 정의하진 않는다.

또한 최근 영화들은 고전 방식의 신의 오픈 컷인 ‘커버 샷(cover shot)’의 차원을 넘어, 고정된 샷(fixed shot)이 아닌, [자료 36]과 같이 지미집(Jimmy Jib)이나 스테디 캠(steady cam)을 이용해 ‘테이크(take)’가 끊어지지 않고 이동해 움직이며 컷의 개념을 만들어 내기도 한다.

심지어 ‘알레한드로 곤살레스 이나리뚜(Alejandro González Iñárritu 스페인어 발음)’ 감독의 영화 〈버드맨 *Birdman*〉이나 ‘샘 멘데스(Sam Mendes)’ 감독의 〈1917〉의 경우, 마치 ‘원 테이크’처럼 전편의 화면을 통으로 연결해 내기도 했다. 물론 계산된 촬영으로 편집과 CG를 통해 이어 붙인 영화들이다. 그러나 이러한 영화에서도 신(scene)마다 마스터 샷의 개념은 여전히 존재한다.

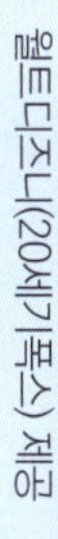

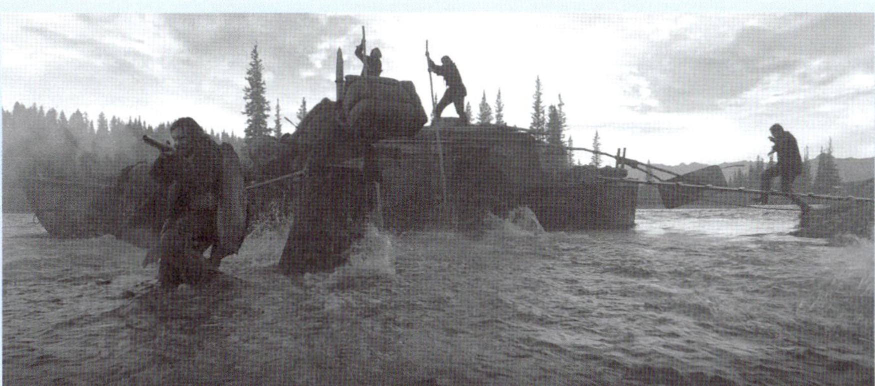

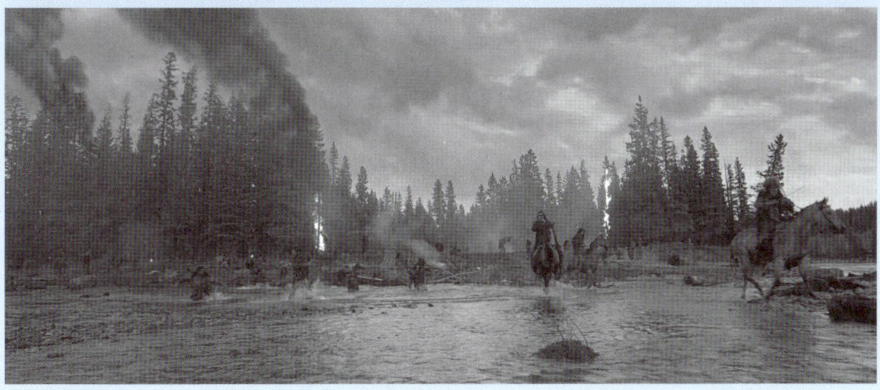

[영화 〈레버넌트〉 '알레한드로 곤살레스 이나리뚜' 감독 작품 / '풀 샷(F.S.)과 롱 샷(L.S.)']

위 화면은 영화 〈레버넌트 *The Revenant*〉의 장면으로, 단절된 두 컷이 아니라 '원 테이크'로 연결된 하나의 (마스터) 샷이다.

'이나리뚜' 감독은 이 작품에서도, '고정 샷'보다는 계속된 카메라 이동의 특징을 보여준다. 강물 추격 신 역시 원주민들의 공격을 피해 도주하는 장면으로, 광각렌즈를 사용한 '원 테이크' 내에서 카메라의 빠른 이동으로 양측의 쫓고 쫓기는 긴박한 장면을 동시에 담고 있다.

반면, 아래 대위 집무실은 한쪽 어깨를 걸어 '쓰리 샷 버스트(3.S.B.)'로 촬영한 마스터 샷이다.

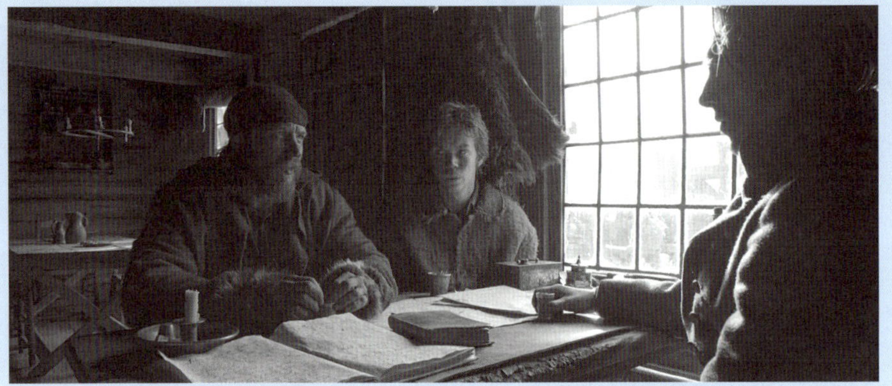

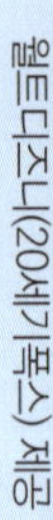

[영화 〈레버넌트〉 '알레한드로 곤살레스 이나리뚜' 감독 작품 / '쓰리 샷 버스트(3.S.B.)']

중요한 것은, 당신이 '풀 샷(F.S.)'이나 '버스트(B.S.)'의 '마스터 샷' 연기를 해야 할 경우, 샷의 사이즈, 곧 화각의 범위에 따라 연기가 달라져야만 한다는 점이다.

배우 중엔 샷의 사이즈 변화를 연출 구성의 한 부분으로만 간과해, '풀 샷(F.S.)'과 '버스트(B.S.)' · '클로즈업(C.U.)' 연기를 변화 없이 동일하게 하는 경우가 있다. 이것은 자신의 감정에만 충실했을 뿐, 샷의 사이즈 변화를 준 연출 의도를 전혀 반영하지 못한 것이며, 확대된 대형 스크린을 바라보는 관객의 눈을 생각지 못한 하급 연기에 불과하다.

감독은 '샷 사이즈의 변화'를 통해, 드라마의 긴장과 이완의 경계를 넘나들며 관객의 고삐를 쥐락펴락하는 수단(手段)으로 사용하고 있다는 것을 명심해야 한다.

배우는 감독이 주문한 샷 사이즈에 따라 단계적 연기 변화를 줘야 한다. 자신에게 주어진 샷이 하나의 청구서(請求書)라고 가정해 보자. 청구서는 각자의 금액이 다르고, 청구액에 맞는 금액을 납부해야만 한다. 감독이 '버스트'나 '클로즈업'을 청구했는데 '풀 샷' 연기를 했다면, 합당한 금액을 납부하지 못한 N.G.가 되는 것이다.

배우는 그룹 샷의 '풀 샷' 연기를 하고 있는데, 카메라만 '버스트'나 '클로즈업'으로 찍는다고 해서 긴장감이 유발되는 것은 아니다. 더욱이 연출 의도에 맞는 OK 컷은 거의 기대할 수 없다.

마스터 샷(master shot)이 감독과 배우에게 중요한 것은, 각 신의 중추(中樞)가 되는 DNA를 만들어 내는 과정이며, 연기의 기본 톤과 신 전체 흐름의 맥(脈)을 잡는 역할을 하기 때문이다. 이것이 곧 마스터 샷 연기의 핵심이다.

신의 중추가 된 DNA와 연기의 맥이 잡히면, 카메라의 방향을 옮겨가며 샷을 끊어 찍는 것은 시간문제다.

배우는 자신에게 주어진 마스터 샷이 '어떤 사이즈'가 되었건 화각이 요구한 연기를 지불(payment)해야 한다. 출연료를 받고 연기하는 직업 배우가 화각의 샷 사이즈별 연기변화를 주지 못한다면 출연료는 반납해야 할 것이다.

배우는 자신의 가치(value)를 연기로 지불해 '환산'하는 것이다.

오버 숄더(Over Shoulder)

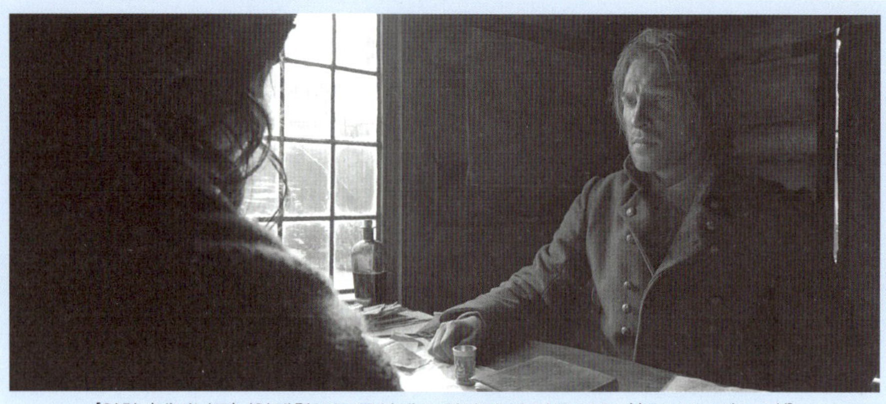

[영화 〈레버넌트〉 '알레한드로 곤살레스 이나리뚜' 감독 작품 / '오버 숄더(O.S.)']

「마스터 샷」에 소개한 〈레버넌트 *The Revenant*〉의 대위 집무실 연결 컷이다. 배우 '톰 하디(Tom Hardy)(좌)'의 어깨 너머로 대위 '도널 글리슨 (Domhnall Gleeson)(우)'의 버스트 샷을 담은 '오버 숄더' 샷이다. 흔히 촬영장 에서 감독은 이와 같은 샷을, "하디 오에스(O.S.), 글리슨 버스트(B.S.)" 라고 말한다(우측 대위를 '웨이스트 샷'으로 해석할 수도 있으나, 탁자에 가려진 허리는 관객에게 보이지 않는 부분이기 때문에 '버스트'로 말한다).

‘오버 숄더(O.S.)’ 샷에서 가장 힘든 점은, 얼굴이 보이지 않는 뒤통수와 어깨의 호흡 연기다. 구도상 어깨만 그저 화면에 걸리면 될 것 같지만, 얼굴을 보여주는 샷 못지않게 쉽지 않은 연기다.

많은 배우와 감독들이 놓치기 쉬운 부분이 어깨 연기다.

얼굴이 보이는 연기에서는, 어깨나 머리가 움직이지 않아도 대사나 눈빛만으로도 관객의 시선을 사로잡을 수 있다. 그러나 얼굴이 보이지 않는 O.S. 샷의 어깨가 그대로 멈춰 있다면, 편집화면에서는 연기의 반응이 없는 죽은 어깨가 된다.

화면 끝에 어깨만 걸린 O.S. 배우는, 내면의 감정과 달리, 어깨에 호흡(breathing)을 실어 의도적으로 약간의 움직임을 줘야만 상대역의 대사나 감정에 반응(reaction)하는 교감(交感)이 살아난다. 또한 샷의 긴장과 두 배우 간의 연기의 균형(balance)이 맞게 된다.

배우와 감독이 어깨 연기를 놓치는 이유는, 대사 연기에만 집중하다 보니 어깨가 보이지 않는 것이다. 어깨는 그저 하나의 그림이 되어 대역의 어깨처럼 위치만 잡아준 결과에서 비롯된 문제다. 그러나 이 부분은 감독에게 책임을 돌리기보다, 직업 배우인 연기자가 책임져야 할 부분이다.

O.S.의 어깨나 뒤통수가 멈춰있을 경우, 다음 샷이 자기 얼굴로 바뀐 편집화면에서 앞뒤 액션의 일관성이 없는 튀는 결과를 가져오게 된다.

뒷모습의 어깨를 찍는 배우는, 다음 샷에 찍을 자기 앞모습의 패턴

(pattern)을 생각해 연기 호흡의 일관성(一貫性)을 유지해야 한다.

시나리오 리딩 「호흡」에서 강조했듯 배우의 '호흡(呼吸)'은 생명 연장의 숨쉬기가 아닌, 캐릭터의 숨을 불어넣는 영(靈, spirit)적 호흡을 말한다. 뒷모습의 어깨 연기가 죽었다는 것은, 캐릭터의 영은 죽고, 배우 '아무개'가 생명력 없는 대타로 자리만 잠시 채워준 꼴이 된다. 바로 이때 배우 간의 연기의 균형이 깨지는 것이다.

만약 두 대의 카메라로 O.S.나 B.S. 샷을 양쪽에서 동시에 찍는다 해도, 상대의 대사를 듣는 '리액션(reaction)'에서 편집화면을 생각해 뒷모습의 어깨와 뒤통수 연기를 해야만 한다.

반면 얼굴이 보인 채 대사를 내뱉는 배우는, 상대 얼굴의 카메라 안쪽 '귀'를 보며 연기하면 두 사람의 시선이 일치해 보이게 된다.
이것은 사실의 왜곡이며, 허구의 사실적 착시이다.
연극과 달리, 영화나 TV는 세트나 소도구의 활용에서도, 카메라 시점의 각도나 화각의 공식을 통해 관객의 눈을 속이는 샷들이 이미 존재하고 있다.

실제 상대역의 눈을 바라볼 경우, 관객의 눈엔 서로 간의 시선이 빗나가 보이게 된다. 감독에 따라 시선의 위치를 하나하나 알려주기도 하지만, 연기 영역은 어디까지나 배우의 몫이다.

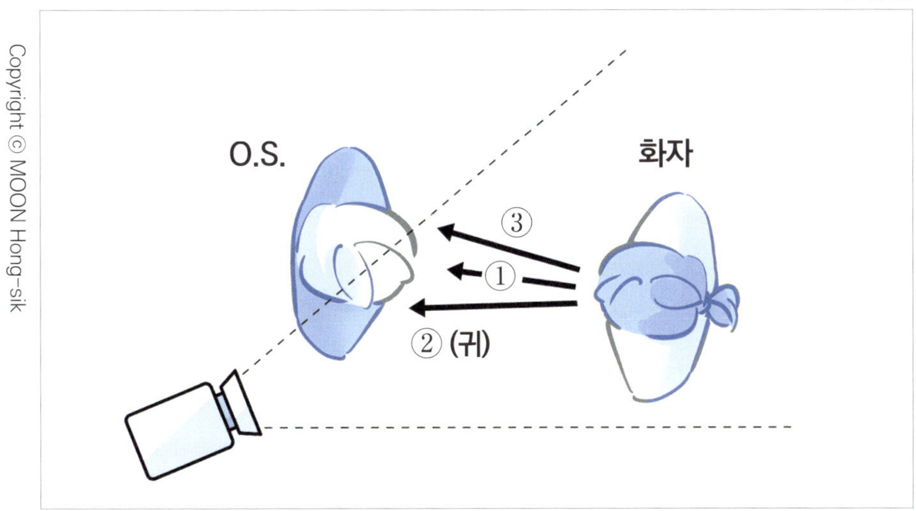

['오버 숄더(O.S.)' 촬영 시 '화자'가 상대 배우를 바라보는 시선의 위치]

위 [그림 9]에서 화자(話者)는 눈과 눈이 마주치는 ①번의 시선보다, ②번 방향의 얼굴 측면이나 귀를 보고 연기했을 때 스크린 상에는 상대 역과의 시선이 더 자연스럽게 맞게 된다.

이 역시 렌즈를 통한 화각의 공식(公式) 중 하나다.

다시 202쪽 [자료 39]의 '오버 숄더(O.S.)' 샷을 확인해 보자. 대위의 시선이 다른 사람을 보고 있듯 자신의 우측을 향하고 있다. 그러나 그 샷엔 '쓰리 샷 버스트(3.S.B.)'에 있던 청년은 이미 사라지고 없는, 단둘만의 장면이다. 대위는 자신과 마주한 '톰 하디(Tom Hardy)'를 정면으로 바라보고 있지만, 관객의 눈엔 시선이 우측 ③번 방향으로 빗나가 보이는 것이 분명하다. 만약 대위가 [그림 9]의 ②번 방향인 얼굴 측면이나 귀를 바라봤더라면 관객의 눈엔 시선이 정확히 마주하듯 일치하게 된다.

지금 즉시 스마트폰 카메라로 [그림 9]와 같이, 시선 ① · ②를 사진이나 동영상으로 촬영해 테스트해 보길 바란다. 그리고 그 결과에 따라, 앞으로 촬영장에서 당신이 그렇게 연기한다면 감독은 당신의 연기에 놀라움을 금치 못할 것이다.

이 비밀은 두 개의 눈동자로 바라보는 인간의 시야 폭과 외눈으로 바라보는 렌즈의 화각 차이다(또한 렌즈는 사람의 눈과 달리 거리에 따라 왜곡의 격차가 커진다). 이는 곧 '카메라 연기의 공식'이자 관객의 시선을 온전히 나에게 집중시킬 수 있는 무기가 될 것이다.

당신이 '오버 숄더(O.S.)' 샷의 진가(眞價) 하나만을 내 것으로 만든다 해도, 당신의 연기는 측정하기 힘든 상승효과와 함께 '리뉴얼'을 맛보게 될 것이다.

대부분 영화나 TV 드라마에서, 동선 없이 주고받는 대사에 단골처럼 사용되는 샷이 '오버 숄더'이기 때문이다.

그러나 이 공식은 많은 중견 배우와 감독들이 이론으로는 알면서도 사용하지 않는 경우가 대부분이다. 눈앞의 상대를 두고, 마치 사시(斜視)처럼 옆으로 시선을 돌려 연기하기가 쉽지 않기 때문이다. 또한 서로 간의 눈동자를 보고 연기할 때 발생하는 불꽃 튀는 충돌 에너지를 놓칠 수 있는 불안 때문에 시도하지 못한다. 상대의 눈동자 대신 귀를 바라보던 시선이 자칫 한순간 무너지며 혼선을 겪을 경우, 연기가 뒤죽박죽 엉망이 되어버릴까 봐 시도하지 않는 것이다.

하지만 정작 상대의 눈과 귀의 각도는 10도 안팎에 불과하다.

방송 스튜디오 녹화에서, 배우는 멀리 떨어진 멀티 카메라의 숫자 램프를 감지하며 자신의 샷을 연기한다. 그에 비하면 눈앞에 마주한 상대 배우의 눈과 귀의 차이는 아주 미미한 간극(間隙)에 지나지 않는다.

당신은 자신에게 편한 방법을 택할 것인가? 아니면 관객을 위해 '② 번 방향'의 사실적(寫實的) 시선 연기에 도전할 것인가?

연기의 개념과 목적 자체가 '허구적'인 내용을 '사실처럼' 보여주는 것이다. 그렇다면 배우는 자신의 감정 연기에 편한 상대역의 눈을 바라보며 왜곡된 시선을 보여주기보다, 귀를 바라보는 '연기의 연기'를 통해 관객의 시선을 사로잡는 살아 있는 연기를 보여주는 게 더욱 중요하다.

풀 샷(F.S.)에서 표시가 나지 않은 시선도, 화각의 거리가 좁혀진 오버 숄더(O.S.)나 버스트(B.S.)·클로즈업(C.U.) 연기에서는, 확대된 스크린이나 대형 TV를 통해 당신의 시선 연기는 더욱 명확히 구분될 것이다.

드라마 전달과 카메라 연기를 위한 모든 과정은, 결국 관객과 시청자에게 보여주기 위한 서비스라는 것을 잊지 말아야 한다.

버스트 샷(Bust Shot)

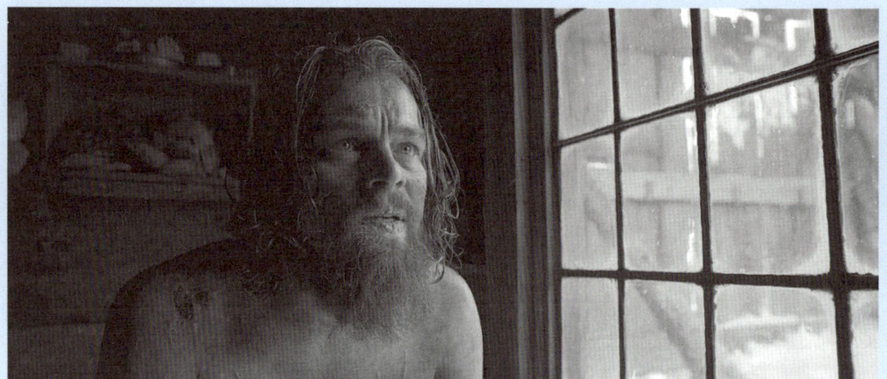

[영화 〈레버넌트〉 '알레한드로 곤살레스 이나리뚜' 감독 작품 / '버스트 샷(B.S.)']

'버스트 샷(B.S.)'은 흔히 가슴팍 아래에서부터 '레오나르도 디카프리오 (Leonardo DiCaprio)'의 구도와 같은 사이즈까지를 말한다. 그러나 샷 사이즈의 범위는 관점에 따라 미묘한 해석의 차이들이 있다.

'디카프리오'의 버스트에서도 화면 우측 창가에 상대의 어깨를 걸어 O.S. 버스트를 만들 수 있다. 그러나 O.S.가 아닌 단독 버스트는 상대 배우를 전면 배제한 채, 오직 한 인물에만 포커스를 맞추려는 의도다. 관객의 강제적 집중력을 유발시키는 샷으로, 상대역의 반응을 상상에 맡기며 자유로운 연기를 마음껏 펼칠 수 있다.

단독 샷의 연기와 상대 배우의 신체 일부가 화면에 걸릴 때의 연기는 다를 수밖에 없다. 상대 배우의 얼굴이나 신체 일부가 화각 안에 있을 경우, 서로 간의 연기 조화가 이루어져야 하기 때문에 단독 샷에 비해 절대적인 공조 의식이 필요하다.

그러나 버스트를 포함한 단독 샷은, 자유로움과 동시에 나에게만 집중되는 관객의 눈을 홀로 책임지는 것이다.

단독 '버스트(B.S.)'의 핵심은, 인물 부각이나 심리 상태를 포착하기 위한 것이기에, 상황에 집중해 감정에 충실해야 한다. 만약 손을 사용하고 싶다면 「프레임 연기」에서 설명했던 권총의 경우처럼 화각 안으로 자연스럽게 팔을 들어올려야 하며, 갑자기 일어서거나 약속되지 않은 돌출 행동으로 인해 몸이 프레임 밖으로 사라지는 일을 피해야 한다.

앞에 제시된 '디카프리오'의 버스트(B.S.)는, 대위 역의 '도널 글리슨(Domhnall Gleeson)'의 O.S. 너머 '디카프리오'의 '웨이스트 샷(W.S.)'에서부터 대화가 시작돼, 다음에 제시할 [자료 41]의 (上) 클로즈업(C.U.)까지 카메라가 들어간다.

배우는 이와 같은 카메라 이동의 정확한 의도를 알아야 하며, 자신과 함께 연기하는 카메라와 촬영감독의 '액팅 트라이앵글(Acting Triangle)'인 3박자의 호흡 안에서 연기해야만 한다.

카메라가 얼굴을 향해 사이즈를 좁혀온다는 것은 '심리의 농축'이나, '결단의 의지' 등을 나타내는 앵글의 영화언어(映畵言語)다. 이때 배우는 감정을 절제(節制)할수록 관객의 심장을 조이는 집중력을 끌어내게 된다.

'버스트(B.S.)'는 영화와 TV에 가장 흔한 샷이라 할 수 있다.

　카메라 이동이 없는 정지된 샷(fixed shot)에서도, 감독의 특별한 주문이나 괴성을 질러야 하는 상황을 제외하고는 굳이 힘들여 연기를 오버할 필요가 없다. 동시녹음 마이크가 머리 위에 있기 때문에 대사의 톤 역시 속삭이는 음성이나 신음하듯 기어들어 가는 세미한 음성까지 모두 잡아낼 수 있는 샷이다.

클로즈업(Close-Up)

[자료 41]

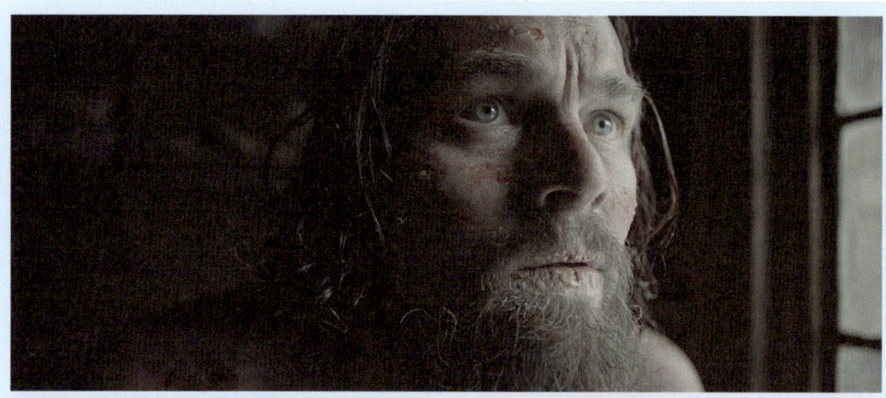
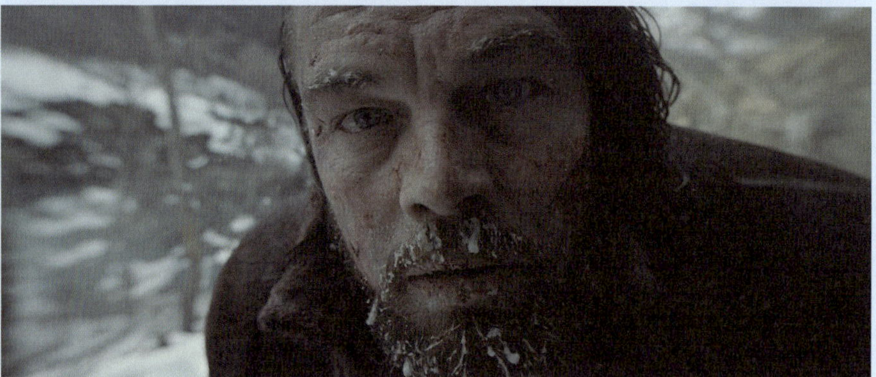

월트디즈니(20세기폭스) 제공

[영화 〈레버넌트〉 '알레한드로 곤살레스 이나리뚜' 감독 작품 / '클로즈업(C.U.)']

샷의 사이즈가 더 좁혀진 클로즈업(C.U.) 연기는, 절제(節制)된 극도의 '감정 농축(emotional concentration)'이 표현되어야 한다. 카메라가 얼굴을 향해 들어오는 최종 목적은, 결국 내면의 정점인 눈동자(pupil)를 담아내기 위해서다.

'디카프리오'의 두 컷의 클로즈업은, [자료 40]에 소개된 버스트 샷(B.S.)인 군부대 신의 엔딩 컷(上)과 영화 〈레버넌트 *The Revenant*〉의 전편을 마무리하는 야외 신의 엔딩 컷(下)이다.
　이처럼 영화와 TV 드라마에서 신의 엔딩이나, 전편을 마무리하는 샷에 클로즈업(C.U.)을 사용하는 경우가 많다.
　시나리오 리딩 「호흡」부에 소개된 영화 〈우작 *UZAK*〉의 엔딩 컷 역시, 주인공 '무자페르 오즈데밀'의 클로즈업으로 장식했다(p.151).

배우는 엔딩에 클로즈업을 사용하는 감독의 의도와 이유를 알아야 한다. 작품마다 전하고자 하는 뜻과 의미가 다르겠지만, 공통적인 것은 반응과 심리를 부각시키며, 특정 신이나 영화 전편에 깔린 주제를 응축하는 샷으로 사용된다.
　카메라의 샷이 얼굴의 클로즈업에서 멈췄다는 것은, 배우의 심오한 연기, 곧 심장 반응의 변화를 포착하기 위한 것으로 '안면근육'의 초극세사적인 떨림이나 '눈동자'인 '안구(眼球)'의 연기를 찍기 위함이다.
　절제된 연기의 극치를 보여줄 수 있는 샷은, 결국 '클로즈업'의 얼굴이며, 감정과 의도에 따라 더 깊숙이 밀고 들어가 눈동자만을 잡아내는 '익스트림 클로즈업(E.C.U.)'으로 마무리되기도 한다('extreme close - up'은 'big

close - up'보다 더 극심한 강조를 위한 극단적 사이즈다).

[자료 41] '디카프리오'의 첫 번째 샷(上)은, 아들을 죽인 범인이자 자기 목숨까지도 해하려 했던 살인자 '톰 하디(Tom Hardy)'를 붙잡기 위한 복수의 날 선 컷으로, 눈알이 곧 튀어나올 듯 그의 심장의 요동마저 느껴진다. 반면 영화 전편의 엔딩 컷인 두 번째 샷(下)은 눈동자만을 잡아낸 '익스트림 클로즈업(E.C.U.)'이 아님에도 불구하고, 그의 눈은 곧 쏟아질 듯 아른거리는 눈물과 함께 '안구'의 '동공(瞳孔)'까지 연기한다.

사람의 눈은 '홍채(iris)'의 신축으로 '동공'이 축소되거나 확대되며 안구에 들어오는 빛의 양을 조절하게 된다. 이 원리를 이용한 것이 카메라의 조리개다. 그런데 빛의 양에 따라 본능적으로 반응하는 '동공'의 움직임까지 '디카프리오'는 연기로 조절한 것이다.

신체기능의 조절력은 타고난 본능적 한계 범위 내에서 이뤄지는 게 일반적이지만, 때론 후천적으로 발달하기도 한다. 흔히 경찰 수사에서 오디오가 없는 CCTV 화면 속 대화를 청각장애인에게 해독하게 하는 것은, 일반인의 눈으로 구분할 수 없는 풀 샷의 입 모양을 정확히 읽어낼 수 있는 판독력을 가지고 있기 때문이다. 또한 문맹자들은 한 번 듣고도 정확히 기억해 내는 훈련된 뇌의 남다른 암기력을 가지고 있다.

일반인은 기쁨이나 충격적인 사건을 맞이했을 때, 혈압이 올라가거나 감격의 눈물이 쏟아지는 '본능적 신체 반응'이 나타난다. 반면 배우는 자신의 '의지적(意誌的) 역량에 의해' 눈물과 콧물, 안면의 경련을 비롯한 '다양한 신체 반응'을 조절할 수 있고, 조절해야만 한다.

'디카프리오'는 10대 아역 시절부터 연기한 중견 배우다.

청각장애인이 남이 보지 못한 입 모양을 읽어내듯, 연기경력 30년이 넘은 베테랑 배우 '디카프리오'는 그동안 카메라 앞에서 후천적으로 발달한 동공(瞳孔)의 '자의적 조절력'을 연기에 활용해 왔다.

이 말이 믿기지 않거나, 인체 과학적 근거가 없다고 생각된다면 극장에 가서 클로즈업 샷을 확인해보길 바란다. 스크린에 영사된 얼굴의 클로즈업은, 동공의 크기만 해도 앞좌석에 앉아 있는 사람의 머리통보다 몇 배가 크다. 분명 대형 스크린의 클로즈업은 동공의 변화를 한눈에 확인할 수 있다.

그러나 이해는 가지만 동공의 연기까지는 자신 없다고 생각된다면, 한 가지 확실한 방법을 가르쳐 주겠다.

동공은 '빛의 양에 따라 본능적으로 반응한다.'라고 언급했듯, 당신이 동공의 변화를 연기에 적용하고자 한다면, 시선을 한 곳에 멈추지 말고, 대사와 함께 고개를 천천히 주변으로 움직이면 동공의 변화를 경험할 수 있게 된다. 그 이유는 배우의 시선이 움직여지는 모든 반경의 노출(빛)이 다르기 때문이다. 예를 들어 밝은 창 쪽으로 시선을 돌리면 동공은 작아지고, 어두운 바닥이나 탁자 아래의 구석, 또는 검정 벽지나

암막을 향해 시선을 돌리면, 동공은 빛을 흡수하기 위해 본능적으로 확장되며 커지게 된다.

이 부분 역시 카메라를 이용해 지금 즉시 확인해 보길 바란다. 당신의 연기에 놀라운 변화를 겪게 될 것이다.

요즘 많은 젊은 여배우 중엔, 외모를 빛내 보이기 위해 시력 교정과 무관한 진한 검정이나 푸른색을 띤 '서클렌즈(circle lens)'를 낀 채 연기하는 경우가 있다. 이는 외모지상주의와 그릇된 가치관이 가져다준, 자신의 연기를 죽이는 자살행위이다.

안구의 홍채(虹彩) 색소는 인종에 따라 다르다. 한국인은 진한 검정이 있을 수 없으며 갈색이 정상이다. 또한 인종을 불문하고 눈의 흰자와 동공을 둘러싼 홍채의 경계는 서클렌즈처럼 칼로 자른 듯 또렷한 테두리가 아니며, 홍채와 동공이 비정상적으로 클 수 없다. 이러한 모양은 인형(doll)에게나 가능한 것이다. 그런데 인간의 삶을 연기하는 직업 배우가 조금 더 예뻐 보이기 위해 서클렌즈를 착용한다는 것은 참으로 무지하고 무모한 행위가 아닐 수 없다.

내면 연기의 정점을 보여줄 수 있는 곳이 얼굴의 눈, 곧 동공인데, 동공의 연기를 볼 수 없게 '차단 필터'를 끼운다는 것은 연기의 생명력을 깎아 먹는 일이다.

모든 감독은 서클렌즈를 낀 배우를 혐오한다. 인간 본연의 미(美)를 파괴하며, 상대 배우의 연기 집중력마저 떨어트리는 결과를 가져오기 때문이다.

2012년 제69회 베니스 국제영화제 '황금사자상'을 수상한 한국 영화 〈피에타 *Pieta*〉의 여주인공 '조민수(1965년생)'는, 어느 방송 인터뷰에서 "서클렌즈를 낀 후배와 연기하면 붕어(물고기)와 얘기하는 기분이다. 동공이 전혀 움직이지 않아 새까만 구슬을 보고 이야기하는 것 같아 연기에 집중이 되지 않는다. 상대의 눈빛을 읽을 수 없어 교감하기 힘들었다."라고 토로한 바 있다. 서클렌즈는 자신의 연기뿐 아니라 상대의 연기마저 방해하는 악(惡)적 존재다.

'눈(目)은 마음(心)의 창(窓)'이라는 말이 있다.
마음과 육체의 상태, 선악과 희로애락 · 육체의 탈진 · 고통 · 아픔 · 좌절, 이 모든 것은 눈을 통해 드러난다. 마음은 속여도, 눈은 속일 수 없는 것이다. 배우는 나 자신을 숨긴 채 캐릭터의 영(靈, spirit)으로 연기한다. 감독은 배우의 얼굴을 향해 클로즈업 샷을 들이댄 정확한 이유를 가지고 있다. 배우는 몸과 마음의 창인 '눈(eyes)을 통해' 심신(心身)의 상태를 드러내야 한다. 감독이 끌어내고자 한 클로즈업 연기의 정점을 '동공(瞳孔)'에 찍어(stamp)야만 한다.

영화 〈레버넌트 *The Revenant*〉를 통해 '디카프리오'의 또 한 번의 명연기를 뽑아낸 '알레한드로 곤살레스 이나리뚜(Alejandro González Iñárritu 스페인어 발음)' 감독은, 아카데미와 칸 영화제에서 감독상을 받은 그의 명성답게 배우들의 동선 연출과 카메라 이동의 천재성을 지닌 예술가다. 그는 영화인들에게 교범 같은 샷들을 선보인 독보적 존재다.

특히 아카데미 4개 부문을 석권한 〈버드맨 *Birdman*〉은 그의 뛰어난 각본과 탁월한 연출력의 정수(精髓)를 자랑한다. 전편의 영화가 마치 '원 테이크(one take)'처럼 하나로 연결된 숨 막히는 이동 샷과 철저하게 훈련된 배우들의 치밀하고 노련한 연기는 '액팅 트라이앵글(Acting Triangle)'의 극치를 보여주는 경이로움 그 자체다.

[자료 42]

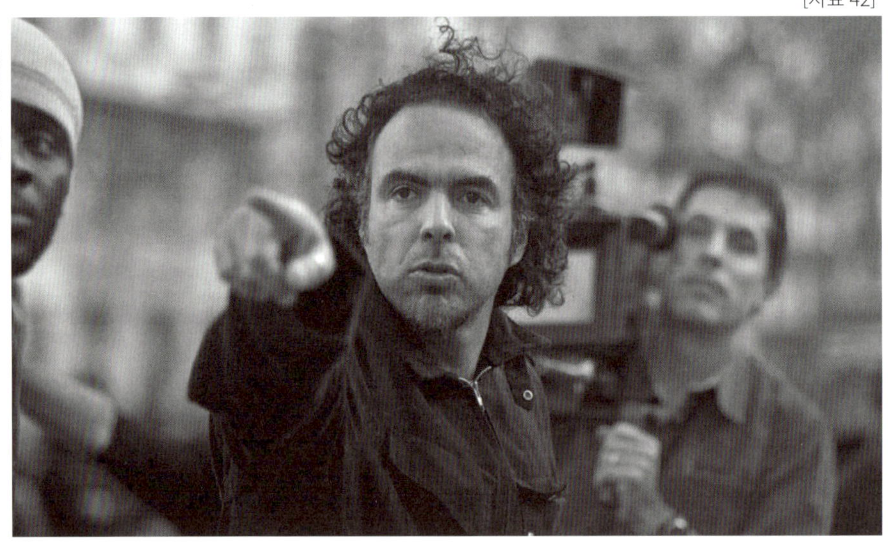

넷플릭스 제공

[영화 〈레버넌트〉, 〈버드맨〉, 〈바르도〉를 연출한 '알레한드로 곤살레스 이나리뚜' 감독]

슈팅과 액팅
(Shooting & Acting)

감독과 배우의 관계

배우에게 있어 감독은 가장 큰 조력자이며, 카메라 앞에 선 당신의 연기를 최대치로 끌어올려 줄 최적의 코치임이 분명하다. 이 말을 부정할 배우는 아무도 없을 것이다.

촬영 현장에서 감독이 가장 기대감을 품고 작업에 임하는 상대가 바로 배우다. 전 스태프가 배우를 찍기 위해 모였다고 해도 지나친 말이 아니다. 감독은 촬영 현장 카메라 앞에서 배우의 연기에 작품의 성패 여부를 걸고 있으며, 카메라가 돌아가는 순간 전적으로 배우를 신뢰하며 모든 것을 의탁하게 된다.

반면 배우 역시 감독을 신뢰해야 하며, '디렉팅(directing)'의 절대적 의존이 필요한 관계다. 그러나 이 의존은 내 능력 부족을 채우기 위함이 아닌, 서로를 살리는 상생(相生)의 협업 관계이다. 달리 말하면 공생(共生)의 관계라 해도 틀린 말이 아니다. 서로의 박자가 어긋나고 뒤틀리면 연기와 연출 두 축이 동시에 무너지며 드라마는 산으로 가게 된다.

감독은 배우의 캐릭터 창조를 위해 함께 고민하며, 목적지를 향해 인도해 달리는 '페이스 메이커(pace maker)'다.

배우 '도널드 서덜랜드(Donald Sutherland)'는 'LA 타임스'와의 인터뷰에서 "역할 창조에 있어 감독과 배우의 관계는 성(性)적인 관계와도 같다. 나는 감독의 애첩이나 다름없다."라고 말했다.

어떤 표현이 되었건 감독과 배우는 신뢰가 우선되어야 하며, 드라마의 목적지를 향해 달려가는 운명 공동체다.

리허설과 디렉팅에 따른 연기

감독의 '디렉팅(directing)'은 크게 두 가지로 나눌 수 있다.

'콘티뉴이티'인 '샷 리스트(shot list)'나 '스토리보드(storyboard)'의 그림대로 찍는 방식과 현장 리허설을 통해 배우들의 동선 및 공간적 상황에 따라, 카메라의 위치와 이동, 화면 사이즈를 정하는 경우다.

배우 입장에선 후자가 훨씬 더 자유분방한 연기를 펼칠 수 있다.

'누리 빌게 제일란(Nuri Bilge Ceylan)' 감독이나 '오우삼(吳宇森)' 감독, 그리고 한국의 '이준익' 감독도 사전 콘티뉴이티를 사용하지 않는다.

'이준익(1959년생)' 감독은 한 인터뷰에서 "콘티는 나에게 항상 발목을 잡는 부정확한 설계도 같은 것이다. 난 촬영 현장에서 영화를 찍는 순간 가장 정확한 그림이 그려진다. 사전에 콘티를 그려 계획을 짜놓으면 그것에 얽매이게 되는데, 막상 현장에서 판단하는 것보다 정확하지 않을 때가 많다."라고 밝힌 바 있다.

또한 중국의 '오우삼(1946년생)' 감독은 "제작사와 투자사를 안심시키기 위해 스토리보드를 만들기도 했지만, 한 번도 사용해 본 적은 없다. 나는 촬영 현장에서 창조하는 것을 좋아한다."라고 말했다.

그는 늘 배우들에게 먼저 스스로 리허설하게 한다. 배우들은 카메라의 위치를 생각하지 않고 자신들이 처한 상황에만 집중한다. 감독은 이때 자기 아이디어를 더해주며 카메라 위치와 샷을 정하게 된다. 이러한 순서는 자유롭고, 억압되지 않은 환경 속에서 배우들의 최상의 연기를 끌어낼 수 있기 때문이다.

튀르키예의 '누리 빌게 제일란' 감독 역시, 배우들과의 현장 리허설을 통해 카메라 위치와 이동 여부를 결정한다. 이때 배우들은 스스로 가장 좋은 동선을 찾게 되고, 가식 없는 원초적 연기를 끌어내는 그만의 오랜 비결이기도 하다.

반면 사전 콘티뉴이티에 의한 디렉팅은 스토리보드의 틀 안에 배우의 연기를 맞춰야 하는 억압적 요소가 자리하고 있다. 이 때문에, 카메라에 자신을 가둬야 하는 통제와 절제의 연기가 필요하다. 자칫 배우들의 창의적 연기를 저해하는 걸림돌이 될 수도 있다.

그러나 어느 쪽이 좋은 방법이라 단정 짓긴 힘들다.

두 가지 다 장단점이 있기 때문이다.

'누리 빌게 제일란' 감독의 현장 리허설 영상
〈윈터 슬립〉 칸 영화제 황금종려 수상작

배우 입장에선 어느 방식이 되었건 감독의 디렉팅을 우선적으로 존중해 시도하는 게 좋다. 그러나 자신에게 어색함이 느껴질 경우, 주저 없이 불편한 문제점을 얘기해 콘티상의 그림과 실제 연기의 괴리감을 좁혀 최선의 합의점을 찾아야만 한다. 만약 감독의 디렉팅이라고 해서 자신에게 맞지 않는 옷을 억지로 입는 것은 바보 같은 행위이며, 결코 좋은 연기를 뽑아낼 수 없다.

배우는 대사와 지문을 수행하기 위해 고정화된 관념적 틀 속에 빠져서는 안 된다. 상황의 원초적 연기를 끌어내기 위해서는 콘티뉴이티에 정해진 카메라 위치와 샷 사이즈에 얽매이지 않고, 시나리오가 요구한 상황의 본질에 충실한 연기 리허설을 우선시해야 한다.

상황의 본질에 이입된 후, 이제 다시 콘티뉴이티의 샷에 연기를 대입시키는 것이다. 리허설은 대부분 서너 번 이상 진행되기 때문에 얼마든지 이 방식은 겉으로 드러내지 않고서도 가능하다.

미국의 '코언 형제(Joel Daniel Coen & Ethan Jesse Coen)' 감독은 한 인터뷰에서 "최고의 배우는 자신의 연기 아이디어를 가져온다."라고 했다. 또 이들은 "훌륭한 배우는 감독의 생각을 그저 흉내 내는 것이 아니라 확장(expansion) 시킨다. 이는 감독 한 사람의 머리로는 상상할 수 없는 그들만의 무엇을 창조해 내는 것이다."라고 말한 바 있다.

'코언 형제'의 말처럼 노력파 배우들은 현장에 도착하면 감독에게 미리 아이디어 상자를 꺼내놓는다. 감독 역시 자신이 미처 생각지 못한 지점이 있다면 적극적으로 수용하게 되고, 사전 콘티뉴이티는 즉석에서 바뀌게 된다. 이 과정 중 본인의 대사가 늘어나기도 하고 줄어들기도 한다. 그러나 배우는 대사의 길이에 연연할 필요가 없다. 배우의 연기는 대사가 아니더라도 얼마든지 자신의 존재감을 드러낼 부분이 있기 때문이다.

또한 아이디어의 창구는 기성과 신인 할 것 없이 누구에게나 열려 있으며 감독은 듣길 원한다. 작은 아이디어라고 해서 주저할 필요는 없다. 차용 여부는 감독이 결정한다.

감독의 디렉팅은 '리허설(rehearsal)'로부터 시작된다.

리허설은 배우와 감독을 비롯한 카메라를 포함한 스태프와 연기자 간의 '사전약속(事前約束)'이다. 단순한 연기 연습이 아니다. 서로 간의 톱니를 맞춰보며 점검하는 긴장의 순간이며, 캐릭터 설정이나 신 내에서 연기자 간의 상호 아이디어를 공유하고 조율할 수 있는 마지막 기회다. 또한 감독의 신경이 가장 예민하고 날카로워질 수 있는 시간이기도 하다. 배우와 스태프 모두를 동시에 홀로 지휘해야 하는 순간이기에, 말귀를 알아듣지 못하거나 감독의 일거수일투족에 집중하지 않는 배우와 스태프에게 짜증 섞인 말투나 눈총을 줄 수도 있다. 보조출연자를 제외하더라도 평균 7, 80여 명의 스태프와 배우를 통솔해야 하는 감독의 어깨는 결코 가볍지 않다.

리허설을 잘한다는 것은 감독의 말에 귀를 쫑긋 세워 하나하나 놓침 없이 새겨듣는 것이다. 휴대폰을 만지거나 동료와 잡담하다 놓친 부분을 다시 묻는 실수를 범하지 말아야 한다. 만약 사람들 앞에서 감독의 지적을 받아 자신의 체면이 구겨졌다고 해서 주눅이 들거나 상처받아서도 안 된다.

촬영 현장은 총성 없는 전쟁터다. 총사령관인 감독이 전체를 이끌어가기 위해 가차 없는 냉철한 비판과 수정을 요구하는 것은 당연한 일이다. 그러나 개인적 감정은 들어있지 않다.

촬영 현장은 수많은 보조출연자와 배우 및 스태프의 병사들이 뒤섞인 연합부대이며, 거액의 제작비가 투입된 전쟁터임이 분명하다. 또한 조그마한 방심이 인명사고로 이어지는 불상사가 발생하기도 한다. 이러한 이유로 감독은 촬영 전과 달리 긴장의 고삐를 압박하고 조율하는 역할을 맡고 있는 것이다.

자신의 연기 때문에 N.G.가 났는데도 실실 웃으며 긴장하지 못한 채 또다시 실수를 반복하는 배우들이 있다. 이는 무책임·무감각의 행태로 촬영 전체에 악영향을 미치며, 자신으로 인해 촬영 지연과 제작비 추가 지출로 이어질 수 있다는 것을 명심해야 한다.

감독에 따라, 그리고 해당 신의 상황에 따라 다르겠지만, 액션 장면이 아닌 일상적인 두세 사람 간의 대화나 등·퇴장의 경우 리허설에 많은 에너지를 쏟을 필요는 없다.

리허설은 대부분 연기자의 동선을 따라 카메라가 이동하며, 배우와 카메라 간의 호흡을 맞춰, '시작·중간·엔드 지점'들을 확인(確認)하고 약속(約束)하는 과정이다.

이후 '숏 테스트(shoot test)'라는 감독의 사인이 떨어질 때도, 실제 촬영에 쏟을 7, 80% 정도의 에너지만을 발산해 실전에 사용할 에너지를 비축하는 것이 좋다. 테스트에 실전과 같은 에너지를 과다하게 쏟다 보면 막상 본 촬영에서 제 실력을 발휘하지 못하는 경우가 발생할 수 있다. 가령 감정 연기가 필요한 눈물 신의 경우 '숏 테스트'에서 눈물을 쏟고 나면, 곧이어 진짜 카메라가 돌아가는 "레디 액션"에서 눈물이 말라 나오지 않을 수 있기 때문이다. 소리를 질러대는 장면도 마찬가지다.

말 그대로 본 촬영이 시작되기 전 마지막 테스트이기 때문에, 감독은 배우의 연기력을 보는 것이 아니라, '걷고 · 멈추고 · 돌아서는' 배우들의 약속된 동선의 지점과 '액팅 트라이앵글(Acting Triangle)'인 카메라와의 호흡을 최종 점검하는 것이다(할리우드의 경우 조명과 카메라 이동 등을 체크하는 리허설 전문 대역이 따로 있다. 실제 배우는 기술 테스트가 끝난 후 세트장에 등장한다).

그러나 감독 성향에 따라, 또는 시간적 촉박으로 인해 '숏 테스트' 시 배우 몰래 카메라를 돌리기도 한다. 오히려 긴장되지 않은 배우들의 자연스러운 연기가 포착되는 경우가 있기 때문이다. 과거와 같이 필름을 사용하지 않는 디지털 카메라의 경우 메모리 공간을 아낄 필요가 없기 때문에 더욱 그러하다.

감독은 대부분 캐스팅 단계와 달리 카메라 앞에 선 각각의 배우를, 마치 7, 80인조 오케스트라의 수많은 악기 중 하나와 같이 인식할 뿐이다. 감독에게 중요한 것은 서로 간의 앙상블(ensemble)이다. 아무리 뛰어난 세계적 스타가 출연한다 해도 연기자들 간의 조화가 이뤄지지 않는다면 빛 좋은 개살구에 불과한 것이다.

감독은 촬영 현장의 공간(空間)적 '이미지'를 중요시한다.

신의 장소인 공간에 따라 배우가 그 자리에 등장한 이유가 생겨나고, 카메라의 프레이밍 안에서 하나의 미장센(mise-en-scène)이 생겨나기 때문이다. 감독은 결국 영상으로 말하기 때문에 어떤 측면에선 배우도 하나의 소품처럼 공간 활용의 일부로 사용되며, 하나의 악기처럼 전체 화음(和音)의 '균형'과 '조화'를 맞추는 것에 목적이 있다.

일본의 '키타노 타케시(きたの たけし 일본어 발음)' 감독은, "나는 신마다 배우의 연기보다 이미지(image) 구성을 우선시한다."라고 말했다. 그는 더 나아가 "나는 배우들의 대사를 가능한 현장에서 준다. 배우가 대사를 미리 받게 되면 혼자 연습하며 머릿속으로 영화를 찍게 되고, 여러 가지를 상상하게 되는데, 막상 촬영장에 도착한 배우에게 지침을 주면 자신이 상상했던 것과 맞지 않아 불안해하는 경우가 있다."라고 했다.

반면 '타케시' 감독의 경우와 달리 스타급 배우 중, 신인 감독들의 요구를 무시한 채, 자신의 설정대로 자신의 영화를 찍는 배우들이 있다. 심지어 카메라의 위치나 사이즈까지 간섭하기도 한다. 마치 자신의 인기나 역할의 크기가 감독의 자리를 산 것으로 착각한 경우다.

오만하고 무례한 일부 배우들의 행태는 관객의 눈으론 무엇이 잘 못되었는지 구분할 수 없겠지만, 시나리오가 요구하는 의도나 감독이 그리려는 영화와는 거리가 멀어진 왜곡된 결과를 초래한다.

배우 겸 감독인 '멜 깁슨(Mel Gibson)'은 다음 날 찍을 신을 전날 리허설하기로 유명하다. 또 '로만 폴란스키(Roman Polanski)' 감독은, 기술 스태프가 합류하기 전, 연기자들만을 데리고 일주일 이상씩 리허설을 한다.

〈캣츠 *Cats*〉나 〈라라랜드 *La La Land*〉와 같은 뮤지컬 영화 역시, 한 신을 위해 몇 주간, '수십·수백 명'의 연기자가 함께 모여 춤과 노래 연습을 감행하기도 했다.

최근 저예산 독립영화들의 경우 제작비 절감을 위해 촬영 일정을 줄이고자, 시나리오 전체를 연극처럼 배우들과 상당 기간 경량 카메라를 이용해 리허설한 뒤 본 촬영에 들어가기도 한다.

이러한 과정은 현장에서 발생할 수 있는 문제점들을 미리 발견하고, 연기의 깊이감 또한 높일 수 있는 장점이 있다. 물론 배우들의 적극적인 협조 없이는 불가능한 일이다. 그러나 신인들에겐 이보다 더 좋은 기회는 없을 것이다. 현장에서 당황하는 것보다 사전에 충분한 리허설을 통해 자신감 있는 연기를 보여줄 수 있기 때문이다.

배우에게 있어 리허설은, 마치 마라톤 주자들이 시합 날 뛰게 될 코스를 자전거나 자동차로 미리 답사하는 과정과 유사하다.
리허설의 가장 큰 목적은, '카메라와 배우 간의 사전 호흡'을 맞추는 일이다.

모든 촬영 현장은, 작품마다·감독마다, 각기 다른 자기 방식과 변수를 가지고 수많은 사람이 집결된 운명 공동체의 전투장이다. 그러나 변하지 않는 공통점은, 배우는 어떤 상황 가운데에서도 내가 나를 관찰할 수 없는 피 관찰자이며, 나의 연기를 냉철히 비판하고 평가하며, 목적지를 향해 인도하는 프레임 밖의 관찰자인 감독의 의견을 적극적으로 수용하는 것만이, 나를 살리는 길이며, 작품이 살아나는 유일한 길이라는 사실이다.

감독의 '디렉팅'은 연기의 '방향제시(方向提示)·통제(統制)·수정(修訂)'의 3요소로 정의할 수 있다.

거울 앞에 서기 전엔 자기 모습을 볼 수 없지만, 감독의 '디렉팅'은 언제나 배우의 '전신 거울(a full-length mirror)'과 같다.

TV 녹화 리허설

영화에 비해 절대적 예산이 부족한 방송은 모든 과정에서 시간과의 싸움을 피할 수 없다. 특히 TV 드라마 리허설은 촌각을 다투는 급박한 상황 가운데 진행된다.

멀티 카메라를 잡게 될 카메라맨들은 배우들과 함께 각자 프린트된 콘티(conti) 대본을 손에 든 채, 감독과 '샷 리스트(shot list)'에 따른 화면 사이즈와 카메라 번호의 컷이 넘어가는 순서와 동선의 위치(camera blocking)만을 리허설한다(p.045의 [자료 6] 참조 바람).

영화의 경우 카메라와 함께 배우들의 연기를 리허설하게 되지만, 방송녹화 리허설은 멀티 카메라가 스튜디오 안에 들어와 있지도 않고, 대사를 생략한 채 연출자인 PD를 중심으로, '안방·마당·서재·사무실·가게' 등으로 나누어진 각각의 세트 위치로 이동해가며, 거의 감독의 원맨쇼에 가깝게 구두(口頭)로만 컷을 넘기는 전시 상황의 작전모의(作戰謀議)와 같은 리허설이 진행된다.

그도 그럴 것이, 리허설이 끝나면 연출자는 스튜디오를 떠나 '주조정실'인 '부조'로 자리를 이동한다. 부조에는 스튜디오 멀티 카메라와 연결된 각각의 모니터와 실시간 녹화편집 화면을 확인할 수 있는 모니터가 마련되어 있다. 연출자는 이곳에서 스튜디오 내에서 무선 이어폰을 착용한 FD에게 큐(cue) 사인을 내리게 되고, 녹화와 동시에 콘티에 약속된 카메라 넘버의 컷을 넘기게 된다.

이러한 방송 녹화는 연극배우는 물론이며, 카메라 연기를 해왔던 영화배우에게도 쉽게 적응하기 힘든 과정이다.

[자료 43]

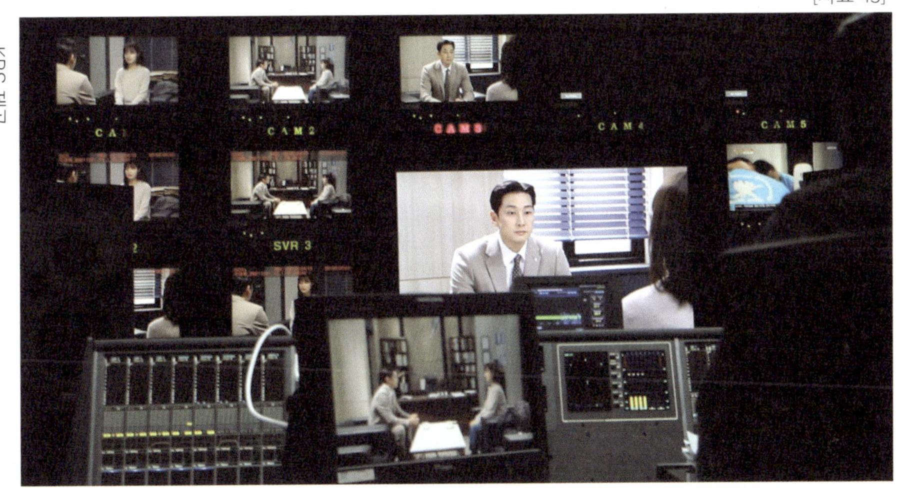

[스튜디오 1·2·3번 카메라와 연결된 부조 안 모니터들과 대형 녹화 모니터]

영화의 경우 모니터를 지켜보던 연출자는 N.G.나 돌발 상황이 발생할 시 즉시 카메라를 멈추며 곧바로 배우와 소통할 수 있다. 반면 방송 녹화는 N.G.나 감독의 주문 사항이 발생할 경우 FD에게 무선으로 내용을 전하거나, 스튜디오와 연결된 스피커를 열어 음성으로만 연출자의 뜻을 전하게 된다(방송 녹화장의 FD는 무대감독과 같은 녹화 진행자다. 이어폰을 통해 감독의 큐 사인을 전달하는 역할로, 녹화장에서 가장 큰소리로 소리치는 사람이기도 하다).

연출자와 배우가 어떤 문제점 앞에서 직접 눈을 마주치지 못한 채 스피커를 통해 소통한다는 것은 TV 녹화 방식만의 단점이기도 하다.

또한 한국의 경우 방송 녹화가 시간에 쫓길 수밖에 없는 가장 큰 이유는, 주말극이나 일일극 할 것 없이 스튜디오 배정이 주당 이틀에 국한되어 있기 때문이다. 하루 평균 30여 신을 녹화해야만 하는 과중한 양 때문에 리허설 시 배우들의 대사를 맞출 수 있는 여유가 없는 것이다. 이러한 방송 시스템은 신인들에게 매우 정신없는 긴장의 연속이기도 하다.

TV 녹화 리허설에서 가장 중요한 점은, 자신을 찍게 될 카메라 번호(number)와 컷(cut)이 넘어오는 지점들을 정확히 파악하는 것이다.

촬영 후 화면을 골라 편집하는 영화 현장의 멀티 카메라(메인 카메라와 B, C의 서브 카메라.) 시스템과 달리, TV 멀티 카메라 녹화는 배우가 카메라 넘버의 램프를 감지하는 제3의 센서를 가동해야 한다.

TV 연기자는 두 개의 연기 영역이 필요하다. 하나는 상대 배우들과의 연기에 집중하는 것이며, 또 다른 하나는 카메라의 숫자 램프와 보조 수신호를 감지하는 것이다.

TV 드라마 녹화 현장 동영상

카메라 램프를 감지하지 못할 경우, 자신에게 컷이 넘어오기 전 대사를 선행하는 실수나, 이미 컷이 넘어온 후 대사의 타이밍을 놓쳐 N.G.가 나게 된다.

이러한 이유 때문에 배우들은 N.G.를 줄이기 위해, 자신에게 컷이 넘어온 후 리액션과 같은 약간의 '뜸'을 들이며 여유 있게 대사를 뱉는 경향이 있다. 그러다 보니 대사와 대사 사이의 불필요한 간격의 틈(gap)이 생기게 되고, 이는 드라마의 템포를 쳐지게 하는 결과로 이어진다. 최근 드라마는 이 문제를 해결하기 위해 녹화 후 다시 재편집을 통해 불필요한 틈을 잘라내며 배우들 간의 연기 호흡을 타이트하게 조절한다.

이미지너리 라인

'이미지너리 라인(imaginary line)'이란, 촬영을 위해 마주한 인물과 인물 사이에 카메라가 넘을 수 없는 보이지 않는 '가상의 선'을 말한다('이미지너리 라인'은 이 책 중, 유일하게 촬영기법의 교과서적인 일반론을 설명한 부분이다).

촬영 경험이 많은 배우들은 잘 알고 있겠지만, 신인들을 위해 간단히 설명하고자 한다.

다음 [그림 10]과 같이 마주 본 두 배우를 기준으로 180도의 가상의 라인이 그어져 있는데, 카메라가 조금이라도 이 경계라인을 넘어서면 정상적인 편집이 불가능해진다.

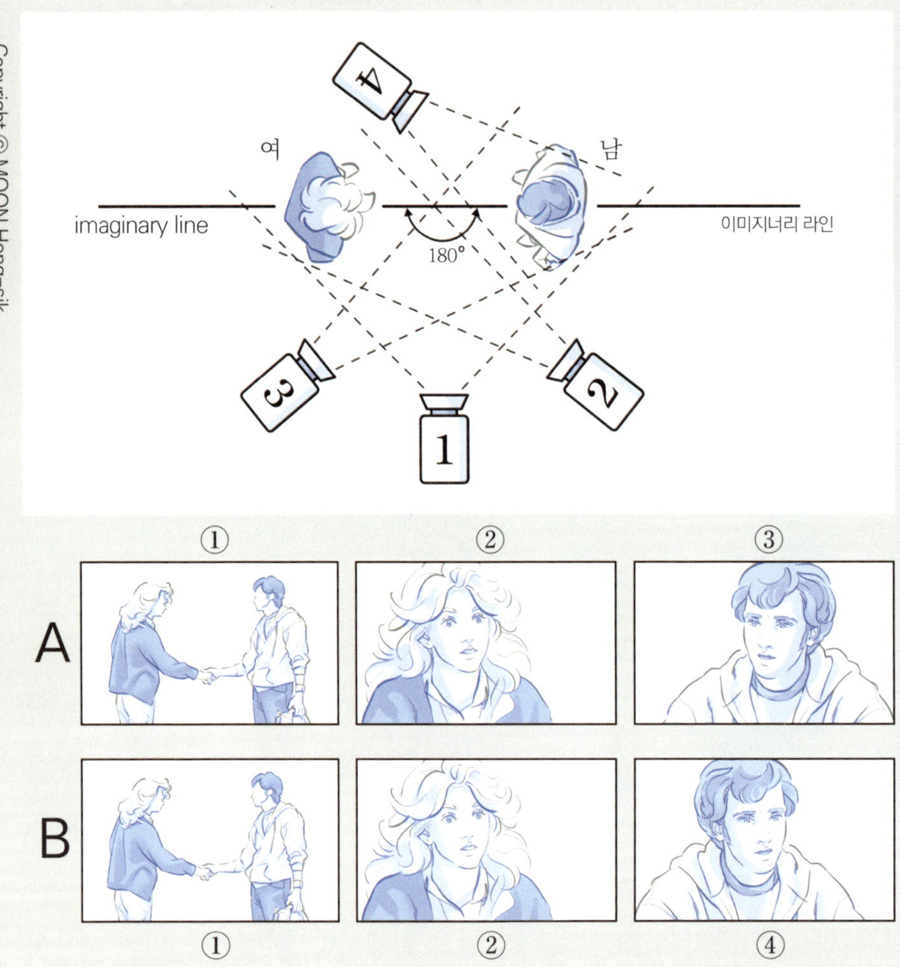

　‘이미지너리 라인’ 내에서 촬영된 A의 경우, ①번 ‘투 샷 미디엄 (2.S.M.)’ 다음으로 ② · ③번 컷의 여자와 남자가 타이트 버스트(T.B.S.)로 마주 보듯 자연스럽게 편집된다.

　반면 경계선을 넘어선 B의 ‘④번’ 카메라의 샷은, 남자가 ②번 여자와 같은 방향을 바라보는 컷이 되기 때문에 영화언어에 맞지 않는 편집 불가 화면이 된다.

　그런데 최근엔 이 경계라인을 자유롭게 넘나들며 촬영하는 영화들도 있다. 여러 인물이 등장하거나, 현란한 액션 장면, 또는 의도적으로 관객에게 혼란을 주기 위해 그동안 관객과 약속되었던 교과서적인 '이미지너리 라인'의 법칙을 무너트린 채 촬영하는 경우다.

　배우는 사실 이 법칙을 몰라도 감독이 정해준 위치에서 연기하면 된다. 하지만 배우는 최소한의 카메라 법칙과 편집화면을 생각하며 연기할 수 있어야 한다. 그래야만 카메라가 180도의 경계라인을 넘더라도 혼란을 겪지 않고 자신의 연기에 집중할 수 있다.

　'이미지너리 라인'의 대표적 모델은 TV 스튜디오의 멀티 카메라 녹화를 생각하면 된다. 스튜디오 카메라는 절대 세트 안으로 들어가지 않는다. 만약 카메라가 180도의 경계라인을 넘어 세트 안으로 들어갈 경우, 배우의 얼굴 방향이 뒤집히는 것은 물론이며, 세트 밖에서 촬영 중인 ① · ② · ③번의 멀티 카메라와 스태프들이 배경에 찍히게 된다(TV 멀티 카메라의 번호는 [그림 10]과 달리, 왼쪽에서부터 1 · 2 · 3번의 순서로 약속되어 있다).

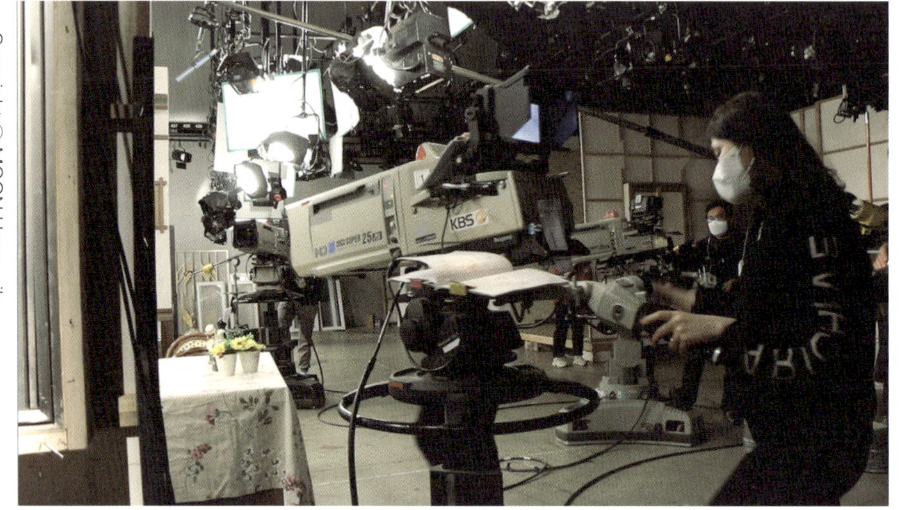

[180도 '이미지너리 라인'을 넘지 않은 TV 스튜디오의 멀티 카메라]
화면 앞 여성 촬영감독의 카메라가 1번이다

TV 드라마 녹화 현장 동영상

시선 처리

배우의 시선처리(視線處理)는 연기의 뇌관(雷管)에 해당한다. 어떠한 결단이나 감정이 들어갈 때 대사와 행동유발의 수단이 되며, 복선의 암시나, 특정 사건으로 치닫기 위한 도화선의 촉매가 되기도 한다. 또한 생각을 정리하는 마무리 연기로도 활용된다. 그러나 「클로즈업」 연기에서 얘기했던 '동공'의 연기와는 조금 결이 다른 부분이다.

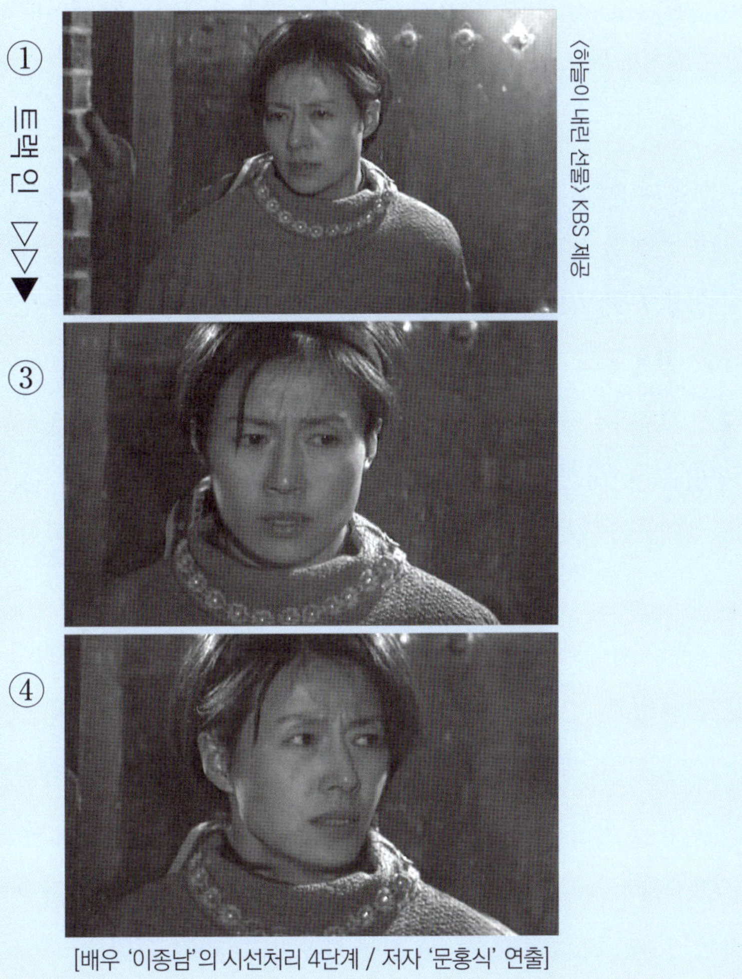

[배우 '이종남'의 시선처리 4단계 / 저자 '문홍식' 연출]

배우의 심리적 반응이나 결단의 순간을 잡아내기 위해 카메라가 얼굴을 향해 들어가는 경우가 많다. 이때 배우 중엔 자신이 처한 상황과 감정에만 집중할 뿐, 내면이 얼굴에 드러나지 않을 때가 있다. 배우는 자신이 처한 상황과 감정을 관객에게 시청각(視聽覺)적으로 전달해야만 하는 의무를 갖고 있다. 마음속에 아무리 큰 산을 품고 있다고 해도 겉으로 드러내지 못한 것은 연기가 아니다.

배우 '이종남(자료 45)'은 나에게 있어 KBS 탤런트 선배 연기자다.

내가 처음 방송드라마 PD를 할 때(만 31세) 가장 어려웠던 부분은, 얼마 전까지 후배 연기자였던 내가 선배들을 캐스팅해 연출하는 과정에서, 나를 감독으로 보지 않고 계속 후배 연기자로 취급하는 배우들이 있었다는 점이다. 나 역시 선배나 선생님급 배우들의 연기를 N.G.로 구분 지으며, 특히 시선 처리에 관한 추가적인 주문을 넣는 일이 쉽지만은 않았다. 선배 연기자일수록 이들의 마음속엔 "내가 너보다 연기 더 많이 해봤다. 연기는 내가 선수다."라는 교만과 함께 "시선을 이렇게 하나 저렇게 하나, 대세에 아무 지장이 없다."라며 오히려 내게 핀잔을 주는 연기자도 있었다.

그러나 「프레임 연기」에서 언급했듯, 프레임 안에 함몰된 배우와 프레임 밖의 관찰자인 감독의 눈, 척도(尺度)의 깊이는 분명 다른 것이다.

배우들이 명심해야 할 것은 감독의 나이(age)를 볼 것이 아니라, 관찰자인 감독의 연기 주문, 곧 청구서(bill)를 봐야 한다.

그런데 이런 척박했던 상황과 달리, 남편이 공중파 드라마 PD이기도 한 배우 '이종남'은 참으로 겸손하고 늘 새로운 연기에 도전하는 분이었다. 후배였던 나의 주문도 언제나 적극적으로 수용해 자신의 것으로 만들었던 배우다.

[자료 45]에 소개된 연기는, 카메라 이동과 함께 나의 주문대로 4단

계의 시선 변화를 준 결과다. 그러나 '이종남' 배우의 첫 연기는, 시선이 샷(shot)의 엔드(end)까지 같은 방향에 멈춘 채, 감정 연기에만 집중되어 있었다. 물론 흠 없는 연기였고 충분히 OK 컷으로도 사용할 수 있었지만, 나는 조금 더 욕심을 내 시선변화의 연기를 청구했다.

흔히 배우들은 카메라가 얼굴을 향해 사이즈를 좁혀 오면, 고개는 물론이며 시선마저 움직이지 못한 채 연기의 대역폭을 좁히는 경우가 있다. 이는 '감정 절제'와는 다른 문제다. 프레임 밖으로 얼굴이 벗어날까 봐 움츠러든 위축이다.

또한 배우가 생각하는 카메라의 이동 속도와 실제가 다르기 때문에, 줌 인(zoom in)의 경우 아직 렌즈가 엔드 지점에 도착하지 않았는데도 불구하고 감독의 "컷" 소리를 기다리며 연기를 미리 마무리하는 조급한 사례들이 발생한다.

'이종남' 배우 역시, 내가 이와 같은 시선 처리의 3·4단계 방향을 주문했을 때, 본인의 마음속엔 "그게 뭐 얼마나 연기에 영향을 줄까!" 하는 의문이 들었다고 했다. 그러나 감독의 말이니 밑져야 본전 심으로 해 보았는데, 막상 방송을 보니 "내가 과거에 해왔던 연기와는 다른 느낌이었다. 문 감독이 왜 그렇게 '시선변화의 단계'를 주문했는지 그 이유를 알 수 있었다."라고 했다.

방송사 공채 출신 중견 배우들은 모두가 연기의 달인들이기 때문에 감독의 지적을 받을 일이 거의 없다. 배우 '이종남' 또한 공채 탤런트로 활동하며 그동안 수많은 드라마에서 자신이 연습해간 대로 촬영했고, 아무도 자신의 연기를 지적한 사람이 없었다고 했다. 그런데 "문 감독이 내 연기를 지적해주니, 새롭게 재충전하는 것 같아 요즘 너무 즐겁다." 라는 고백을 했다.

배우는 내면의 심리를 얼굴의 그림(畵)으로 그려야만 한다.
그림으로 그리지 않은 화가의 생각(念)은 읽을 수 없다.

배우의 연기 역시, 관객이 볼 수 있는 도화지(圖畵紙)인 얼굴에 마음의 상태가 여과 없이 그려져야만 한다.

<일곱 빛깔 무지개> KBS 제공　　[자료 46]

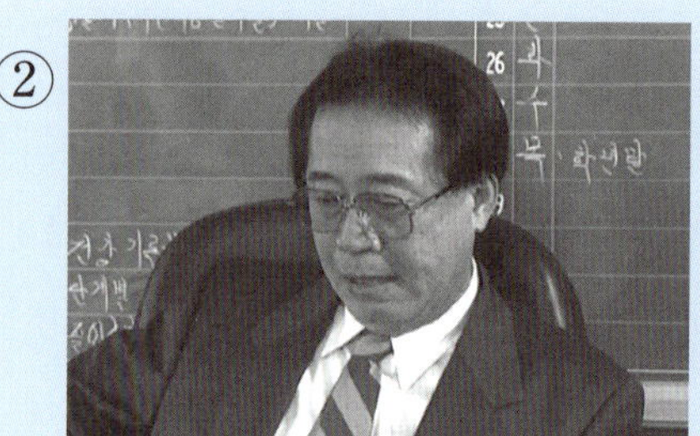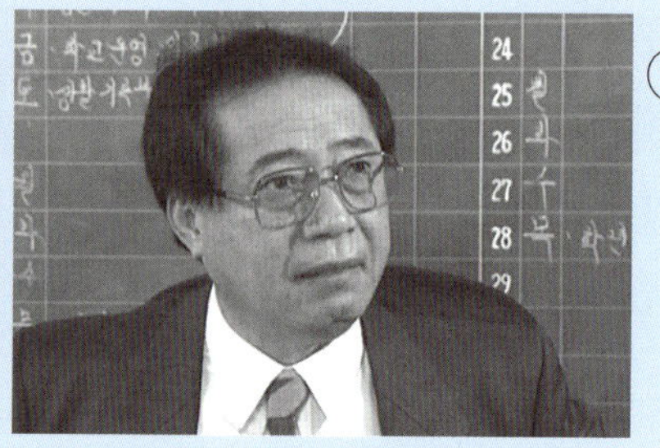

[배우 '변희봉'의 시선 처리 3단계 ▷▷▶ / 저자 '문홍식' 연출]

위 [자료 46]과 같이 샷의 사이즈가 좁혀오는 상황이나 정지된 샷에서, 만약 시선을 어느 한 곳에 멈추면 연기는 매우 단조로워질 수밖에 없다. 카메라는 배우를 향한 일방통행의 직진밖에 선택의 여지가 없기 때문이다. 반면, 고개와 시선의 방향을 의도적으로, 배우 '변희봉'의 ②·③번과 같이 두세 단계로 변화를 주게 되면, 화면의 단조로움이 사

라짐과 동시에 연기의 깊이감마저 더해지는 일석이조(一石二鳥)의 효과
를 가져오게 된다.

고개와 시선 방향의 단계는 단순한 형식이나 절차가 아닌, 생각
(thought) · 고뇌(consideration) · 결심(decision)의 3단계로 세분화
시켜야 한다.

만약 4단계로 나눌 경우 '고뇌'와 '결심' 사이에 '갈등(conflict)'을
추가할 수 있다.

[그림 11]

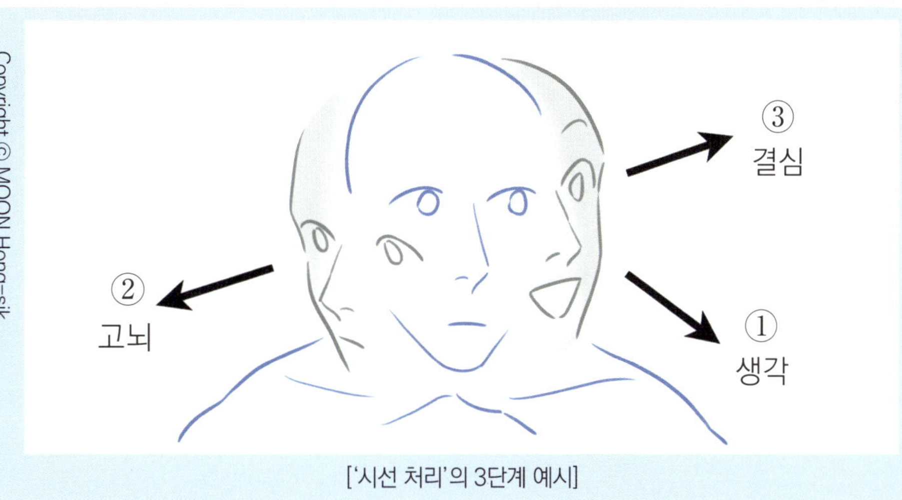

['시선 처리'의 3단계 예시]

[그림 11]의 예시는 하나의 가정이다. 생각① · 고뇌② · 결심③의 방
향은 신(scene)의 상황과 캐릭터의 감정, 카메라 움직임과의 관계에 따
라 자유롭고 임기응변(臨機應變)적인 변화를 줘야 한다.

이것이 관객을 향한 '시각적 연기의 그림'이다.

또한 나와 함께 연기하고 있는 카메라와 촬영감독의 '액팅 트라이앵글(Acting Triangle)'인 3박자의 합이, 서로 간의 톱니가 맞물리듯 맞아떨어지게 된다.

듣기와 리액션

배우들에게 있어 '실생활의 행동과 반응의 상기(想起)'는 가장 확실한 연기의 모델을 찾는 길이며, 자연스러운(natural) 연기를 끌어낼 수 있는 최고의 선생이다.

일상생활에서 누군가 말을 걸어오면, 듣고 난 후 대답이나 감정변화·행동의 반응이 나타난다. 연기 역시 상대에게 반응(反應)하기 위한 '듣기(listening)'가 우선되어야 하며, 이는 자신이 내뱉게 될 대사나 행동의 동기부여(動機附與)가 된다. 어떠한 자극이나 동기부여에 따라 반응을 나타내는 것이 곧 연기(演技)다.

배우 '모건 프리먼(Morgan Freeman)'은 "연기의 재능은, 듣는 재능에서부터 시작된다."라고 했다.

영화에 있어 배우들의 듣기는, 갈등 유발과 다음 상황으로 이어지는 드라마 진전의 촉매 역할을 한다.

영화나 연극의 대사는 이미 짜인 각본대로 암기해 연기하는 것임에도 불구하고, 실생활에서보다 듣기에 더 주안점을 둬야 한다. 듣기와 반응 연기가 약하거나 무너지면 다음 대사를 받아칠 추진력을 잃게 된다. 연기의 추진력을 잃는다는 것은 각각의 신과 드라마 전체의 긴장감(tension)을 떨어트리는 상호 불균형을 가져오게 된다.

배우 간의 말과 듣기는 「호흡」 편에서 말했던 '영적 호흡'이라 할 수 있다. 나를 비운 자기 육체에 캐릭터의 영혼(靈魂)을 불어넣어 연기하기 때문에, 역할 간의 '영적 교감(spiritual communion)'이 이뤄져야 한다.

사람인변(亻)에 아닐 비(非)를 결합한, 광대 배(俳)를 쓴 '배우(俳優)'들 간의 대사와 반응은, 신령(神靈)한 영(spirit)적 '교감'과 '교류'의 불꽃들이 튀는 영혼의 무대가 되어야만 한다. 배우는 자신의 자아(自我)를 죽인 채, 캐릭터의 영(靈)으로 연기할 때만이 살아 있는 진정한 연기가 나오게 된다(여기에서 말한 배우들의 靈은 세상 여느 종교와도 무관한 것이며, 허구의 인물을 연기하는 배우들만의 '영적세계'를 말한다. '영적호흡'은 「호흡」 편인 157~158쪽을 참고 바람).

듣기(listening)와 리액션(reaction)은 서로 간의 '교감'과 '교류'를 통해서만이 반응(反應)을 일으키게 되어 있다.

만약 시나리오에 쓰인 대사의 순서대로 탁구공이 오가듯 기계적인 대화가 이어진다면, 배우 간의 교감은 물론이며, 관객과의 '교류(交流)'마저 이뤄지지 않는 일방적 행위에 불과하게 된다.

음악이나 미술·스포츠 등과 달리, 영화나 TV 드라마를 일반 관객과 시청자들이 전문 평론가 못지않게 평가할 수 있는 것은, 인간의 삶을 다룬 자신들의 이야기이며 이웃의 이야기이기 때문이다. 더 나아가 배우들의 연기를 예리하고 냉철하게 판단할 수 있는 것 역시, 인간의 화법(話法)과 '반응의 법칙'을 누구보다 자신들이 잘 알고 있기 때문이다. 연기에 필요한 모든 재료가 배우인 당신에게 이미 축적되어 있듯, 관객에게도 이와 같은 재료들이 축적되어 있기 때문이다. 이러한 이유로 배우의 연기는 누구에게나 만만한 평가의 대상이 되는 것이다.

연극에서는 화자(話者)와 듣는 배우를 관객이 동시에 볼 수 있지만, 영화나 TV에서는 대사의 길이와 무관하게 감독 의도에 따라 편집이 이뤄진다. 예를 들어 상대의 긴 대사를 듣는 장면에서 듣는 사람의 반응이 더 중요할 경우, 감독은 편집을 통해 대사를 듣고 있는 'B'의 얼굴에 화자인 'A'의 오디오를 덮어 'B'의 심리적 반응을 더욱 부각시키게 된다.

자기 대사가 거의 없을 때 연습할 게 없다고 방심할 것이 아니라, 반드시 상대역의 대사 속에 숨어 있는 의미들을 파악해 듣기와 반응 연기(reaction)를 더욱 깊이 있게 준비해야만 한다.

'리액션'은, 시선 처리의 (방향) 변화들과 호흡만으로도, 대사 못지않은 훌륭한 연기로 관객의 시선을 사로잡을 수 있다. 그러나 많은 배우는, 대사 연습에 비해 듣기와 리액션을 거의 준비하지 않은 채 현장에서 즉흥적인 연기를 시도하는 경우가 대부분이다.

'듣기'와 '리액션'은 절대 준비 없이 현장에서 즉흥적으로 대처할 수 있는 가벼운 연기가 결코 아니다.

　　역할의 비중은 주어진 대사의 개수로 구분할 수도 있겠지만, 연기력의 평가와 배우의 중량감은 '무언의 반응 샷 한 컷'이면 충분하다.

인물과 상황에 집중하라

시나리오 읽기에서부터 강조했지만, 연기란 '상황(狀況)'에 집중하면 '감정(感情)'이 유발되고, 그 감정은 '대사(臺詞)'와 '행동(行動)'으로 이어진다.

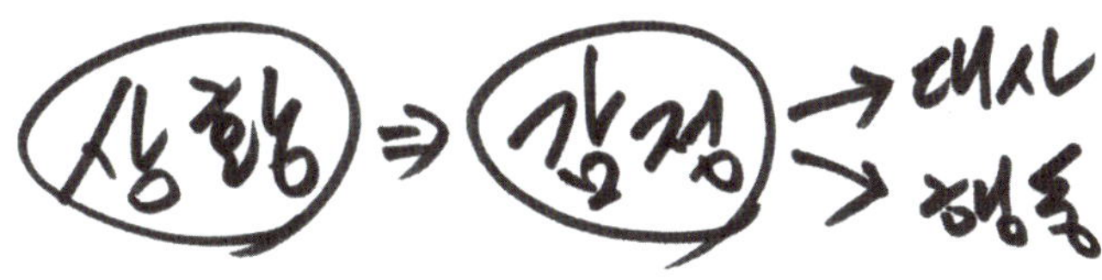

　　상황에 집중(集中)한다는 것은, 자신의 역할이 처한 '외부적 환경 요소(장소와 대립 관계)'와 '내부적 심리'에 집중하는 것이다.

[표 7]

상황	외부적 환경 요소	내부적 심리
A	낚시터에서 월척을 낚는 연인.	기쁨 · 행복 · 즐거움
B	경찰 취조실에 끌려온 남자.	불안 · 초조 · 절망 · 위기

[외부적 환경 요소와 내부적 심리 상태의 비교 예표]

시나리오의 각 신은 다양한 '장소'와 '인물 간의 대립 상황'을 통해 드라마의 기승전결(起承轉結)을 이끌어간다.

만약 드라마의 모든 장소를 세트나 소도구가 없는 텅 빈 단색의 스튜디오 내에서 찍는다고 가정해 보자. 아무리 뛰어난 명배우의 연기도 빛을 발하긴 힘들 것이며, 연기의 집중도 하락과 함께 관객의 시선마저 집중시키기에 쉽지 않을 것이다. 반면 장소가 명확히 구분된 로케이션 현장에서 촬영할 경우, 배우에게는 물론이며 관객의 집중도와 드라마의 사실성을 더하게 된다.

이런 측면에서 볼 때, 카메라 앞에 선 장소가 어디냐에 따라 배우의 등장 이유가 생겨난다. 낚시터에 등장한 사람(A)이나, 경찰 취조실 안에 등장한 사람(B)의 상황적 이유가 달라지는 것이다.

또한, 신의 해당 장소에 함께 등장한 인물과의 관계와 대립에 집중해야 한다. 인물 간의 관계는 내부적 심리를 끌어낸다.

시나리오를 분석할 때는 대사와 지문을 통해 전체와 부분을 이해하게 되지만, 연기는 대사와 지문만으로 감정이 만들어지는 것은 아니다. 내·외부적으로 직면한 상황(situation)과 전조(sign)에 의해 감정이 유발되며 대사와 행동으로 반응하는 것이다.

자신이 맡은 인물과 해당 신의 상황(狀況)에 집중(集中)한다는 것은, '메소드(method)'의 몰입(沒入) 연기와는 전혀 다른 것이다.

결론부터 말하자면 나는 '메소드 연기'는 이 시대 배우들에게 맞지 않는 박물관식 이론이라 생각한다. 특히 카메라 연기자에게는 더욱 그러하다. 메소드 연기는 공연장이나 촬영장 밖에서도 오직 그 인물로 몰입해 살아가야 한다는 치명적 결함이 있다. 가끔 배우 중 작품이 끝난 뒤에도 그 역할에서 벗어나지 못한 채, 대인기피증이나 극심한 우울감에 시달리다 스스로 목숨을 끊는 일들도 생겨났다.

1990년 메소드 연기로 〈배트맨 *Batman*〉에서 '조커' 역을 소화했던 '잭 니콜슨(Jack Nicholson)'은, 촬영이 끝난 후 약 2년간 떠돌이 생활을 하며 정신과 치료를 받아야만 했다. '니콜라스 케이지(Nicolas Cage)'도 데뷔 초기에 메소드 연기를 시도해 보았으나, 결국 "조현병 환자와 메소드 연기자는 종이 한 장 차이에 지나지 않는다."라고 토로했다.

'사람이 술을 먹다 보면, 술이 사람을 먹는다.'라는 말이 있다.

메소드 연기는 배우가 대사를 먹고 역할을 소화하는 것이 아니라, 대사와 역할이 배우를 먹어 삼키는 일들이 생겨난다. 역할이 배우를 잡아먹었으니 정신 분열을 일으킬 수밖에 없는 것이다.

메소드 연기를 완벽히 수행한 배우라면 작품이 끝난 뒤 최소 2, 3년의 세월이 지나야만 그 역할에서 벗어날 수 있다. 그전에는 다른 역할을 수행하기 힘들다. 전작의 캐릭터가 아직도 자신을 지배하고 있기 때문에 내 몸이 내 뜻대로 다스려지지 않는다. 메소드 연기를 했다고 알려진 배우에게 이러한 현상이 나타나지 않는다면 무늬만 메소드 연기였을 가능성이 높다. 만약 '조커'와 같은 역할을 맡았을 경우, 메소드 연기에 진짜 심취한 배우는 게임중독 환자와 같이 자신의 정체성이 혼미해진 채,

성격 장애로 인한 욕설과 살인·강간·자해·자살 등의 사고 위험성이나 폭력성을 드러내게 된다.

　메소드 연기의 긍정성이 분명 있지만, 연기는 말 그대로 진짜처럼 꾸며낸 연기(performance)일 뿐이다. '액팅(acting)'의 형용사는 '대행·대리'의 뜻을 가지고 있다. 배우는 시나리오의 대행자이며 관객을 대신해 연기하는 것이다.

　영화 〈엑스맨 *X-Men*〉 시리즈와 〈보헤미안 랩소디 *Bohemian Rhapsody*〉를 연출한 '브라이언 싱어(Bryan Singer)' 역시 "연기란 가정(假定, supposition) 상황에서 캐릭터의 삶을 진실하게 체험하는 행위에 지나지 않는다."라고 했다.

　공연과 촬영이 끝나면 배우도 일상의 삶 속으로 퇴근해야 한다. 그런데 연기의 퇴근이 없다면 배우라는 직업은 고통의 사슬에 묶인 징벌과도 같은 것이다. 역할을 맡은 살인자나 강도의 혈기가 나를 24시간 충동질하고 괴롭힌다면 견딜 수 있겠는가?

　2014년 '뤽 베송(Luc Besson 1959년생)' 감독의 영화 〈루시 *LUCY*〉에서 '스칼렛 요한슨(Scarlett Johansson)'과 공동 주연한 한국 배우 '최민식(1962년생)'은, 과거 〈악마를 보았다〉에서 광기에 사로잡힌 극악무도한 연쇄 살인마로 출연할 당시, "내가 지금 더 이상 연기에 몰입(immersion)하면 이제 촬영장이 아니라 구치소 철창에 갇혀야 한다."라고 말했다. 또한 엘리베이터에서 낯선 사람이 반말로 아는 체를 하면 "속에서 욕이 곧 튀어나올 듯 참을 수 없는 불쾌감을 느꼈다."라고 토로했다. 이처럼 촬영장 밖에서도, 맡은 살인마의 광기가 계속해서 그의 정신을 괴롭혔던 것이다.

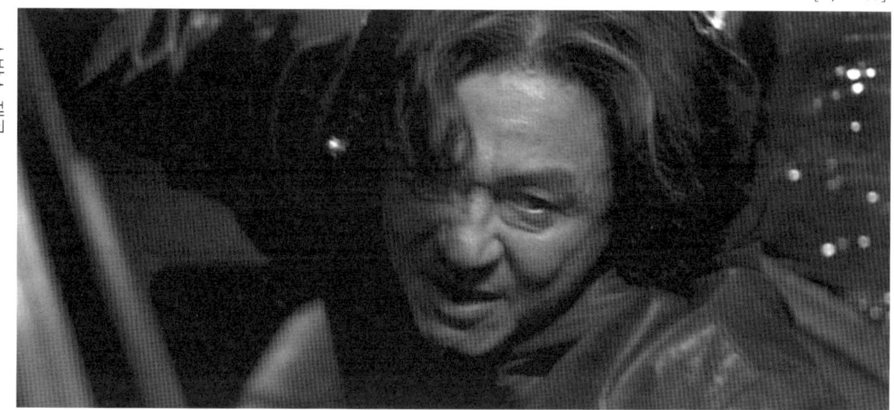

[2010년 한국 영화 〈악마를 보았다〉의 배우 '최민식' / 감독 '김지운']

한때 한국을 비롯해 여러 나라에서 메소드 연기를 모르거나 훈련받지 못한 사람은 정통 배우로 취급받지 못하던 시기가 있었다.

메소드 연기는, 100여 년 전 구소련 시대 '모스크바 예술극장'에서 사용하던 외향적 연기술에 '스타니슬랍스키(1863~1938년)'가 기존의 방식을 보완하며 자신이 정립한 연기술을 추가한 이론이다. 당시 메소드 연기는 미국 배우들과 연출자들에게도 많은 영향을 미쳤다. 이러한 이유로 아직도 일부 배우는 메소드 연기를 맹신하듯 추종하기도 한다.

'콘스탄틴 세르게예비치 스타니슬랍스키(Константин Сергеевич Станиславский)'는

연기론의 한 획을 그은 위대한 인물임은 틀림없다. 그러나 100여 년 전 연기술이 지금도 여전히 신무기(new weapon)로 존재할 수는 없다. 더 깊게 말하자면, '레닌(소련 공산국의 건국자)'과 '스탈린('레닌'의 뒤를 이른 독재자)' 시대 사회주의 이데올로기 체제에서 활동하던 러시아 연극배우들에게 적합한 연기술이었기 때문이다.

모든 나라의 문화예술은 자국의 풍토(風土) 위에서 성장하기 마련이다. 특히나 해당 국가의 언어(言語)를 사용하는 연극의 경우는 그 나라의 '정서'와 '시대상'이 반영될 수밖에 없는 것이다.

나는 메소드 연기를 폄하하는 것이 아니다. 아직도 메소드 연기가 정확히 무엇인지 모른 채 위축되어 있거나, 연기의 정통이나 진보적인 훈련 과정처럼 여기는 배우들과 연기 지망생들에게, 현실적 괴리감을 말하고자 할 뿐이다. 단, 연극과 새로운 연기술을 개발하기 위한 연구자들에겐 분명 필요한 부분이라 생각한다.

3D로 제작한 가상의(virtual) 인간이 TV 광고 모델로 등장하고 배우가 직접 하기 힘든 위험한 장면을 연기하는 시대에, 100여 년 전 사회주의 국가 연극배우들을 위해 정립한 연기술을 맹신하는 것은, 인간의 삶을 조명하는 배우의 존재적 가치와도 상충한다.

엔진이 필요 없는 태양열 전기 자동차가 등장한 시대에, 환경오염을 일으키는 가솔린이나 디젤 자동차를 여전히 최고의 명차라고 우기며 엔진 기술을 전수하는 것과 다를 바 없다.

만약 당신의 연기술이 100년 전 '메소드'에 정체된다면, 머지않아 버추얼 배우에게 당신의 자리를 내놓게 될 것이다.

로지(Rozy)

연기의 가장 좋은 모델과 훈련 방법은, 주변에서 발견할 수 있는 다양한 인물들의 '리얼리즘(realism)'을 살려내는 것이다. 또한 연기는 우주의 법칙과 자연과 인체의 순리(順理)와 같은 것으로, 순서를 역행한 결과를 가져올 수 없다. 지구는 자전과 공전에 의해 하루하루가 반복되며 달(月)과 해(年)가 바뀐다. 계절도 마찬가지이며, 인간의 생체리듬도 조물주가 만든 섭리(攝理)와 순리를 거스를 수 없다.

연기는 자신이 처한 환경과 인물 간의 대립과 갈등의 범주 안에서 '반응(反應)'하는 것이다.

배우는 자신이 직면한 내·외부의 '환경적 상황에 집중'하면 자연적으로 따라오는 것이 감정(感情)이다. 감정을 연기하기 위해 대사나 상황이 주어진 것이 아니다. 그러나 메소드 연기는 지나치게 감정에 치우치며 기억을 강조하다 보니 연기의 확장성보다는 내향적으로 위축될 위험이 크다. 배우는 감정을 연기하기 위한 존재가 되어선 안 된다. 배우는 상황의 전달자이다. 자신에게 주어진 희로애락(喜怒哀樂)의 상황에 집중할 때 감정과 대사와 행동이 인체 반응의 순리대로 이뤄지며, 관객에게 드라마의 진전 상황이 전달되는 것이다.

1938년 타계한 '스타니슬랍스키'는 자신의 저서 『배우수업』에 관해 임종 몇 해 전, 배우 '블라디미르 소콜로프(Владимир Соколов 러시아 발음)'에게 이와 같은 말을 전했다. "자네가 미국에 가서 연기에 관해 조언할 기회가 있거든, 내 이론은 잊어버리게. 이 책은 러시아 배우들에게 맞는 것이야. 문화와 풍토가 다른 미국에서는 전혀 맞지 않을 수 있네. 미국은 기후와 환경·언어·음식·모든 것이 우리와 달라. 미국은 배우들에게 자유(自由)가 보장된 나라야."라고 했다.

짧지 않은 페이지에 메소드 연기를 논했으나, 분리해 소개하지 않은 것은, 이 장의 메인 주제인 '상황의 집중'과 스타니슬랍스키의 '몰입'의 차이를 정확히 구분 지어 주고자 함이다.

'집중'과 '몰입'은 우리말 한자의 뜻이나 영단어의 뜻에서도 확연한 차이가 있다. '집중(集中)'의 명사 '칸선추레이션(concentration)'은 '정신 집중. *(노력이나 무엇을 한군데) 집중*'하는 것을 뜻하며, 동사 '칸선추레이트(concentrate)' 역시 *'(정신을) 집중하다 · 전념하다 · (한곳에) 모으다.'*의 뜻이다.

반면 '몰입(沒入)'의 명사 '이멀전(immersion)'은 *(액체 속에)* '담금 · 잠김 · 침수 · 몰두 · 몰입'의 뜻이 있으며, 동사 '이멀스(immerse)' 역시 '담그다. ~에 몰두하다. ~에게 침례를 베풀다'의 뜻을 포함하고 있다.

카메라 앞에서 신(scene)의 상황에 정신(精神, spirit)을 집중하는 것과 그 역할에 빠져 침수당하는 것은 차원이 다른 문제다. 메소드 배우들이 물에 수장되듯 깊이 몰입해 침수되는 것은 역할의 성공은 가져올 수 있으나, 배우 자신이 수장되어 죽는 결과를 초래할 수 있는 위험성을 유의해야 한다(몰입의 동사 immerse를 사용한 기독교의 '침례' 역시, 몸이 물에 수장되는 순간 '이전의 나는 죽

인물과 상황의 집중은, 신마다 프레이밍 내에서 자신의 캐릭터가 처한 눈앞의 현실에 집중하는 것이다. Ⅰ.**개관**부의 「집중력」과 시나리오 읽기 편 「긴장과 이완」에서도 강조했지만, 연기는 정신뿐 아니라 오감(五感)을 총동원해 집중해야만 한다.

카메라 연기는 한 땀 한 땀 공들인 샷(shot)들의 결정체다.
이 결정체는 하나의 신을 만들고, 드라마 전체를 완성하는 퍼즐 맞추기나 레고(Lego brick)의 조각 쌓기와도 같다.

긴 호흡이 필요한 연극과 달리, 카메라 연기는 순간적인 집중 에너지를 요한다. 시나리오 읽기 편 「감정 분할」에서 말했듯, 상황의 집중 또한 세포와 같은 세밀한 연기의 조각들이 결합해 캐릭터의 반응(反應)과 각 신의 '상황의 대변자(代辯者)'가 되는 것이다.

배우는 자신의 캐릭터가 처한 환경적 상황과 상대 역할들과의 관계(關係)에 집중해야 한다. 프레임 안에 보이는 것은 결국 역할 간의 '관계'와 '충돌'이다. 모든 배우가 각자의 캐릭터와 반응에 충실할 때 서로 간의 연기는 '화학반응(化學反應)'을 일으키며 새로운 불꽃들이 튀게 된다. 이것이 곧 대립(對立)이며 갈등(葛藤)으로 치닫는 불쏘시개 역할을 한다.

모든 드라마는 갈등의 연속이며, 갈등은 인물과 인물을 통해서만이 전개된다.

[표 8]

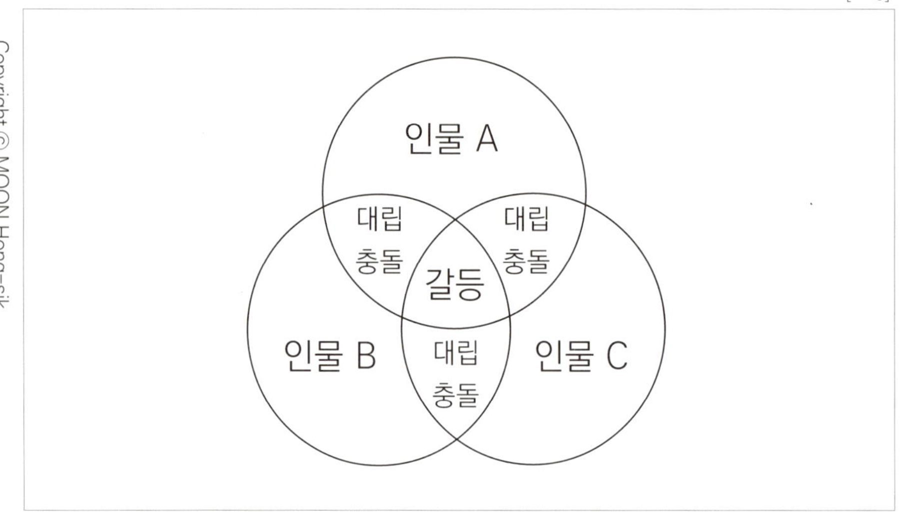

[인물 간의 '대립'과 '충돌'로 인한 '연기의 화학반응' 예표]

대립과 갈등은 4행정 디젤 엔진의 '흡입·압축·폭발·배기'의 원리와도 유사하다. 모든 이치는 각각의 단계가 있기 마련이며, 순리를 역행할 수 없듯, 연기 역시 '흡입·압축·폭발·배기'의 사이클 내에서 화학반응을 일으키게 된다.

유의할 점은 자신의 표면적 대사와 지문에 함몰되기보다, 신 내에 주어진 인물 간의 대립을 둘러싼 환경과 감정을 아우르는 내·외부적 상황(狀況)에 집중해야 한다.

공간적 장소에 따라 등장 이유가 생겨난다고 했듯, 해당 신이 요구한 드라마의 본질(本質)에 집중한 '등장인물 자체'가 되어야만 한다.

배우가 연기를 잘한다는 것은, 혼자 독보적인 개성을 드러낸 원맨쇼가 아니라, 드라마 전체와 하나로 융화(融和)되는 것을 말한다. 작품과의 궁합이 찰떡같이 맞아떨어지는 것이다.

배우는 절대 혼자 좋은 연기를 보여줄 수 없다. 좋은 연기는 서로가 하나의 상황(one situation)에 집중한 쌍방향의 앙상블이 이뤄질 때 각자가 빛나며, 신 전체가 살아나게 된다.

나를 살리기 위해 전체를 죽이는 것이 아니라, 전체를 살리기 위해 나를 조율(調律)하며 오직 신이 요구하는 인물과 상황에만 집중해야 한다.

이는 마치 피아노나 현악기의 줄을 조율하는 것과도 같다. 피아노 조율사는 88개의 규격 건반과 연결된 220~240여 개의 줄(제조사나 모델에 따른 차이)을 어느 특정 부분에 치우치지 않고 전체의 균형을 맞추게 된다. 물론 자주 사용되는 주연급에 해당한 메인 건반과 연결된 줄들이 있고, 조연과 단역에 해당하는 줄들이 있다. 그러나 이들의 레벨은 조율로 인해 평균값을 유지한다.

연기 역시 전체 균형(均衡)이 중요하며, 자신의 연기를 조율한다는 것은 고차원적인 수준 높은 경지에 해당한다. 절제(節制)와 통제(統制)가 수반되지 않으면 불가능한 일이다.

연기의 조율은, 자신의 역할 내에서 '호흡과 대사의 톤·감정의 기복·절제' 등의 개인적 측면과 상대 배우들과의 '공적 조율'로 구분할 수 있다. 이러한 조율의 행위가 곧 '인물과 상황의 집중'으로 연결된다.

그러나 배우들의 의지와 무관하게 연기의 집중력을 떨어트리는 환경적 요소가 자리한다. 대부분의 촬영 현장은 연극 공연과 달리 배우들의 시선을 빼앗는 프레임 밖 상황들이 어수선하기 마련이다. 여기저기 널려 있는 각종 장비와 부산하게 움직이는 스태프들의 발걸음과 프레임 밖에서 감독의 큐 사인을 기다리고 있는 동료나 보조출연자를 포함해 족히 3, 40여 명이 카메라 주변을 맴돌고 있다.

개관부 「통찰력」 편에서도 언급했듯, 촬영 현장은 배우를 찍기 위한 공간이지만, 배우 중심이라기보다 각종 장비 활용의 기술적 측면이 우선시 된다. 카메라 이동장비나 조명의 세팅 등이 해결되어야만 비로소 배우가 등장해 촬영을 시작할 수 있기 때문이다. 촬영 도중에도 배우는 늘 기술적 문제에 따라 언제나 연기의 제동이 걸릴 수 있다. 반복되는 제동은 연기의 집중력을 떨어트릴 수 있으나 배우는 심리적 변화에 동요되어서는 안 된다.

촬영 현장은 동서양 어느 곳에서든 거의 유사한 형태이기에 배우는 언제나 스태프들의 움직임을 존중하고 배려할 줄 알아야 한다. 드라마는 결국 스태프들의 보이지 않는 수고로 만들어지는 결과물이라 해도 과언이 아니다.

"위대한 항해사는 풍랑 가운데 진가를 드러낸다."라는 말처럼, 훌륭한 배우는 방해 요소를 탓하지 않고 드라마가 요구한 '인물과 상황'에만 온전히 집중한다.

인간의 삶을 표현하는 연기는, 곧 자기 성찰이자 수련의 과정이다.

생활 연기

배우들은 연기를 잘하고 싶어 한다. 이전 작품에서보다 더 멋진 연기를 보여주길 원한다. 직업 배우로서 당연한 욕심이다.

그렇다면 객관적 측면에서 "좋은 연기란 어떤 것일까?"

지금 이 순간, 자신에게 이 질문(質問)을 던진다면 그 해답을 찾을 수 있을 것이다. 만약 질문의 답이 떠오르지 않는다면, 잠시 책장을 덮고 생각해 보길 권한다.

배우는 창작자이기에, 연기의 주체자인 배우가 먼저 생각하고 연구할 때 책이나 강연을 통해 얻을 수 없는 진정한 깨달음을 얻게 된다.

"가장 위대한 스승은, 나에게 던진 질문(question)이다."

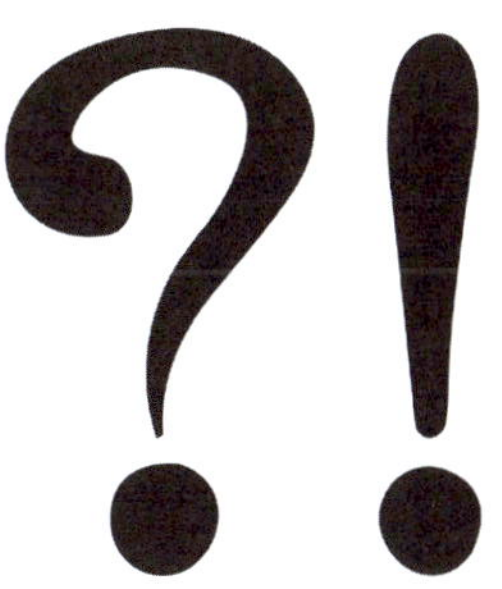

'아리스토텔레스(Aristoteles / BC 384~322년)'는 "가장 탁월한 인간은 은유(隱喩)하는 인간이다."라고 말했다. 은유(metaphor)하는 인간이란, 창의성을 발휘하는 주체적 인물이다. 남의 이론의 종속 자가 아닌, 내가 먼저 사고(思考)하는 창의적 기질이 우선된 사람이다.

시나리오 읽기 편「교정 Tip」에서도 말한 바 있지만, 나는 어떤 의문이나 풀리지 않는 일 앞에서 스스로 먼저 질문을 던진 후 다시 그 답을 찾기 위해 애쓴다. 이러한 과정은 창작자에게 새로운 아이디어나 매우 중요한 깨달음을 안겨주게 된다.

배우 역시, 시나리오 분석이나 캐릭터 창조의 과정에서 자신에게 먼저 질문을 던지고 생각하는 연구의 시간을 할애할 필요가 있다.

연기의 스승은 멀리 있지 않다. 어쩌면 가족이나 친구·동료를 비롯한, 자신이 활동하는 행동반경 안에서 발견할 수 있는 다양한 인물들이 곧 연기의 모델이며 스승이 된다.

일상 속 인물들에겐 가식 없는 진실 그대로의 날것의 모습을 발견할 수 있으며, 이는 생활연기(生活演技)의 가장 객관적 모델인 살아 있는 '실체(truth)'이기 때문이다.

가장 위대한 스승이 주변에 널려 있는데, 왜 사람들은 연기를 배우기 위해 돈을 투자하는지 나는 그 이유를 알 수 없다.

타 분야 예술과 달리, 나의 관심과 관찰력만 있다면 값없이 얼마든지 구하고 얻을 수 있는 것이 연기의 모델이며 스승이다.

시나리오 분석 「상상력 더하기」에서 말했던 배우 '추송웅' 선생처럼, 굳이 원숭이 우리를 찾아가지 않아도 연기의 최고의 선생이자 달인들이 주변에 있지 않은가?

감독들이 가장 싫어하는 배우는 '연기하려고 연기하는' 배우다.
다시 말해, 뭔가를 자꾸 보여주려고 설정하고 오버하는 연기다.

초등학생들의 학예회나 아마추어 연극의 경우, 거의 모두가 과장된 행동이나 투박한 대사로 드라마를 이끌어간다. 배우가 아닌 일반인의 관점에서 타인의 연기를 지켜보며, "잘한다. 자연스럽다."라고 평가했다면 그 기준은 무엇일까?
다름 아닌, 과장 없는 일상의 말투와 공감의 행동이 수반된 연기일 것이다.
기성 배우들의 카메라 연기는 물론이며, 연극 역시 과장을 뺀 자연스러움을 추구하고 있다. 반면, 과거 대극장 연극의 경우, 공명(共鳴, resonance)을 이용해 객석 끝까지 육성으로 대사를 전달하기 위해 극대화한 과장된 연기를 해야만 했다. 그러나 현재는 개인용 무선(wireless) 마이크를 착용하기 때문에, 대사 전달을 위해 더 이상 과장된 연기를 할 필요가 없다. 더 나아가 (영화관) 멀티플렉스의 지각변동과 더불어, 뮤지컬 등의 대형 공연을 제외한 드라마는 거의 소극장 무대를 통해 관객을 만난다. 소극장 공연은 굳이 대사 전달을 위해 소리치거나 애쓸 필요가 없다. 관객 역시 안방극장인 TV에 길들여 있다 보니 소극장 배우들의 연기는 TV만큼이나 섬세해졌다. 그도 그럴 것이 거실 소파에서 TV 모니터까지 평균 2.5m인 반면, 소극장 무대와 객석의 첫 줄이 거실의 TV보다 더 가까운 거리로 보편화되며 관객의 코앞에서 연기하게 된 것이다. 손에 잡힐 듯한 거리에 있는 배우와 관객 사이에서 더 이상 과장된 몸짓이나 연극적 대사는 필요치 않다.

연극·영화·TV에서 종횡무진하고 있는 노익장 국민 배우 '신구(1936년생)' 선생은, 최근 인공 심박동기를 시술한 채, 연극 〈라스트 세션 Last Session〉에서 정신분석학자 '프로이트(Sigmund Freud)'로 열연한 바 있다.

무대 전환이 없는 한정된 공간에서 배우 신구는, 코 앞에 마주한 관객을 향해 숨죽이는 극사실적인 생활 연기로 프로이트의 정신세계를 보여줬다. 그의 연기는, 언제나 가식 없는 생활 연기의 대표적 모델이다. 그는 자신이 뭔가를 보여주기 위해 애쓰거나 본인의 역할 부각을 위해 결코 필요 이상의 에너지를 과시하지 않는다. 오히려 힘을 뺀 절제함을 보여준다. 신구 선생의 평소 모습을 기억하는 사람이나 예능 프로그램에 출연한 장면을 떠올려 본다면, 그의 연기는 연극에서조차 옷(역할)만 바꿔 입었을 뿐 전혀 과장이 없는 '신구' 본인 그 자체와도 같다.

생활연기(生活演技)란 바로 이런 것이다. 동네 여느 할아버지같이, 여느 청년같이, 일상에서 발견할 수 있는 흔한 인물 중의 한 사람이 되는 것이다. 자신이 튀기 위해 애쓰지 말아야 한다. 그것은 경로를 이탈하는 행위이다. 낙엽이 시냇물을 타고 흘러가듯, 배우는 드라마의 상황(狀況)을 타고 순리대로 흘러가야 한다.

특히나 카메라와 붐(boom) 마이크를 통해 연기를 전달하는 영화배우나 TV 탤런트에게 과장은 절대적 금물이다.

이러한 이유로 과거 연극계 유명 배우들이 TV나 영화에 적응하지 못하고 다시 연극무대로 돌아간 적이 있다. 반면 유명 탤런트나 영화배우 중에서도 연극에 맥을 못 춘 채 후퇴한 예도 있다.

모두 매체(媒體, media)의 차이를 극복하지 못한 한계의 결과다.

배우는, 무대와 카메라 · 오디오의 메커니즘(mechanism)을 이해하고 실행하는 연기의 신체 조절력(調節力)이 수반되어야만 한다.

영화나 TV의 카메라 연기는 극히 생활(生活)적인 연기를 바탕으로 한다. 그중에서도 생활 연기의 대표적 예가 TV 드라마다.

TV는 애초 브라운관(Braun tube) 시대부터 대중의 일상을 공략하기 위한 가정용 미디어(media)에 맞춰진 기기다(1897년 독일의 물리학자 'K. F. 브라운'이 발명한 유리 진공관). 그러기에 드라마의 소재 자체에서부터 가장 일상적인 삶의 모습들을 그리고 있다.

4:3 TV에서 HD TV로 넘어가며 모니터의 크기는 갈수록 대형화되어 가고 있으며, 4K 드라마 제작이 가시화된 지 이미 오래다.

그러나 TV 드라마는, 영화에 비해 저예산의 제작환경 내에서 단기간에 찍어야 하는 열악한 특징을 가지고 있다. 이 때문에 세트나 화면 비주얼에 신경 쓰기보다, 인물 간의 대사 중심의 스토리 전개로 이루어진다. 이러한 이유로 영화에 비해 대사량이 많다 보니, 마치 라디오 드라마처럼 대사로 시작해 대사로 끝나는 특징이 일반적이다. 시트콤(situation comedy)은 더더욱 그러하다.

배우들 또한 영화 촬영에 비해 시간적 여유가 없으며, 신이 바뀔 때마다 즉시즉시 상황에 집중해야 하는 빠른 순발력이 요구된다.

특히나 TV 연기는 시간과의 싸움이다. 영화와 달리 방영 날짜가 정해진 탓에 시간 여유를 부릴 수 없으며, 이는 곧 시청자와의 약속을 지키기 위함이다.

그렇다면 배우의 연기는 어떤 차이를 가지고 있을까?

영화는 상황 전개를 장소와 그림 위주로 펼치는 반면, TV는 국한된 장소 내에서 대사 위주로 전개하다 보니 배우들의 얼굴과 얼굴로 연결되는 버스트(B.S.)나 타이트 버스트(T.B.S.)가 주요 샷이 된다.

스튜디오나 야외 신을 막론하고 얼굴과 얼굴이 마주하는 연기는 극도의 리얼리즘(realism)이 요구된다.

특히나 TV는 가정에서 시청하는 매체의 특성상 일상의 주제를 일상의 언어와 행동으로 전달하는 것이 가장 진솔하고 편한 연기다.

'연극·영화·TV' 중 연기의 '리얼리즘' 순위를 꼽으라고 한다면 단연코 TV 연기가 으뜸이다.

그러나 현재 TV 연기자들이 모두 리얼리즘의 섬세한 생활 연기를 잘하고 있다는 말은 아니다. 과거와 달리 종편 케이블 채널이 다양해지며 배우가 되는 길이 쉬워졌다. 문제는 이러한 현실 속에서 준비되지 않은 신인들이 스타를 꿈꾸며 다양한 경로를 통해 데뷔한다는 것이다. 종편 출범과 함께 공중파 공채 탤런트 선발이 폐지된 지 오래되었다.

요즘 젊은 배우들의 경우 상대역과 교감이 이뤄지지 않는 자기만의 일방적 연기에 도취한 모노톤을 발견할 수 있다.

연기의 깊이감도 없고 자신만 튀면 되는 개인주의 연기가 난무한 곳이 요즘의 TV 현장이다. 영화는 감독의 통제나 조율을 거치지만, TV는 시간 부족과 윗선의 로비를 통해 캐스팅된 경우가 많아 과거와 달리 연출자나 선배 연기자들이 신인들의 연기 지적을 할 수 없는 풍토다.

아무리 대선배가 현장에 있어도 주인공이 왕인 시대가 되어버렸다.

과거엔 연기자들끼리 현장 한쪽에서 대사를 맞춰보는 일들이 많았지만, 요즘 TV 현장은 매니저와 함께 차량이나 개인 대기실에 머물다 자신의 순서가 되면 카메라 앞에 나타나, 서로 간의 호흡을 맞추지 못한 미비한 상태에서 촬영이 진행되는 경우가 많다.

각자가 각개전투(各個戰鬪)를 하듯 개인적으로 준비한 일방통행적 연기를 '내가 질세라' 밀고 나가다 보니, '리얼리즘'은커녕 역할 간의 융화나 조율은 꿈같은 얘기가 되었다.

특히 공중파 일일드라마의 경우, 젊은 배우들의 연기는 물 위에 뜬 기름처럼 각자가 따로따로 분리되어 대사에 힘만 들어가 있을 뿐, 신(scene)과 드라마의 조화(ensemble)를 찾아볼 수 없는 지경이 되었다. 이는 연출자들에게도 책임이 있다. 아무리 시간이 급하다 해도 부조에서 컷(cut)을 넘기는 것보다 더 중요한 것은, 역할 간의 분리가 아닌 조화를 통해 홈드라마의 인간미(人間美)를 살려내는 것이다. 이는 일일 홈드라마의 생명이며, 단막극이나 영화와 다른 차별이자 안방극장의 존재적 핵심 가치다.

연기는 개인종목의 스포츠와 달리, 서로가 하나로 융화되어 빛을 발하는 (단체종목인) 쌍방향의 공동체 예술이다.

부품을 조립하듯 카메라 앞에서 급작스럽게 조립하는 연기는 서로를 죽이는 행위에 불과하다.

배우는 시나리오에 쓰인 인위적 대사(lines)를 생활어인 '일상의 말(everyday words)'이 되게 해야 한다.

배우에게 있어 말(대사)이 풀리지 않으면 나머지 모든 연기는 딱딱하게 굳어 있는 것이다. 반대로 배우의 대사가 풀렸다는 것은 신체의 모든 연기가 자유롭게 풀린 최상의 컨디션을 말한다.

시나리오 리딩 「호흡」 편에서도 말했지만, 운동선수나 서예가마저도 몸에 힘이 들어가면 경기 중 몸을 다치거나, 서예가는 글씨를 쓸 수 없고 제대로 된 사군자(梅蘭菊竹)를 칠 수 없다.

특히나 배우의 몸(身)은 연기를 표현하는 절대적 악기(樂器)이기 때문에 힘을 빼야만 섬세한 연기 연주가 가능하다.

생활 연기의 근간인 리얼리즘의 초극세사적인 디테일은 「호흡」 편에서 모든 것을 얘기했다고 해도 과언이 아니다.

누구나 카메라 앞에서 '연기다운 연기'를 하고 싶어 한다. 배우들이 생각하는 연기다운 연기란, '카리스마 넘치는 연기 · 절도 있고 맺고 끊음이 분명한 연기' 등을 예로 들 수 있다.

그러나 연기의 차원이 높아질수록 노련한 배우들은 연기하지 않는다. 반면 생짜 초보 연기자일수록 모든 연기에 힘이 들어가 있다. 멋지고 강하게 하려는 마음의 열심과 설익은 연기는 본인의 의지와 무관하게 참으로 어색할 뿐이며, 배우 간의 연기의 불균형을 가져온다. 이는 자신의 연기는 물론이며 상대의 연기를 힘들게 할 뿐만 아니라 드라마를 해치는 결과로 이어진다.

연기력이 약한 배우가 주·조연의 무리한 역할을 맡았을 때, 본인은 물론이며 드라마가 졸작으로 망하는 이유가 바로 이 때문이다.

배우에겐 연기가 전부나 마찬가지다. 그러나 연기의 욕심이 과해지면 자신은 물론이며 상대와의 균형마저 깨트리게 된다. 연기의 생명은 결국 절제(節制)와 균형(均衡)이다. 절제는 자신의 감정 조절과 상대와 연기의 보폭을 맞추는 것이다. 상대를 앞질러 일방적으로 뛰어 달리는 연기가 아니라, 서로의 페이스(pace)를 조절하며 뛰는 것이다.

배우는 언제나 프레이밍(framing) 내에서 상대 배우와 공존(共存) 관계이다.

「프레임 연기」에서 말했듯, 배우는 자신의 홈그라운드인 '프레임' 안에서 마음껏 연기할 수 있는 자유를 누려야 한다. 절제는 곧 통제다. 약속된 카메라의 화각인 프레이밍 내에서 배우는 구속이 아닌 자유로운 연기를 선보여야 한다.

'마틴 스코세이지(Martin Scorsese)' 감독은 '로랑 티라르(Laurent Tirard)' 감독과의 인터뷰에서 "배우는 자유로워야 한다. 나는 살아 있는 장면을 만들기 위해 배우들에게 가능한 자유를 주려고 한다."라고 말한 바 있다.

'마틴 스코세이지' 감독이 말한 배우의 자유 역시, 통제력을 잃은 제

멋대로의 방종이 아닌, 절제와 균형 안에서 누리는 것을 말한다.

사실주의 생활 연기는 우리의 일상이 카메라 앞에 옮겨진 상황이라 생각하면 이해하기 쉽다. 영화와 TV는 물론이며 연극에서까지 사실적 무대와 소도구를 사용한다.

리얼리즘 연기의 가장 중요한 환경적 요소는 세트와 소도구의 역할이다. 카메라 앞에서 진짜가 아닌 모형 휴대폰으로 통화를 하거나, 김이 피어오르지 않는 국수를 먹으며 뜨거운 척한다면 제아무리 뛰어난 연기력의 소유자라 할지라도 진실성(眞實性)은 살려내지 못할 것이다.

더 나아가 촬영 현장에서 세트나 소도구를 생략한다면 배우에겐 손발이 잘린 것만큼이나 힘든 일이 될 것이다.

2003년 개봉된 '니콜 키드먼(Nicole Kidman)' 주연의 〈도그빌 *Dogville*〉은, 대형 스튜디오 안에 마련된 무대 위에, 선으로 표시된 몇 채의 집과 최소한의 창문과 출입문만을 설치한 채 전편의 영화가 조명과 효과음의 변화만으로 신이 연결된다.

[자료 48]

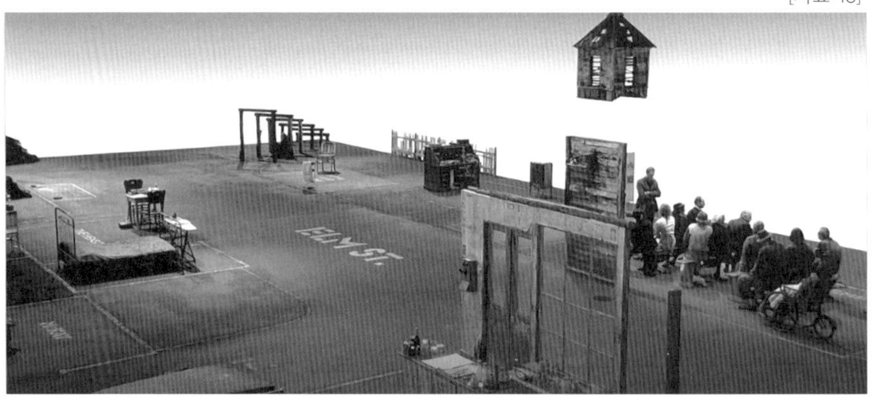

[영화 〈도그빌〉의 무대 / 감독 '라스 펀 트리아' 2003년 작]

배우들은 오픈된 평면 공간에서 연기하고, 관객은 연극무대를 찍은 화면을 보듯 감상하는 영화다. 〈도그빌〉을 연출한 '라스 펀 트리아(Lars Von Trier 덴마크어 발음)'는, 2000년 〈어둠 속의 댄서 *Dancer In The Dark*〉로 칸 영화제 황금종려상을 받은 덴마크의 거장 감독이다.

그러나 〈도그빌〉은, 배경과 세트를 생략한 세계적 공연 연출가 '피터 브룩(Peter Brook 1925~2022년 / 영국이 낳은 세계적인 공연 연출가이자 영화감독 겸 배우)'의 미니멀(minimal) 무대를 연상케 한 감독의 실험성과는 달리, 세트와 소도구가 거의 없는 공간에서 6주간 촬영해야 했던 배우들의 고충은 최악의 상황이었을 것이다.

당시 〈도그빌〉은 기독교 정신으로 위장한 1930년대 미국 사회의 부패한 단면을 연극화시킨 실험적 풍자로, 칸 영화제 황금종려상 후보에 올랐던 수작이다. 하지만 뛰어난 작품성이나 평단의 호평과는 달리 배우와 관객에겐 결코 편한 영화일 수는 없다. 리얼리즘 연기는 무대와 세트, 소도구의 환경적 요소와 함께 만들어지기 때문이다(배경과 세트 · 소도구가, 배우의 리얼리즘 연기와 관객에게 어떤 영향을 미치는지를 비유적으로 말한 것이지 〈도그빌〉의 실험성을 부정적으로 해석한 것이 아니니 오해 없길 바란다).

리얼리즘 연기를 추구하는 대표적 감독으론, 이란의 '압바스 키아로스타미(Abbas Kiarostami)'와 '바흐만 고바디(Bahman Ghobadi)', 중국의 '지아장커(賈樟柯, Jia Zhangke)'와 '디아오 이난(刁亦男, Diao Yinan)', 튀르키예의 '누리 빌게 제일란(Nuri Bilge Ceylan)', 러시아의 '안드레이 즈비아긴체프(Andrei Zvyagintsev)', 루마니아의 '크리스티안 문쥬(Cristian Mungiu)' 감독을 예로 들 수 있다.

그 외에도 많은 감독이 있지만, 위에 소개한 감독들의 작품은 배우들에게 연기의 새로운 시각을 열리게 할 것이다. 어쩌면 수많은 연기론을 읽거나 근본 원리를 모른 채 무작정 열심히 하는 것보다, 이들의 영화를 연구 분석한다면, 국경과 언어의 장벽을 뛰어넘어 세계 거장들이 연출한 리얼리즘 연기의 공통점은 무엇인지를 확실히 깨닫고 체득하는 기회가 될 것이다.

영화 〈마이클 클레이튼 *Michael Clayton*〉에서 '조지 클루니(George Clooney)'와 공동 주연을 맡기도 했던 '시드니 폴락(Sydney Pollack)' 감독은 촬영장에서 배우들에게 "연기하지 말라."고 한다. 또 그는 "감독도 연기 수업을 들어야 한다. 감독이 직접 연기할 기회가 있다면 더더욱 좋다."라고 말한 바 있다. '시드니 폴락'은 칸 영화제 심사위원장을 맡기도 했으며, 본인의 작품이 아닌 다른 감독의 영화에서도 배우로서 여러 차례 주·조연 역을 소화한 바 있다. 그의 연출철학은 '감독이 연기를 알아야만 배우에게 가식 없는 연기를 뽑아낼 수 있다.'라는 것이다.

[자료 49]

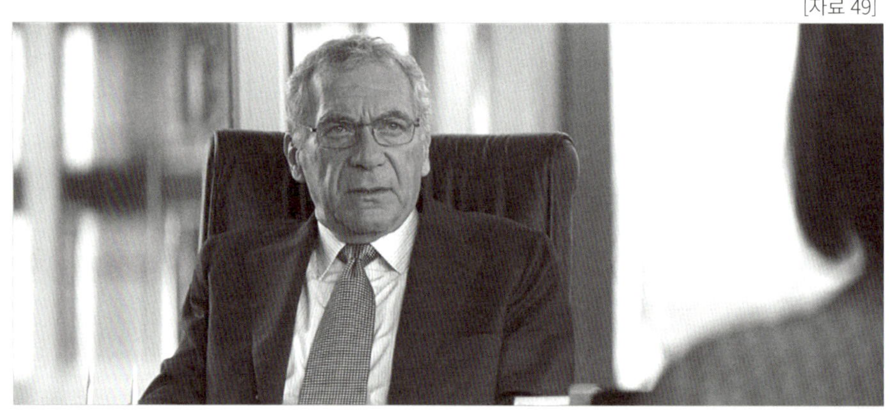

워너브라더스 제공

[영화 〈마이클 클레이튼〉의 주연을 맡은 '시드니 폴락' 감독]

데뷔작 〈붉은 수수밭 *Red Sorghum*〉으로 단번에 베를린 국제영화제 금곰상을 수상한 중국의 '장이머우(張藝謀)' 감독 역시, 감독 데뷔 전후로 여러 편의 주·조연을 맡은 바 있다. 그는 세 편의 촬영감독 후 배우로 데뷔했고, 다시 감독으로 데뷔한 특이한 이력을 가지고 있다.

연기를 겸하고 있는 '키타노 타케시(きたの たけし)'나 '누리 빌게 제일란(Nuri Bilge Ceylan)', '시드니 폴락(Sydney Pollack)', '우디 앨런(Woody Allen)', '쿠엔틴 타란티노(Quentin Tarantino)', '장이머우'를 비롯한 많은 겸업 감독들의 공통점은, 배우들의 연기를 끌어내는 남다른 섬세함과 '경험'을 통한 마법적 비결이 투영됨을 발견할 수 있다.

연기의 통제력이 약한 감독들은 충분히 검증된 배우들만을 캐스팅한다. 물론 상업적 이면이 계산된 캐스팅의 경우가 더 많다.

반면 '압바스 키아로스타미(Abbas Kiarostami)'나 '누리 빌게 제일란', '키타노 타케시' 등은 가능한 한 알려지지 않은 무명이나 비전문 배우들을 캐스팅한다. 투자사나 감독으로선 흥행적 부담과 모험이 뒤따르겠지만 연기의 사실성(realism)은 신인이나 비전문 배우들에게 오히려 기대할 수 있는 강점이 있기 때문이다.

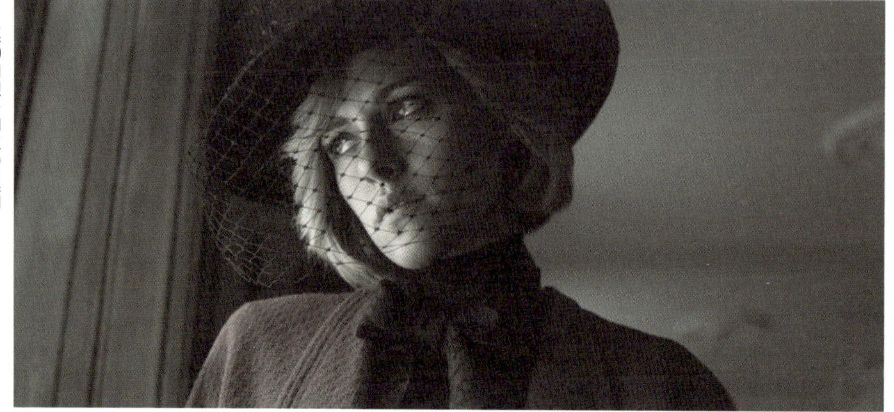
[영화 〈스펜서〉에서 '다이애나 스펜서' 역을 맡은 배우 '크리스틴 스튜어트']

그렇다면 실화를 배경으로 한 실존인물(實存人物)의 생활 연기는 어떻게 해야 할까?

혹자는 실존 인물의 역할은 그 사람의 알려진 특징을 살려내는 것이 관건이기 때문에 생활 연기는 어렵다고 말할지도 모른다. 그러나 실존 인물의 역할 또한 생활 연기의 근간은 같은 것이며, 해당 인물의 '영적인 정신세계'에 집중하는 차이가 있을 뿐이다.

2022년 개봉작 〈스펜서 *Spencer*〉에서 '다이애나 스펜서' 역을 소화한 배우 '크리스틴 스튜어트(Kristen Stewart)'는 언론과의 인터뷰에서, "난 그녀의 역할을 위해 '몸'과 '영혼'과 '머리'와 '마음'을 쏟아부어야만 했다. '다이애나 왕세자비'를 완벽하게 재현(再現)하는 건 불가능한 일이다. 다만 나와 다이애나가 결합(結合)한 하나의 인물을 탄생시킨 것뿐이다."라는 소감을 밝혔다.

실화를 배경으로 한 영화에서 배우는 실존 인물의 외모나 말투, 신체적 특징의 모방이 목적이 아니라, 그의 사상(思想)과 내면세계(內面世界)를 보여주어야 한다. 바로 그 내면이 곧 리얼리즘 연기를 요하는 것이다.

[자료 51]

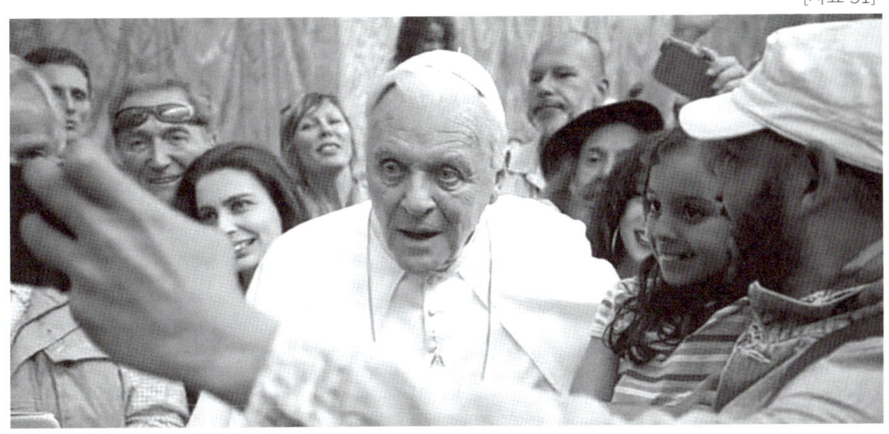

[영화 〈두 교황〉에서 '베네딕토 16세' 역할을 맡은 배우 '안소니 홉킨스']

100여 편의 영화에 출연한 영국이 낳은 세계적 명배우 '안소니 홉킨스(Anthony Hopkins)'는 '닉슨 대통령' 역과 '베네딕토 16세' 역의 실존 인물을 연기한 바 있다. 그러나 홉킨스 역시 자신이 맡은 실존 인물의 신체적 특징에 포커스를 맞추기보다, '닉슨'이나 '베네딕토 16세'의 정서적 측면을 깊이 있게 분석해 인물의 내면에 집중했다.

특히 〈두 교황 *The Two Popes*〉(2019년)에서 열연한 '안소니 홉킨스'의 연기는 나의 짧은 말로 감히 표현하기 힘들 정도다.

"그는 작중 인물인 베네딕토의 연륜과 종교적 가치관 앞에서 극사실적인 섬세한 내면 연기를 밀도 있게 보여줬다. 연기의 조급이나 가식을

전혀 찾아볼 수 없으며, 내공의 경지에 오른 리얼리즘 연기의 진수를
보여준다.”

‘홉킨스’의 경우와 같이 실존 인물의 연기 역시 캐릭터의 가식적 설정
이나 모방이 아닌, 정신(精神, spirit)을 통한 인물의 내면세계를 보여
주는 데 목적을 두어야 한다.

한마디 더 추가하자면, ‘안소니 홉킨스’는 2020년 작 〈더 파더 *The
Father*〉에서 또다시 경이로움을 금치 못할 최고의 리얼리즘 연기를
선사한다. 전혀 힘이 들어가 있지 않은 그의 일상의 생활 연기는, 리
얼리즘 연기의 살아 있는 전설이자 시대를 대표할만한 신화적 존재
임이 분명했다.
아직 ‘홉킨스’의 연기를 볼 수 있다는 것은 건강이 허락된 그의 개인
적 축복을 넘어, 인류를 향한 우리 모두의 축복이다.

또한 ‘홉킨스’의 딸로 출연한 영국 배우 ‘올리비아 콜맨(Olivia Colman)’ 역
시 ‘홉킨스’와 쌍벽을 이룰 만큼 훌륭한 명연기를 보여준다.
연극을 원작으로 한 영화는, 마치 아버지와 딸의 2인극과도 같이 거
의 두 사람의 연기 밖의 눈에 들어오지 않는다. 신예 ‘플로리안 젤러
(Florian Zeller)’ 감독의 데뷔작인 〈더 파더〉는, 여느 거장의 연출작 못지않은
수작이며 빼어난 리얼리즘 연기의 정수를 자랑한다.

연기 분석학적 측면에서 〈두 교황〉과 〈더 파더〉의 ‘안소니 홉킨스’와

'올리비아 콜맨'의 연기를 다시 한번 주목해 보길 바란다.

두 배우의 연기는 리얼리즘 생활 연기의 마침표를 찍어줄 것이다.

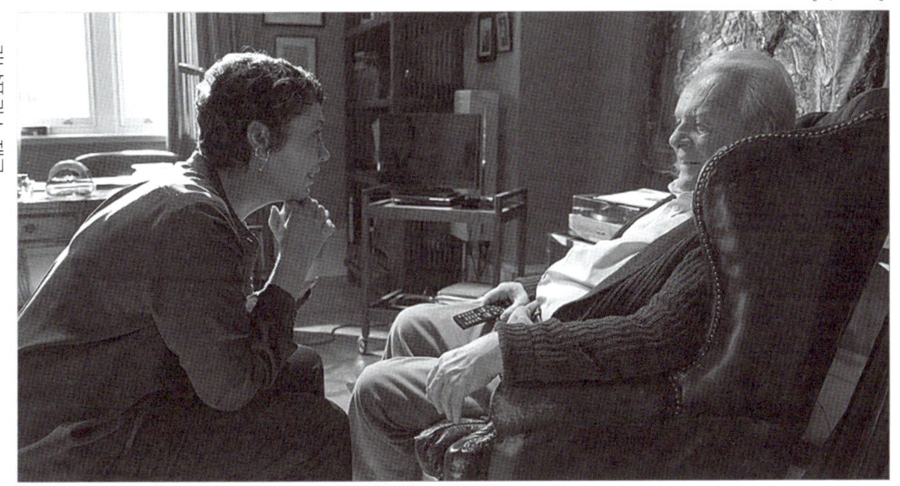

[영화 〈디 파더〉의 '올리비아 콜맨(좌)'과 '안소니 홉킨스(우)']

블루스크린 연기

과거와 달리 영화는 상상력을 더해가며 기술의 발전과 함께, '블루스크린'이나 '그린스크린'을 배경으로 한 크로마키(chroma-key) 촬영이 늘어나고 있다.

과거엔 막대한 예산의 세트로도 감당하기 힘들었던 장면들이 요즘은 CG의 한계를 뛰어넘은 VFX(visual effect)를 통해 진짜보다 더 진짜 같은 화면을 연출해 내는 시대가 되었다.

반면 크로마키 스튜디오에서 촬영하는 배우들로선 여간 어려운 문제가 아니다. 가까운 근거리에 있는 상대 배우나 사물을 바라보며 연기할 때는 별문제가 없겠지만, 원거리의 배경이나 쓰나미나 화산폭발의 잔해가 밀려오는 가상의 거리를 계산해 허공을 향해 연기해야 하는 배우들의 고충은 생각만큼 쉽지 않다.

배우는 사실감(reality)을 살려내기 위해 자신의 모든 상상력을 총동원해 연기해야만 한다. 존재하지 않는 미지의 세계의 인물이 되기도 하며, 자기 신체 사이즈를 화면상으로 줄이거나 늘리기도 한다. 때론 빈곳에 설정된 동물이나 로봇을 상대역으로 상상하며 연기할 때도 있다.

[자료 53]

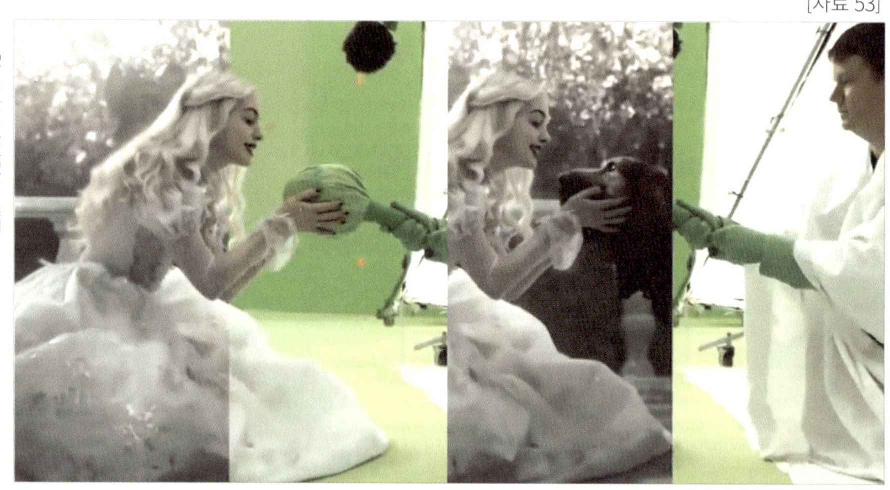

[영화 〈거울 나라의 앨리스〉의 크로마키 촬영본과 VFX 합성 본의 비교 컷]

[자료 53]은 영화 〈거울 나라의 앨리스 *Alice Through the Looking Glass*〉에서 '하얀 여왕' 역으로 출연한 배우 '앤 해서웨이(Anne Hathaway)'가 초록색의 천 뭉치로 만든 가상의 개를 어루만지며 연기한 장면이다.

배우는 이때 초록색의 천 뭉치인 개의 반응까지 계산해 서로 간의 다정한 교감(交感)을 나눠야 한다. 이와 같은 크로마키 연기는 무생물과의 호흡을 맞춰야 하는 어려움뿐 아니라, 대역 배우가 함께하기 때문에 연기의 집중도마저 떨어질 수 있다.

크로마키 촬영에서 가장 중요한 것은, 설정된 무형의 지점과의 '교감(interaction)'을 포함한 '시선의 거리감(a distance from eyes)'이다. 〈거울 나라의 앨리스〉와 같이, 크로마키 배경과 동일한 색깔의 모형을 든 대역 배우가 시선(視線)을 잡아주기도 하지만, 배우의 상상력만으로 시선의 거리를 맞춰야 하는 경우가 대부분이다.

[자료 54]

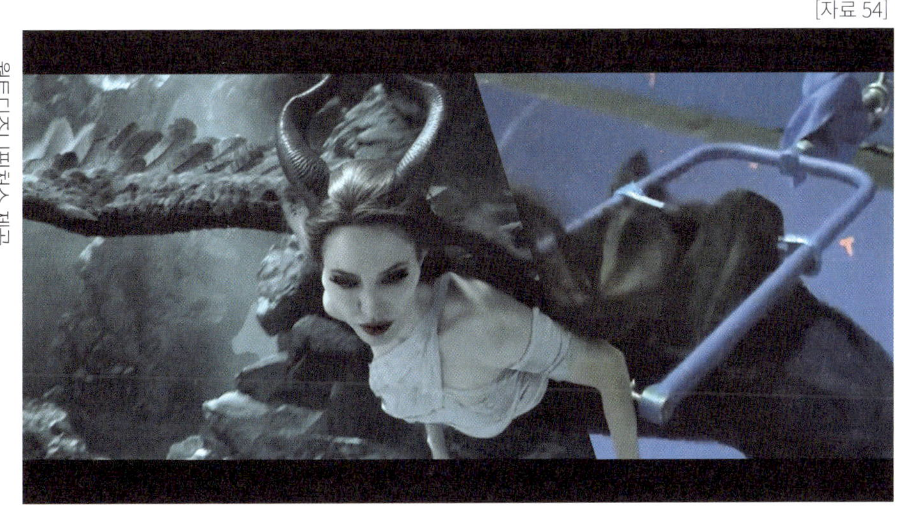

[영화 〈말레피센트 2〉의 크로마키 촬영본과 VFX 합성 본의 비교 컷]

배우 '안젤리나 졸리(Angelina Jolie)'는 〈말레피센트 *Maleficent*〉를 찍고 난 후 크로마키 연기에 대한 소감을 묻는 기자의 질문에, "크로마키 스튜디오는 거대한 우주공간과 같다. 마치 방향을 알 수 없는 망망대해에서 새로운 길을 찾는 격이다. 배우의 몸짓과 정한 시선에 따라 비주얼 이펙트의 그림이 달라진다. 크로마키 연기는 언제나 배우의 무한 상상력을 요하는 매우 흥미로운 장르다."라고 했다.

'안젤리나 졸리'가 언급했듯, 크로마키 촬영은 배우의 연기에 따라 VFX의 그림이 달라진다. 즉, 감동이나 공포의 반응(reaction) 샷을 찍는 순서가 완성 편집본과는 반대라는 사실이다.

일반적 연기는 어떠한 1차적 충돌이나 현상이 선행된 후 그에 따른 리액션을 찍게 된다. 반면 [자료 54]와 같은 크로마키 연기는, 2차적 반응 연기를 먼저 찍고 난 후, 감정의 강도나 시선의 각도에 맞는 (1차적 이미지에 해당한) VFX의 그림을 최종적으로 만들게 된다.

예를 들어 대형 살인 독거미에게 잡아먹히는 장면을 촬영할 경우, 독거미의 실체나 잔혹의 수위는 오직 배우의 상상력에 맡겨진다.

거미의 1차적 공격을 생략한 채, 배우의 2차적 반응 연기를 먼저 찍어야만 편집이 가능해진다. 아무리 시각효과의 기술력이 발달했어도, 배우의 감정과 계산된 지능적 연기를 앞지를 방법은 아직 존재하지 않는다.

결론적 관건은 VFX의 화염이나, 건물의 붕괴 · 살인 거미의 위협 · 전투기의 폭격 등의 효과는, 크로마키 스튜디오에서 선행된 배우의 리액션이 찍힌 편집본 위에 2차적으로 비주얼 이펙트가 덧입혀져 완성된다는 사실이다.

만약 배우의 놀란 강도가 5단계 수준인데, VFX의 대형 살인 거미의 위협을 7·8단계로 높였을 경우, 배우의 리액션은 편집화면에서 발 연기 수준으로 떨어지며 화면의 균형감이 깨지게 된다.

이러한 예는 배우들에게 상당히 난해하고 어려운 연기 주문일 수밖에 없다. 보이지 않는 실체와의 싸움이기 때문이다.

크로마키 스튜디오에서 영화의 70% 이상을 촬영했던 국내의 한 유명 배우는 크로마키 촬영에 대한 고충을 묻자, "허공에 대고 칼질하고, 실체가 없는 누군가에게 계속 쫓기고, 벽을 보고 얘기하고, 울부짖고, 내가 아무리 배우라고 하지만 멀쩡한 성인이 허공에 대고 감정을 표출한다는 게 절대 쉬운 문제가 아니었다. 새로운 체험이기도 했지만, 한편으론 아주 낯 뜨거운 적이 많았다."라고 토로한 바 있다.

그러나 배우에게 있어 상상(想像)이란 연기를 원초적으로 자극해 끌어내는 긍정성이 매우 높다.

상상(imagination)은 영화 자체를 만들어내는 가장 큰 핵심 동력이자, 모든 창작 예술과 과학 기술의 근간이기도 하다.

크로마키 촬영이 없이는 불가능했던 〈스타워즈 *Star Wars*〉나 〈이티 *E.T.*〉·〈마블 *Marvel*〉 시리즈에 이르기까지 모든 영화는 상상력으로부터 시작된 것이다. 〈마블〉 시리즈나 각종 SF 영화가 현실 세계를 다룬

영화가 아니라는 사실은 누구나 인정할 것이다. 그럼에도 불구하고 전 세계 영화 팬들이 열광하는 이윤 무엇일까?

상상의 스토리는 현실 세계의 새로운 출구를 제시하며, 오락 영화의 무한 가능성을 가져다준다. 또한 그 가운데 등장한 정의의 캐릭터는 대리만족을 느끼게 한다.

크로마키 스튜디오에서 촬영한 배우들의 연기야말로 상상력으로 만들어 낸 인간의 최대 행위예술이다. 이런 측면에서 배우들의 크로마키 연기는, 이 시대 배우들이 극복하고 기술력과 협업해야 할 연기 예술의 새로운 장르이며 상상력의 정점이라 말할 수 있다.

영화는 실화를 기초로 한 논픽션이나, 픽션의 시나리오 자체가 작가의 상상력으로 창작된 것이다. 이후 시나리오는 감독의 상상력을 더하게 되고, 배우의 최종적인 상상력이 덧입혀지는 상상력의 3박자가 어우러진 결과물을 만들어낸다.

분명한 것은, 배우의 상상은 모든 연기 영역의 구심점이며 캐릭터 창조와 활성화를 돕는 촉매가 된다.

특히 크로마키 촬영은 배우의 절대적 상상력을 의존할 수밖에 없다. 아무리 화려한 CG나 VFX의 기술력도 상상으로 무장한 배우들의 연기를 능가할 비주얼은 만들어 낼 수는 없다. 시각효과를 관장하는 기술력은 제작비 절감과 관객을 영화에 빠져들게 하는 수단일 뿐 스크린의 지배자이자 연기의 주체자는 언제나 배우라는 사실이다.

그러나 지난 60여 년을 자랑해온 크로마키 합성 기술력은, 이제 머지않아 '버추얼 스튜디오(virtual studio)'에 자리를 내어주게 될 것이다. 3D 그래픽 데이터를, 천장을 포함한 4방 360도 3차원 스크린에 구현시킬 수 있는 가상 스튜디오는, 기존의 크로마키 촬영을 역사 속으로 사라지게 할 것이다.

가상 스튜디오는, 관객이 최종적으로 보게 될 실제 배경을 띄워놓고 촬영하기 때문에, 배우에겐 로케이션 연기와 거의 같은 느낌을 주게 된다. 이는 블루스크린 연기와는 상당한 차이가 있는 것이다.

[자료 55]

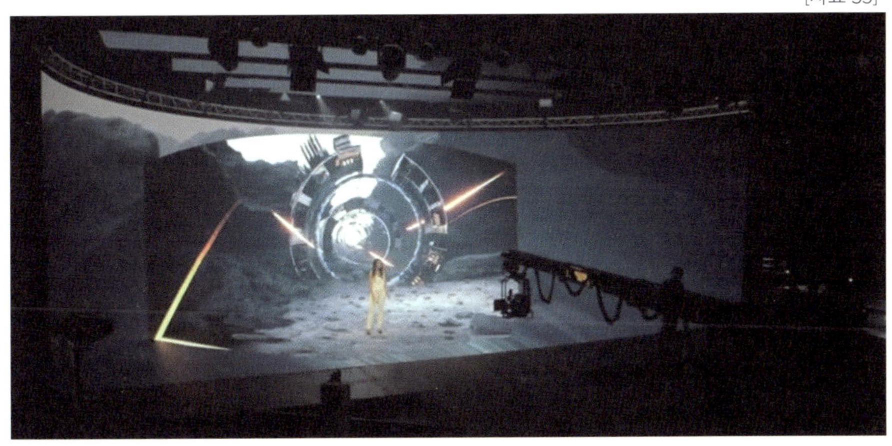

[3D 데이터가 카메라와 실시간으로 교신하며 다각도의 입체 촬영이 가능한 '버추얼 스튜디오']

IV
에필로그

배우가 갖출
그 밖의 요소들

촬영 전 배우가 할 일

아무리 작은 단역이라 할지라도, 배우에게 있어 촬영은 평소 그토록 기다리고 꿈꿔왔던 일임이 틀림없다.

촬영을 앞둔 배우는 역할의 크기와 무관하게 최소 2, 3일 전부터 컨디션 조절에 유의해야 한다. 건강과 안전은 물론이며, 특히 음주를 피하고, 숙면해야 한다. 가끔 전날 마신 술이 덜 깬 상태로 촬영장에 나타나는 연기자들이 있다. 아무리 자신의 연기가 뛰어나고 없어서는 안 될 주·조연 배우라 할지라도, 술 냄새를 풍기며 현장에 나타나는 것은 경건의 모양을 잃은 채 성전이나 사찰을 찾아가 자신이 섬기는 신 앞에 추태를 부리는 것과 다를 바 없다.

배우에게 있어 촬영 현장은 고귀하고 성스러운 예배(禮拜)의 장소다. 자신의 신앙 여부와 무관하게 배우(俳優)가 연기하는 무대와 촬영 현장은 신성한 창조(創造)의 현장이자, 드라마의 새 역사를 쓰게 될 거

룩한 영토(領土)다.

갑자기 연기론에서 웬 종교적 타령이냐고 오해해서는 안 된다.

배우가 무대와 카메라 앞에서 연기하는 것 자체가, 허구적 스토리에 등장한 가상의 캐릭터에 영(靈, spirit)적 호흡을 불어넣어 생명력을 더하는 일이다.

배우에겐 연기 자체가 세상에 존재하지 않는 신앙적 대상이다.

다른 예술과 달리 인간의 삶을 표현하는 배우의 길은, 세상 철학으로도 이해할 수 없는 그들만의 영적인 정신세계가 자리한다(크랭크인 전, 고사상을 차려두고 영화가 무사히 잘 끝나길 기원하며 배우들과 스태프들이 돼지머리에 돈을 꽂고 안전과 흥행 대박을 기원하기도 한다. 그러나 이는 한낱 미신 행위에 지나지 않으며, 감독이나 제작자의 가치관에 따라 다양한 형태의 크랭크인 기념식을 진행한다. 혹 이러한 행위를 배우들의 영적인 정신세계로 오해해서는 안 된다).

배우란 다른 직업처럼 월급이나 고정된 수익이 발생하는 것도 아니며, 자신의 존재감을 인정받기 전까지 고난의 가시밭길을 걸어가야 하는 인내(忍耐)와 정진(精進)의 과정이 필요하다.

화려한 이면만을 바라본다면 아무리 뜨거운 열정도 몇 년 내에 사그라지기 마련이다.

배우의 길은 자기수행(自己修行)과도 같다. 수행을 각오하지 않고서는 꿈꿔온 이상의 현실에 도달할 수 없다.

연기는 결코 가볍게 접근할 수 있는 일이 아니며, 특히 촬영을 앞둔 배우의 경건과 바른 몸가짐은 개인의 차원을 넘어 팀과 드라마 전체를 살리는 초석의 일부가 된다.

배우에게 있어 오늘의 촬영 현장은, 다음 캐스팅 여부를 좌우하는 지표가 된다. "내가 어떤 자세로 임하느냐?"가 당신의 새로운 로드맵을 그리게 될 것이다.

아무리 바쁜 일이 있어도 촬영 전날은 충분한 휴식과 에너지 보충을 하며, 과도한 연습보다는 그간 분석한 캐릭터를 큰 그림 안에서 객관적으로 관조하며 내면의 심리를 엿봐야 한다.

완벽한 연기는, 내일 촬영 현장에서 리허설을 통해 서로 간의 최종 조율(調律)이 끝난 뒤에 보여줄 몫이다.

내가 알고 있는 중국의 한 유명 여배우는, 자신에게 들어온 시나리오가 마음에 들면 그 책을 찢어버린다고 했다.

감독으로선 매우 당황스럽고 이해하기 힘든 이야기였지만, 그가 시나리오를 찢는 이유는, 활자화된 각본에 얽매이지 않고, 시나리오를 통해 받은 첫 영감을 마음에 간직하며 자신이 맡게 될 캐릭터를 상상(想像)한다고 했다.

그는 자신의 역할이 충분히 이미지화된 후 촬영 직전에 대사를 암기한다. 연기의 설정 역시 촬영 현장에서 감독을 비롯한 상대 배우들과 리허설의 조율을 통해 캐릭터의 종지부를 찍는다.

'조엘(Joel Coen)'과 '에단 코언(Ethan Coen)' 형제 감독 역시 이와 비슷한 말을 한 적이 있다. "시나리오는 단지 디딤돌에 불과하다. 우린 정말 이미지(image)로 생각한다."라고 했다. 이들에게 시나리오는 스토리를 진행하기 위한 하나의 도구일 뿐, 작품이 전하고자 하는 이미지에 포커스를 맞추며 배우들과 현장에서 그 이미지를 완성해낸다.

촬영을 앞둔 배우는 구기종목의 단체 경기를 앞둔 선수와도 같다. 축구공이나 배구공을 드라마의 주제(主題)라고 가정해보자. 시합 전 공은 어디로 튈지 모르는 것이다.

내일의 경기를 위해 선수(배우)는 다양한 변수를 예측하고 대비해야겠지만, 결국 경기(연기)는 현장에서 뛸 때 완성되는 것이다.

이처럼 배우의 연기 역시 촬영 현장에서 비로소 완성된다.

기다림의 예술

연기는 창조 예술이자, 기다림의 예술이다.

앞서 배우의 길은 인내와 수행의 의지가 필요하다고 했듯, 배우는 자신의 노력과 쌓아온 연기력과도 무관하게, 배역을 기다려야 하는, 선택받아야만 출연의 기회를 얻게 되는 특수성을 가지고 있다.

캐스팅된 후에도 촬영 날짜를 기다려야 하고, 그 기간 캐스팅이 바뀌는 변수도 있으며, 현장에 도착한 후에도 분장 순서를 기다리고, 촬영 순서를 기다려야 하는 기다림의 예술은 끊임없이 이어진다.

신인이나 단역의 경우 초저녁에 찍게 될 신을 오전부터 대기시킬 때도 있다. 연출부가 정한 스케줄과 달리 촬영 현장의 변수가 발생하기 때문에, 스케줄 표와 무관하게 촬영 순서가 바뀌는 일들은 비일비재하다. 이때 온종일 촬영 중인 주·조연과 달리, 단역배우 한두 사람이 없어 촬영 지연으로 이어지는 것을 대비하기 위해 연출부는 단역배우들을 오전부터 대기시키게 된다.

그러나 종일 대기해야 하는 단역배우 중엔, 구겨지는 자존심과 함께 기다리다 지쳐 촬영 전 슬그머니 사라지는 사람도 있다.

짜증과 함께 집으로 돌아가 버린 배우의 심정은 충분히 이해하고도 남지만, 바로 그때 기다림의 인내가 필요하다.

감독과 연출부가 굳이 말로 표현하지 않았어도, 오전부터 기다리고 있는 그 배우의 수고와 고충을 누구보다 잘 알고 있다. 이때 조금만 더 참고 기다려 그동안 꿈꿔왔던 연기를 마음껏 펼친다면 본인의 만족은 물론이며, 감독과 연출부는 그 배우를 잊지 않고 기억하게 될 것이다. 그 기억은 감독의 차기작 캐스팅의 우선순위로 연결될 수도 있다.

배우들의 생각과 달리 아무리 작은 배역도, 감독은 편집하며 그 장면을 수십 번 돌려보기 때문에 정확히 각인되는 것이다.

그런데 만약 기다리다 지쳐 화를 내고 떠나거나, 말없이 조용히 사라졌다면, 결과적으로 제작 일정에 피해를 준 원인 제공자 입장으로 바뀌게 된다. 본인 한 사람 때문에 그날 찍어야 할 신을 다른 날로 미뤄야 하는 제작비 손실과 배우들의 스케줄 문제를 야기 시키게 된다. 또한 거기에서 끝나지 않고, 촬영을 펑크 낸 무책임한 배우로 낙인찍히는 지울 수 없는 아픔을 감수해야 한다.

촬영장에 도착한 배우는 어떤 일이 있어도, 자신의 감정을 앞세우기 이전, 전체 스케줄과 현장 상황을 이해해줄 필요가 있다.

가끔 중견 배우 중에서도, 약속된 예정 시간보다 촬영이 지연되면 연출부를 재촉하며 현장 분위기를 흐리게 하는 경우들이 있다.

막상 집에 빨리 돌아가 봐야 특별한 일도 없고, 수개월째 역할이 없어 출연을 기다려왔던 배우가 촬영 시간을 재촉하는 것은, 자신의 존재감을 드러내기 위한 소인배적인 행동이며 중견배우의 인격과 품위에도 어울리지 않는다. 누구보다 촬영 현장을 잘 알법한 장본인이기에 감독을 비롯한 프로듀서나 제작자의 눈에 결코 이해할 수 있는 처사가 아니다.

반면 기다림의 지루함을 예술로 승화시키는 배우는 어떤 행동을 할까?

기다리는 동안 "지루하다. 짜증 난다."의 불평이 아니라, 촬영 현장을 활력과 충전의 기회로 삼으며, 값비싼 아카데미의 현장으로 인식 전환을 하는 것이다.

「프롤로그」에서도 언급한 바 있지만, 가장 훌륭한 최고의 연기 아카데미는 강의실이 아닌 촬영 현장이다. 촬영 현장은 세계 여느 아카데미에서도 재현할 수 없는 실전 무대다. 사실 학교나 학원은 실전 무대로 진출시키기 위한 기초과정에 지나지 않는다. 그러나 당신은 그 기초과정을 뛰어넘어 출연료를 받고 실전 무대에 합류한 프로입문자다.

촬영 현장은, 독립영화나 상업영화·TV 드라마 할 것 없이 책과 강의실에서 배울 수 없는 다양한 가치를 채굴(採掘)할 수 있는 '광산(鑛山)' 그 자체다.

Ⅱ. 연기훈련「리셋 & 리뉴얼」에서 연기 재교육을 강조했듯 7, 8년 차 이상인 기성 배우들의 경우, 본인에게 주어진 기회와 재능을 일회용으로 써먹고 온다면 출연료 외에 그날의 소득은 없는 것이다.

반면 역할의 비중과 무관하게 촬영을 재교육의 일환으로 접근한다면, 타인의 실수나 약점까지도 반면교사(反面敎師) 삼아 내 것으로 소화할 기회가 된다.

혹 그날의 연기가 좋지 않았다 하더라도, 스스로 문제점을 깨닫고 몸에 새겨진 그날의 흔적과 체감은 다음 작품에서 반드시 개선될 가능성을 가지고 있다.

내가 어떤 마음으로 접근하느냐가, 새로운 사실을 발견하고 체득하는 '기회의 시간'으로 바뀌게 된다.

또한 기다림의 긍정성은 인연 맺기로 이어진다.

어제까지 알지 못했던 배우나 스태프와의 인연의 고리를 엮게 된다. 만남의 인연은 네트워크(network)로 연결되어 뜻밖의 결과를 얻기도 한다.

본인의 마음 먹기에 따라 기다림은 짜증과 불만이 될 수도 있고, 새로운 인연 맺기와 최고의 현장 공부로 이어지는, 기다림이 곧 예술이 되는 가치(價値)의 시간으로 전환될 수 있다.

어쩌면 기다림은 긴장의 연속이다. 배우에 따라 초조해질 수도 있고, 촬영을 위해 준비했던 적당한 긴장의 태엽이 늘어져 정작 카메라 앞에서 N.G.를 남발할 수도 있다.

야외촬영의 경우 분장을 마친 배우들은 개인 차량에서 기다리기도 하지만, 세트 촬영은 주로 대기실에서 기다린다. 대기실 풍경은 크게 두 가지로 구분된다. 일상의 담소를 나누거나 TV를 시청하는 부류와 계속해서 대사를 연습하는 노력파 그룹이다.

과거 나는 배우 시절 KBS 주말드라마 〈야망의 세월〉(1990~1991년)에서 (故) '김주승'과 함께 월남전에 참전한 군인으로 출연한 적이 있다.

당시 기억 중 아직도 생생히 떠오르는 장면 하나가 있는데, 그것은 다름 아닌 배우 '최민식(1962년생)'의 끊임없는 대사 연습이었다.

대기실엔 두 부류의 연기자들이 있다고 말했듯, '최민식'은 어수선한 대기실을 피해 늘 스튜디오(KBS별관 A) 밖에 놓인 낡은 2인용 검정 소파에 앉아 혼자 연습했다.

그도 그럴 것이 방영 중인 인기 드라마에 낯선 신인이 이방인처럼 들어와 적응하기란 쉽지 않은 상황이었고, 대사 분량의 부담감 때문에 그는 첫 녹화 당일부터 매주 대기실 밖에서 외톨이처럼 혼자 묵묵히 연습했다.

당시 나로서는 연습할 대사가 많은 '최민식'이 부럽기도 했고, 최선을 다하는 그의 모습이 초년병인 나에게 큰 귀감이 되었다.

'최민식'은 1990년 〈에쿠우스 *EQUUS*〉의 '알런' 역으로 떠오른 연극계 샛별이었고, 최고의 시청률을 올리고 있던 TV 주말극 〈야망의 세월〉

에서 '이휘향(1960년생)'의 아들 '꾸숑' 역으로 전격 스카우트 된 신인배우였다.

30년이 지난 지금도 뇌리에 남을 만큼 내 마음에 큰 감동을 주었던 배우 '최민식'은, 역시나 자신의 방송분이 나간 지 단 2, 3주 만에 전국의 안방을 강타한 일약 스타가 되었다.

누구에게나 주어진 동일한 시간이었으며, 누구나 기다려야 했던 '크로노스(χρόνους)'의 '양(量)'적인 시간을, 지독하리만큼 악착같이 연습에 몰두해 '카이로스(καιρός)'의 '질(質)'과 '가치(價値)'의 시간으로 맞바꾼 '최민식'의 경우만을 보더라도, 기다림은 곧 무한 가능성의 창구이며, 촬영을 앞둔 배우에겐 장대높이뛰기를 위한 도움닫기의 유일한 기회가 될 수 있다.

배우는 한 작품이 끝나면 또다시 그 기다림의 예술은 반복된다.

그러나 이 과정을 뛰어넘은 일부 배우들의 경우, 역으로 감독과 제작자가 순번표를 손에 쥐고 배우를 기다린다. 하지만 대부분, 배우는 밀려 있는 작품보다 새로운 작품을 기다려야 하는 기다림의 인내가 일상화되어 있다.

가수나 운동선수는 공연이나 대회가 없어도 매일같이 노래하고 운동한다. 배우 역시 예정된 다음 작품이 없어도 연기훈련은 기다림의 여정 속에 매일 반복되는 실천이 뒤따라야 한다.

훈련의 노력 없이 나무 밑에서 그저 감이 떨어지길 기다리는 배우는,

날아가는 비행기에 낚싯줄을 던져 무임 편승하려는 것과 같은 실현 불가능한 헛된 망상임을 깨달아야 한다.

기다림(wait)의 예술은 출연의 기회를 막연히 운에 맡기며 시간을 죽이는(kill) 것이 아니라, 미래를 위해 가치를 투자(invest)하는 것이다.

기다림의 예술엔 절정(絶頂)이 있다.

그 절정(climax)은 다름 아닌, 자신을 배우로서 각인시킬만한 역할을 기다리는 것이다. 짧게는 5, 6년이 될 수도 있고, 10년, 20년, 또는 그 이상이 될 수도 있다.

이 과정 가운데 경제적 이유나 의지적 측면 때문에 배우의 길을 중도에 포기하는 사람들이 생겨난다.

"경제적 궁핍을 참아내며 끝까지 가느냐? 아니면 중도에 다른 길을 택하느냐?"의 문제는 어느 것이 현명한 선택이라고 정의하긴 힘들다. 각자의 삶의 모습과 처지가 다르기 때문이다.

그동안 많은 배우를 지켜본 결과 한 가지 짚고 넘어갈 점은, 출연의 기회가 없어 부업이나 취직을 한 경우들이 있는데, 문제는 이들이 계속해서 자신의 본업을 '배우'라고 생각한다는 것이다. 하지만 본인의 마음이나 재능과도 무관하게 그는 이미 배우의 길을 떠난 상태이며, 시간이 갈수록 점점 멀어지고 있다는 사실을 자각해야 한다.

지하철에서 졸다 지나친 역이 많으면 많을수록 되돌아가는 시간은 길어지기 마련이다.

출연할 작품이 없어도 자신의 본업을 배우라고 말할 수 있는 사람은, 당장 금을 캐지 못해도 매일같이 광산을 파들어 가는 도전자와 같은 사람이다.

배우의 길을 택한 사람 중엔, 자신의 부족한 한계를 피하기 위한 돌파구의 목적으로 연예계를 선택한 예도 있다. 이들은 짧은 기간 내에 스타가 되어 신분 상승과 함께 부와 명예를 동시에 거머쥐려는 로또의 뜬구름을 잡으려는 욕망에 사로잡혀 있다. 하지만 이는 바람직하지 못한 접근이며 젊은 날의 후회를 남길 수 있는 요지가 있다.

바로 이러한 다양한 이유로, 배우의 길은 수행(修行)의 길이자, 세상에 존재하지 않는 종교적 신념과 가치관이 기다림의 예술 속에 자리하고 있다.

불변의 사실은 "준비된 자만이 캐스팅의 기회를 잡는다."

캐릭터 창조를 위해 망가져라

배우들은 화면에 좀 더 예쁘고 멋지게 나오길 원한다.

하지만 역할에 따라 역(逆)으로 망가지는 것을 택하는 것이 캐릭터 창조와 이미지 변신을 위해 득이 될 수 있다.

캐릭터 창조를 위한 망가짐은 역할의 포기가 아닌 승화(昇華)다.

분장과 의상 설정은 물론이며, 신체적 특징과 시선 처리나 말투 등을
통해 구축할 수 있는 내공이 필요한 영역이다.

가수 겸 배우 ‘장나라’의 아버지 ‘주호성(1950년생)’은 KBS 월화사극 〈파
천무〉(1990년)에서 ‘한명회’ 역을 맡은 바 있다. 그는 당시 한쪽 눈을 사시
(斜視)로 연기해, 전에 없던 독특한 캐릭터를 창출해 자신만의 독보적
존재감을 확고히 각인시켰다.

또한 배우 ‘신신애(1959년)’ 역시 MBC 드라마 〈뚱방각하〉(1990년)에서 ‘뚱
방’의 아내 역으로 출연할 당시, 사팔뜨기 캐릭터로 분해 뚱방 ‘연규진’
에 버금가는 인기를 끈 바 있다.

‘주호성’과 ‘신신애’에가 시도했던 사시 캐릭터는 연기의 고도의 집중
력이 필요하다. 잠시만 그 집중력이 풀려도 시선이 어긋나 N.G.로 이어
지기 때문이다.

과거 나는 KBS 미니시리즈 〈무당〉(1994년)에서 ‘김성환 · 정종준’과 함
께 거지 3인방으로 출연한 적이 있다. 당시 나는, 일제강점기 말에서 50
년대에 이르는 격변의 시대 속에 있었을 법한 거지의 사실감을 더하기
위해, 세월이 튀는 지점에서 초반부에 쓰고 등장했던 가발을 벗고 진짜
머리에 땜통을 만들었다.

함께 출연한 두 선배 연기자는 자신의 평소 머리를 감추기 위해 벙거
지를 썼는데, 나는 모자 대신 촬영 때마다 가위로 머리를 싹둑싹둑 잘라
내는 불편을 감수하며 ‘백선’으로 인한 원형 탈모인 땜통을 만든 것이다.

또 KBS 월화드라마 〈바람과 구름과 비〉(1990년)의 '유억금' 역을 맡았을 때, 최대한 못생긴 얼굴로 만들어 나의 본 얼굴을 찾아보기 힘들게 했다.

배우 '송채환(1968년생)'은 과거 SBS 주말극 〈옥이 이모〉(1995년)에서 술집 '작부(酌婦)' 역으로 출연한 적이 있다. 그는 당시 영화 〈장군의 아들 2〉에서 가녀리고 앳된 여주인공 '송채환' 역으로 출연했던 떠오르는 샛별이었다(송채환의 예명은 이때 '임권택' 감독이 지어준 이름이다. 본명은 '권소연'이다).

특히 〈옥이 이모〉에 출연했던 그해 5월, 제19회 '서울연극제'에서 연기상을 받은 배우다. 예쁜 얼굴에 연기력까지 인정받은 전천후 배우 '송채환'은 당시 방송가의 섭외 1순위 연기자였다. 한 마디로 주가가 상승한 최고의 황금기를 맞이한 것이다.

그런데 이때 SBS '성준기(1957년생)' PD는 '송채환'에게 60년대 술집 작부 역할을 의뢰한다. 하지만 돌아오는 답은 뻔했다. 그동안 '송채환'이 해오던 이미지들과도 맞지 않았을뿐더러, 역할을 골라야 할 정도로 작품이 밀려오던 시기에 변두리 술집 작부라니 당치않은 일이었다.

그때 '성준기' PD는 승부수의 한마디를 던진다.

"사람들에게 얼굴 예쁜 배우로 기억되고 싶니? 아니면 연기 잘하는 배우로 기억되고 싶니?"라고 하자, '송채환'은 그 말에 발목이 잡힌 듯 깔깔 웃음을 터트리며 흔쾌히 역할을 수락했다.

'송채환'은 〈옥이 이모〉에서 본인의 출세작 〈장군의 아들 2〉나 전작들에서 보여준 가녀리고 예쁜 마음씨 착한 천사의 이미지들과는 전혀 상반된 개성 만점의 캐릭터를 구축했다.

나는 이 부분의 글을 쓰기 위해, 과거 '송채환'에게 들은 이야기를 당사자인 '성준기' PD에게 다시 확인했다. 현재 교수로 재직 중인 그는 당시를 회상하며, "송채환이 아니었더라면 그 괴상하리만큼 특이한 작부 역할의 여배우는 찾기 힘들었을 것이다."라는 말과 함께, "배우가 역할을 위해 망가진다는 것은 연기의 새로운 도전이며, 남이 가보지 않은 길을 내는 것과도 같은 희열을 맛보게 된다."라는 말을 덧붙였다.

또한 '크리스토퍼 놀란(Christopher Nolan)' 감독의 〈덩케르크 *Dunkirk*〉(2017년)에서 '파리어' 역으로 출연한 영국의 미남 배우 '톰 하디(Tom Hardy)'는, 전작 〈레버넌트 *The Revenant*〉(2015년)에서 자신의 이전 작들에서 보여준 말쑥한 신사 이미지를 벗어던진 채, 성격과 말투는 물론이며 철저히 망가진 외모를 통해 완벽한 연기 대변신을 꾀한 바 있다.

워너브러더스 제공

월트디즈니(20세기폭스) 제공

[영화 〈덩케르크〉(좌)와 〈레버넌트〉(우)에서 천사와 악마로 분했던 배우 '톰 하디']

그는 외모뿐 아니라 말투와 음색·눈빛까지, 작품마다 전혀 다른 대조를 보여줬다. 위의 두 영화를 비교 분석해 봐도 같은 사람이라고 이해하기 어려울 만큼 연기의 극명한 차이를 드러냈다.

특히 〈레버넌트〉에서는 의리나 인정머리, 도덕이나 양심이라고는 찾아볼 수 없는 파렴치한으로 분(扮)했다. 심지어 사람을 죽여서라도 자신의 주머니만 채우면 그만인 인간 말종의 악마 그 자체였다. 그러나 후속작 〈덩케르크〉에서는 아주 맑고 포근한 천사의 선한 눈빛을 지닌 전투기 조종사로 등장한다.

이렇듯 망가짐은 곧 캐릭터 변신의 극과 극을 달리는 수단이 되기도 한다.

아역 배우로 출발한 '레오나르도 디카프리오(Leonardo DiCaprio)'는 언제나 귀공자 이미지의 소유자였다. 그러나 성인 이후 자신의 굳어져 가는 꽃미남 이미지를 벗기 위해 오히려 악역을 자청하기도 했으며, 잘생긴 외모를 감추고자 얼굴에 흉터를 만들고 번쩍이는 금니를 끼우기도 했다.

배우 중엔, 공주나 귀공자 스타일의 예쁘고 멋진 이미지만을 간직하기 위해 거친 역할은 절대 거들떠보지 않는 경우가 있다.

그 대표적 이유는 드라마의 역할을 통해 구축된 배우들의 이미지는 각종 CF 광고의 부수입으로 연결되기 때문이다.

그러나 행사나 광고 출연료를 얻기 위해, 그리고 자신의 선한 이미지 유지를 위해 전매특허와 같은 한 가지 캐릭터만을 고수하는 것은, 차츰 배우의 생명력을 단축하는 결과로 이어진다.

배우에게 포장된 이미지는 어차피 진짜가 아닌 가짜(fake)다!

캐릭터 설정을 위해 망가진다는 것은 연기의 구체적인 고찰(考察)임과 동시에 실험적 위험성을 배제하지 않을 수 없다.

자칫 과도한 설정은 오히려 드라마의 균형을 해치는, 튀는 돌출행동이 될 수 있기 때문이다.

문제는 드라마가 요하는 가이드라인(guideline) 내에서 자신만의 개성이 승화되어야 한다. 절대 오해하지 말아야 할 것은, 외형적인 촌스러움 등의 시각적 측면만이 아닌, 연기의 내적 변화를 말한다.

한마디로 자신의 평소 이미지와 멋을 내려놓는 것이다.

영화 〈암수살인〉(2018년)에서 살인마로 등장한 '주지훈(1982년생)' 또한 결론적으로 캐릭터를 위해 철저히 무너진, 망가짐의 대표적 사례다.

그는 평소 자신의 젠틀한 이미지를 파괴한 채, 소름 돋는 살인마의 피비린내를 풍긴 간담이 서늘한 연기를 선보였다.

광고 수입이나 자신의 이미지 포장이 우선시 되었다면 절대 불가능한 수용이다. 그에게 우선순위는 드라마였기에 가능한 일이었다.

캐릭터의 망가짐은 튀기 위한 수단이 아닌, 시나리오에 설정된 작중 인물의 사실감(reality)을 살려내기 위함이다.

또한 자신의 역할을 도마 위에 올려, 객관적으로 관조하며 군더더기를 제거하는 절제(節制)함이 수반되어야 한다.

배우란 각종 드라마에서 다양한 역할을 소화하는 데 그 목적이 있는 것이지, 행사나 광고 수입을 얻기 위해 드라마의 이미지를 수단으로 사용하는 것은 바람직하지 못한 자세다.

광고를 찍는 것 자체가 나쁘다는 말이 아니다. 배우들의 연예 활동 범위는 다양하고, 인기로 먹고산다 해도 과언이 아니기 때문이다.

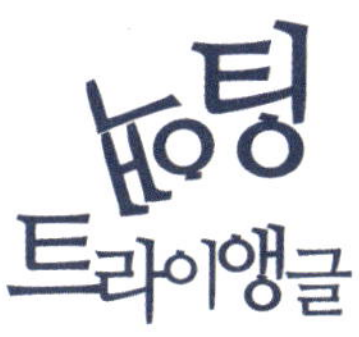

인연의 끈을 놓지 말라

배우는 촬영 현장에서 만난 감독과의 인연을 소중히 생각하며 좋은 관계로 유지할 필요가 있다.

감독 입장에선, 한 번 일했던 단역 배우가 촬영이 끝난 후 개인적으로 연락할 경우 상당히 부담스럽고 귀찮은 것이 사실이다. 그러나 난 지금, 배우들에게 인연의 고리로 발전시킬 수 있는 팁(tip)을 주고자 한다.

첫째, 신인들의 경우 데뷔 초기에 알게 된 '감독들과의 인연'을 발전시켜 나아간다면, 머잖아 차기작 캐스팅의 기회로 연결될 가능성이 높아질 것이다.

감독은 누구나 자신이 캐스팅하고 싶은 배우가 떠오르면, 아직 친분이 없는 지구 반대편에 있는 배우라 할지라도 연락을 취한다. 반면 간단한 역할 중엔 누가 해도 무방한 역이 있기 마련이고, 이때 감독은 쉽게 떠오르는 가까운 주변 배우를 먼저 후보에 두게 된다.

감독이 캐스팅에 욕심을 내듯, 배우 또한 출연의 기회를 얻기 위해 적극 욕심을 내야 한다.

신인의 단역 연기를 보고 낯선 감독이 캐스팅 섭외를 해오기란 거의 일어날 수 없는 꿈같은 얘기다.

자신이 직접 발로 뛰며, 나라는 배우의 존재를 알리지 않으면 아무리 좋은 연기력이 있다고 해도 출연의 기회는 쉽게 오지 않는다.

몰라서 캐스팅할 수 없는 것이다.

배우가 집에 앉아 섭외 전화가 오길 기다리는 단계는, 영화계나 방송계에서 충분히 연기력을 검증받은 이후에나 가능한 일이다. 그전까지는 본인의 PR(self-promotion)을 위해 스스로 뛰지 않으면 안 된다.

배우는 연기력 향상과 함께, 자신을 '기획'하고 '마케팅'해야만 배우로서 성공할 수 있다. 소속사를 통해 활동하는 이유가 바로 그 때문이다. 자기 PR에 관한 부분은 다음 장에 별도로 다루겠다.

감독의 업무이자, 드라마 성패의 반은 캐스팅이라 해도 과언이 아니다. 감독에겐 모든 배역이 하나하나 중요한 역할이기에 캐스팅에 결코 소홀할 수 없다. 대사 한두 마디의 단역까지 오디션을 통해 뽑거나, 캐스팅 디렉터에게 추천받기도 하며, 연기력이 검증된 기성 연기자 중에서 캐스팅하게 된다.

그뿐만 아니라 투자받은 시나리오도 스타급 배우가 캐스팅되지 않아 촬영에 들어가지 못하거나, 캐스팅이 약해 투자가 되지 않는 예도 있다. 이런 측면에서 볼 때 영화는 TV와 달리 캐스팅이 제작 공정의 반 이상을 차지한다고 해도 틀린 말이 아니다.

배우가 감독과 친분을 쌓아가기 위해 안부 전화를 하거나, 취미 활동이나 식사 약속을 잡는 것은 그릇된 모습이 아니다. 지극히 당연한 일이다. 기성 배우들이나 유명 스타들도 이와 같은 방식을 취하고 있으며, 감독과의 인연을 발전시켜 자신의 활동 영역을 확대해가고 있다.

이것은 소위 로비와는 다른 문제다. 배우와 감독의 관계는 직장 동료와 같은 것이며, 서로가 공존하며 상생(相生)하는 직업의 특징을 이해해야 한다. 감독은 늘 다양한 배우가 필요하고, 촬영장에서 발견하지 못한 배우들의 특기나 장점을 파악해, 다음 작품의 캐릭터 구상이나 캐스팅에 직접적인 결과로 이어지기도 한다.

방송사 현직 PD는 물론이고 퇴직 PD나 영화감독들의 경우, 집안 경조사를 배우들에게도 알린다. 이는 감독 역시 배우를 동료로 생각하는 가까운 상대라는 얘기다.

감독과 배우는 상하관계가 아니다. 다만 캐스팅의 결정권을 감독이 가지고 있기에, 선택받기를 기다리는 위치에 있을 뿐이다.

배우에게 감독이 필요하듯, 감독에게도 배우가 필요하긴 마찬가지다.

세상 사람들이 학연과 지연을 따지는 것도 결국 아는 사람을 우선순위에 두겠다는 것이다.

감독은 배우들의 생각과 달리 자기 작품에 출연했던 단역들까지 모두 기억하고 있으며, 차기작에 다시 그 배우들을 캐스팅하기도 한다. 소위 '누구누구의 사단'이란 말이 있는데, 특정 작가나 감독의 작품에 단골로 출연하는 주·조연 배우들을 말한다. 이들 역시 이와 유사한 가족 의식 관계를 맺고 있다.

대부분의 시나리오 작가나 감독들은 형사 못지않은 예리한 추리력을 가지고 있다. 그러나 차갑고 냉철할 것 같은 감독들도 막상 겪어 보면 일반인보다 더 순수한 면이 많다는 것을 참고하길 바란다.

자유분방함과 주변의 많은 사람이 있기에 외로움을 모를 것 같은 감독들도 사실 고독을 느낄 때가 많다. 이는 모든 창작자에게 거의 동일하게 나타나는 현상이다. 예술은 세상과 좀 거리를 둔 고독과 사색 가운데에서 창작되기 때문이다. 결론적으로 작가나 감독은 친구가 필요한 사람들이다. 배우는 감독의 좋은 친구가 될 수 있다.

감독과 배우는 직업의 특성상 쉬는 시간이 많다.

등산이나 취미활동을 같이하며 마음이 통하는 친구가 된다면, 당신에겐 더없이 좋은 든든한 백그라운드가 생기는 것이다.

평소 연락도 없던 사람들이, 어느 감독이 작품 들어간다는 소문이 나면 배역을 얻기 위해 빗발치게 전화해 "밥 사러 오겠다."는 경우가 있다. 속 보이는 얄팍한 짓이다. 시간 낭비하며 밥 한 끼에 역할을 줄 감독은 없다. 평소에 친분을 쌓아두라.

두 번째 팁은, 신인들의 경우 단편영화나 독립 장편영화에 적극적으로 참여할 것을 권한다.

단편영화의 출연료를 따지는 배우들도 있으나, 가능한 출연료를 생각지 말고 자신의 연기 발전을 위한 좋은 기회의 발판으로 삼는다면, 오히려 출연료를 내야 하는 것이 맞을지도 모른다.

단편영화는 보통, 감독의 사비를 털거나 빚을 내 찍는 경우가 많기에 서로가 상생(win-win)의 관계로 작업하는 것이 좋다.

신인들이 단편영화나 독립 장편에 적극적으로 출연하길 바라는 이유는, 상업영화라면 엑스트라에 가까운 대사 한두 마디의 단역에 불과 할 수 있는 자신의 존재감이, 단편영화에서는 주·조연급 출연이 가능하기 때문이다. 그만큼 카메라 앞에서 자신의 연기 근육을 키울 좋은 기회가 된다. 또한 오늘의 단편 감독은 매일같이 작품의 칼을 갈고 있기에, 몇 년 뒤 장편영화 감독으로 데뷔할 가능성이 높다.

모든 사람은, 자신이 어려울 때 도움을 주고 함께 했던 사람들을 잊지 않는다. 아무리 냉정한 감독일지라도 최소 한 번은 신세를 갚아 줄 것이다.

그런데 요즘 일부 신인들은 단편영화를 무시한 채 상업영화 캐스팅만을 기다리며, 자신의 현주소를 파악하지 못한 경우가 많다.

단편영화는 규모만 작을 뿐 상업영화와 별반 다를 바 없는, 카메라 연기를 훈련할 수 있는 최고의 기회다. 내가 출연해 주는 것이 아니라, 자신이 더 많은 것을 몸으로 체험하고 배울 수 있는 절호의 기회라는 사실을 깨달아야 한다.

세 번째 팁은, 현장에서 만난 '조연출과의 인연'이다.

상업영화나 TV 드라마의 조연출은 머지않아 감독으로 데뷔할 사람들이다. 아직 데뷔 전인 조감독들은 감독보다 나이도 젊고 여러 가지 면에서 친분 유지가 어렵지 않다. 형·동생이나 오빠나 누나 관계가 될 수도 있고, 친구 관계로 발전할 수도 있다.

배우 시절 나의 잊을 수 없는 인연의 경험담을 일례(一例)로 참고하길 바란다.

나는 아직도, 나를 TV 탤런트로 머리를 올려주신 KBS '오동석(1954년생)' 감독님과의 인연을 잊을 수 없다. 1989년 나의 첫 출연작인 KBS 논픽션 드라마 〈스물다섯 살의 자서전〉은, 올 필름으로 제작된 특집극 형태로 'TV문학관'을 대신한 신설프로그램이었다.

당시 '오동석' 감독의 조연출은 '윤석호(1957년생)' 감독이었다.

'윤석호' 감독은 여러 해 뒤 〈겨울연가〉로 '배용준' 신드롬을 일으키며 한류 드라마의 선두 주자가 된 바로 그 장본인이다.

'오동석' 감독은 배우들에게 자상한 분이었고, 바둑과 탁구에 재능이 있다면 누구나 금방 친구가 될 수 있었다.

감독들은, 한 드라마가 끝나면 다음 작품을 준비하며 쉬는 기간이 있기 마련이다. 그래서 '오동석' 감독은 자신이 데뷔시킨 나를 배우로 자리 잡을 수 있도록 동기생 감독들을 소개 시켜주었고, 친분 유지의 방법도 알려줬다. 난 이분의 권면대로 첫 작품에서 만났던 '윤석호' 조감독에게 자주 안부 전화를 하곤 했다.

다행스러웠던 건 '윤석호' 감독이 나를 막냇동생처럼 대해주며 늘 뭔가(역할) 하나라도 챙겨주려고 했다.

그러던 와중 '윤석호' 감독이 몇 개월 뒤, KBS 월화드라마 〈바람과 구름과 비〉(1989. 9.~1990. 3.)의 조연출로 활동할 당시, 나를 매번 다른 배역의 단역으로 여러 차례 불러주었다.

TV 연속물은 감독이 쉴 틈이 없을 만큼 업무량이 과도해, 새로 등장한 단역은 조감독이 알아서 섭외한다.

역할은 언제나 실제 나보다 나이가 많은 수염을 붙인 역할들이었고,

개성을 살릴 수 있는 부분들이 숨어 있었다. 그런데 마지막 한 번은 드라마에 새로 등장한 코믹한 캐릭터의 조·조연급 고정 배역인 '유역금(삼전도장의 '소통')' 역할을 맡게 됐다.

당시 나는 담당 PD인 '전세권' 감독과의 친분은 전혀 없었다.

내가 〈바람과 구름과 비〉에서 여러 차례 단역과 고정 배역으로 캐스팅된 절대적 이유는 오직 '윤석호' 감독 덕분이었다. 물론 나의 연기력을 '윤석호' 감독이 보증하듯 믿을 만한 배우로 '전세권' PD에게 추천했던 것이고, 각기 다른 단역으로 여섯 번 가까이 출연했던 나의 연기를 기억하고 있던 '전세권' PD가 흔쾌히 동의 수락한 결과였다. 그러나 사실, 코믹배우 (故) '김성찬'의 아들 '유억금' 역은 MBC 코미디언 '김명덕(1960년생)'으로 이미 결정 나 있었던 역할이었다. 그런데 정통 사극에 코미디언이 출연해 자칫 너무 튀는 불균형을 가져올까 우려해 촬영 당일 갑작스럽게 캐스팅이 바뀐 것이다(여기서 잠깐 주목할 점은, 배우는 시나리오를 받고 연습을 마쳤어도 촬영하기 전까지, 또는 촬영했더라도 극장 개봉이나 방송이 나가기 전까지는 캐스팅이 얼마든지 뒤바뀔 수 있다는 사실이다).

나는 당시 갑작스럽게 조감독 '윤석호' 형의 전화를 받고 부리나케 수원 KBS 오픈세트장으로 달려갔다. 모든 배우와 스태프는 촬영 중이었고, 나는 도착하자마자 분장을 받으며 첫 대본을 암기하기 시작했다. 또 다른 단역인 줄 알고 달려갔는데, 드라마 끝까지 나오는 고정 배역이라는 말에 나는 놀라지 않을 수 없었다. 더군다나 코믹 캐릭터인 '억금이'의 첫 등장이라 드라마의 반 가까운 신이 '억금이'를 부각시키기 위한

얘기였다. (위에서 언급한 '윤석호 兄'이란 말은 전혀 과장된 표현이 아니다. 실제 배우생활을 하다 보면 조감독들과 '형·동생' 사이가 된다.)

〈바람과 구름과 비〉는 나의 대표작이자 출세작이나 다름없다. 당시 이 드라마로 인해 〈쥬리아 소네트〉 화장품과 〈시사영어〉 등의 TV 광고도 찍었고, 소위 인기 있는 연예인들만 설 수 있었던 야간업소에서도 코미디와 노래를 했으며, 그룹 들국화의 '전인권' 콘서트 무대에 초청되기도 했다(가수 '전인권'은 〈바람과 구름과 비〉의 담당 PD '전세권'의 친동생이다).

또한 매주 녹화 때마다 기자들의 인터뷰 요청과 '억금이'의 사진이 여기저기 찍혀 나갔고, 심지어 KBS 예능제작국의 실세인 코미디 왕 PD인 '김웅래' 부장이 녹화장 대기실에 찾아와 코미디 이적 제안까지 했었다('김웅래' PD는 KBS 〈유머 1번지〉, 〈쇼 비디오 쟈키〉, 〈가족 오락관〉 등을 연출했다).

그뿐 아니라 2년 뒤 KBS 월화드라마 〈형〉에 출연할 당시에는 14대 대선 출마자 '정주영' 유세장에 초청되어 수만 명의 청중 앞에서 정치 코미디를 하기도 했다.

본론은 '오동석' 감독과의 인연이 '윤석호' 감독과 '전세권' 감독뿐 아니라 〈바람과 구름과 비〉의 '윤혁민' 작가 선생과 오동석 감독의 입사 동기인 '이응진 · 이영희' PD를 비롯해 선배 '장형일 · 이유황' 등 나열할 수 없는 수많은 감독과의 인연으로 이어졌다.

더 나아가 내가 연기 생활을 그만두고 감독이 되었을 때도, 2002년 '로테르담 국제영화제'에 초청받은 나의 첫 연출작 〈선영의 편지〉의 가편 필름을 본 '오동석' 감독은 KBS 외주제작국에 나를 추천했고, 이분의 주선으로 나는 20여 편의 TV 드라마를 연출하게 된 것이다.

감독 한 사람과의 인연이 결국 이렇게 큰 네트워크(network)로 연결되는 것이다(전제 조건은, 갖춰진 실력이다. 제아무리 뛰어난 인맥도 연기력 미달 자에겐 무용지물이다).

당시 나는 감독들에게 밥 한 끼 산적도 없고, 선물을 보내본 적도 없다. 오직 내가 한 일이라곤 잊을만하면 또 연락하고, 우연인 것처럼 감독들과 방송국 로비에서 마주쳐 인사했던 것뿐이다.

지금 책을 읽고 있는 신인 중에서도, 한 사람 정도는 아는 감독이 있을 수 있고, 아직 없다면 조만간 그런 인연의 기회는 다가올 것이다. 사회 모든 분야가 다 그러하듯 사람과의 작은 인연의 끈은 결국 큰 네트워크로 연결된다. 당신의 작은 행동은 나비효과와 같이 지금은 상상할 수 없는 거대한 일들로 변화되어 돌아올 것이다.

감독과의 인연, 조감독과의 인연을 좋은 관계로 유지하는 것은 연기력을 쌓아가는 것만큼 중요한 일이다. 배우는 매달 고정된 배역이나 급여를 받는 직장인이 아니다. 선택받아야만 하는 프리랜서이기 때문에 감독과의 관계를 잇는 인연의 끈은 매우 중요하다.

단 한 가지 주의할 점은, 상대가 나를 부담스러워하지 않고 반겨줄 때 가능한 것이다. 만약 자신의 연락을 부담스러워하는 사람에게 계속해서 연락하고 찾아가 마주친다면, 스토커에 가까운 행동이 될 수 있고 오히려 역효과가 날 것이다.

셀프-PR

전 장에서 짧게 언급했던 배우의 셀프-PR(self-promotion)은 말 그대로 스스로 자신의 장점과 재능을 알리는 것이다. 요즘은 각종 인터넷망을 통해서도 가능하겠지만, 배우들의 경우 신비에 가려진 은밀함이 필요하다. 어느 날 영화나 TV의 배역을 통해 자신의 특기가 드러날 때 존재감을 인정받게 된다. 반면 인터넷을 통해 밝히는 것은 김빠지는 행동이며 배역으로 연결되기도 쉽지 않다. 이미 한물간 생선을 자신의 도마 위에 올릴 감독은 없다.

이러한 이유로 자신의 특기를 알리는 PR 역시, 감독이나 작가와의 개인적 취미활동이나, 식사 등의 사교적 활동을 통해 자연스럽게 알릴 수 있는 것이 좋다.

가령 식사 후 노래방에 가서 노래 실력이나 악기 연주를 보여줄 수도 있고, 바닷가나 수영장에서 멋진 수영 실력을 보여줄 수도 있다. 남자 같으면 멋진 근육도 배역으로 연결될 수 있다.

또한 촬영 후 단체 회식 자리에서 빠질 수 없는 여흥의 시간을 놓치지 않고 PR의 기회로 삼는 것도 매우 좋은 방법이다.

앞 장에서 설명했던, 대선후보의 유세장에 내가 출연료를 받고 초청되어 정치풍자 코미디를 했던 동기도 이와 유사하다.

당시 KBS 월화드라마 〈형〉(1991. 11.~1992. 12.) 촬영을 위해 고정출연자들이 강원도로 여행을 떠나는 장면이 있었는데, 출연자 모두가 실제 관광

버스를 타고 촬영하며 강원도로 이동했다. 시간이 길다 보니 버스 장면의 촬영이 끝나고 누군가의 유도로 노래자랑이 시작되었는데, 내 차례가 되었을 때 나는 노래가 아닌 '김영삼 · 김대중 · 김종필 · 김동길 · 정주영' 등의 대선후보와 정치인들의 성대모사를 통한 세속 코미디를 했다. 평소 순진하게만 보였던 내 이미지는 그날 버스 안에서 완전히 뒤집히고 말았다. 그도 그럴 것이 '김애경 · 주현 · 김인문' 등의 코믹과 배우들을 포함한 전 출연자의 웃음보를 쥐었다 놨다 하는 대반전 쇼를 선보였기 때문이다. 물론 그 버스 안에 담당 연출자인 '황은진' PD와 '김운경' 작가도 동석했다.

그런데 강원도 촬영을 다녀온 후 어느 날, '달평' 역을 맡았던 내 대사에 '김운경(1954년생)' 작가가 드라마에 맞게 새롭게 쓴 국민당 김동길 최고위원과 김대중 · 김영삼 대선후보의 성대모사 코미디가 있었고, 방송이 나간 이후 정주영 캠프의 초청을 받게 된 것이다(작가 '김운경'은 〈한 지붕 세 가족〉, 〈서울의 달〉, 〈서울 뚝배기〉, 〈짝패〉 등의 히트작을 집필했다).

이처럼 출연자 전체가 움직이는 차량 이동이나 회식 등의 장소에서 자신의 특기를 자연스럽게 선보이는 것도 아주 좋은 방법이다.

물론 평소 준비가 돼 있어야 한다. 나 역시 예측할 수 없는 장소에서 즉흥적인 성대모사 코미디로, 내로라하는 배우들과 감독 · 작가를 웃길 수는 없었다. 사전에 준비된 보따리를 우연찮은 기회를 만나 풀었던 것이다(코미디언들의 콩트 하나도 수십 번 반복 연습한 결과다).

반면 자신의 특기를 직접 보여주지 않고, 감독에게 이력서를 내밀듯 기억시킬 수 있는 또 다른 방법이 있다.

이 역시, 과거 나의 경험을 예로 들겠다.

「캐릭터 창조를 위해 망가져라」에서 언급한바 있는 KBS 미니시리즈 〈무당〉(1994년)에서, 내가 중견배우 '김성환·정종준'과 함께 거지 3인방의 막내 '꺾쇠' 역을 맡았던 사연도 결국 셀프-PR 덕분이었다.

KBS '드라마제작국'과 '탤런트실'은 같은 건물에 자리하고 있다. 드라마제작국은 국장을 비롯해 CP와 PD, AD가 근무하는 공간이다. 그런데 이곳은 3층 아래 있는 탤런트실 배우들이 자유롭게 올라와 감독들과 인사를 나누기도 한다. 앞서 말했듯 감독과 배우는 동료이며, 서로가 필요로 한 상생(win-win)의 관계이기 때문에 PD들이 근무하는 '드라마제작국'에 KBS 극회 탤런트들은 캐스팅 유무와 무관하게 자유롭게 드나들 수 있는 것이다.

드라마 〈무당〉 이전, 나는 '엄기백(1953년생)' 감독의 작품에 출연해 본 적이 없는 배우였다. 당시 엄기백 감독은 판소리나 민요 등을 가미한 드라마를 자주 연출했다('이병헌'을 발굴하고, '임창정'을 가수의 길로 연결시킨 장본인). 나는 늘 마음속으로 "저 드라마에 내가 출연했어야 했는데. 나처럼 판소리도 배우고 마당놀이도 해본 배우를 왜 써주지 않는 거지!" 하는 생각이 들었고, 어느 날 용기를 내 '엄기백' 감독의 자리로 찾아가 "나의 재능은 이러이러한 것들이 있으니, 이런 역할들이 있으면 꼭 불러주십시오."라고 부탁하자, 엄기백 감독은 예의상 "그래 알았어. 비슷한 거 있으면 연락

할게.”라고 대답했다. 나 역시 그 이후로는 우연히 마주치더라도 같은 말을 반복하진 않았다. 그런데 1, 2년쯤 지난 1994년 어느 날 갑자기 조연출 ‘윤창범’ 감독의 전화를 받았는데, “엄 감독님이 연락하라고 했다.”라는 말과 함께 “미니시리즈에 ‘김성환·정종준’과 같이 나오는 고정 배역이니 대본을 받으러 오라.”는 것이었다.

당시 일제강점기를 배경으로 찍느라 전국 오지를 찾아다니며 촬영했는데, 첫 촬영을 하던 날 여러 배우와 스태프들 앞에서 엄기백 감독은 나의 캐스팅 동기를 강한 경주 사투리로 이렇게 털어놨다.

“내가 원래 〈품바〉했던 연극배우 ‘정규수’를 캐스팅할라꼬 했는데, 그 놈아가 아무리 설득해도 안 한대. 방송에까지 나가서 지가 또 거지 하 겠냐꼬……. 그래서 ‘정규수’ 대타를 아무리 찾아봐도 떠오르는 놈이 없는 거라. 근데 문득, 한 2년 전에 ‘문홍식’이가 내 자리에 찾아와가, 지가 ‘민예극단’에서 마당놀이도 하고 판소리도 배우고 ‘김시라’에게 품바도 배운 적이 있다꼬 했던 말이 떠올라서, 내 바로 ‘창범(조연출 이름)’이 한 테 ‘문홍식’이 당장 부르라꼬 했지.

요즘은 자기 PR 시대라꼬, 자기가 자기를 PR하지 않으면 누가 해주나? 배우는 감독에게 밥 사는 것보다 더 중요한 게, 지 특기를 까발리는 거야. 감독이 뭐 알아야 써주지! 옷만 번지르르하게 입고 다니면 그 속에 뭐가 들었는지 우야 아노(어떻게 알아)?

‘홍식’이 이놈 아는 내가 캐스팅한 게 아이고, 지가 지 캐스팅을 미리 찜해 둔 거라꼬.”라는 캐스팅 동기를 밝혔다.

　물론 그 말속엔 아직도 '정규수'를 캐스팅하지 못한 아쉬움이 남아있었고, 카메라를 돌리기 전 많은 스태프와 배우들 앞에서 공개적인 부담을 줘, "너 '정규수'보다 더 잘해야 한다. 이 역은 그만큼 감독인 나에게 중요하다."라는 호소가 섞인 간접 표현이자, 또 한편으론 자기 자신을 세일즈(sales)했던 배우 '문홍식'의 자세를 칭찬했던 것이다.

　'엄기백' 감독의 말처럼, 배우 스스로 자신의 장점을 알리지 않으면 그 속에 무슨 재능이 숨어 있는지 감독은 알 수가 없다.

　내용물의 이미지가 붙지 않은, 속을 알 수 없는 통조림의 뚜껑을 여는 것은 배우 자신의 몫이며, 선택 여부는 감독의 몫이다.

[자료 57]

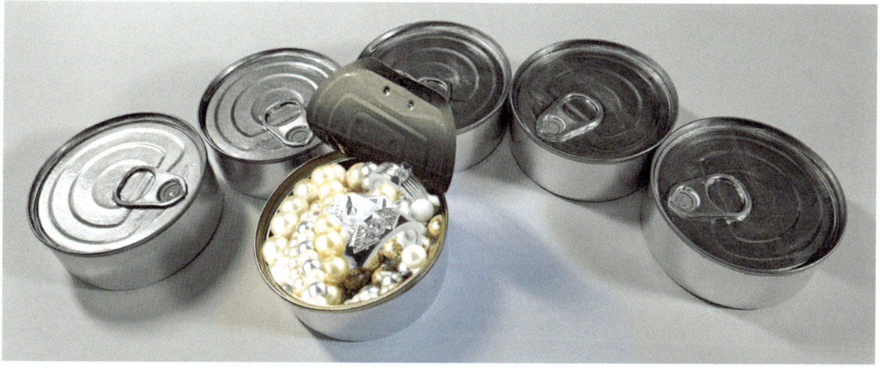

[재능의 뚜껑을 연 '…할 수 있다.'의 can과 뚜껑을 열지 않은 병풍이 된 깡통들의 비유]

　양철로 만든 통이 캔(can)이다. 그러나 can은 '…할 수 있다'의 뜻으로도 사용된다. 당신이 만약 재능의 뚜껑을 열어 알리지 않는다면, 겉만 번듯한 채 알맹이가 보이지 않는 빈 깡통으로 취급받으며 언제나 주·조연의 병풍이 되고 말 것이다.

깡통이 아닌, 당신의 재능을 스스로 오픈해 셀프-PR 할 수 있는, "할 수 있다."의 CAN의 배우가 되길 바란다.

감독은 누구나, 아직 캐스팅해보지 않은 배우는 아무리 좋은 연기력을 갖고 있다고 해도 자신에게 친숙하지 않은 낯선 배우일 뿐이다. 그러나 어떤 배우든 한 번 일을 하고 나면 대부분 가까운 사이로 거리가 좁혀지며, "그 아무개 내 배우야! 내가 잘 알지."라는 가족 의식이 생겨난다.

감(fluke)이 떨어지기만을 기다리는 것은 바보 같은 짓이다.
감(luck)을 따기 위해 스스로 방법을 찾아 행동으로 옮겨야만 한다.

감독이 선호하는 프로필 사진

좋은 프로필(profile) 사진이란 어떤 것일까?

이제 갓 활동을 시작한 신인이나 배우 지망생들의 경우, 자신의 실물보다 더 예쁘고 멋진 사진을 원한다. 사진이 멋져야 오디션에 뽑힐 가능성이 높다고 생각한다.

이러한 개인적 판단은 사진을 과도하게 포샵 처리하게 된다.

콧날을 세워 부각 시키거나, 눈동자를 키우고, 잡티와 점을 지우기도 하며, 턱을 뾰족하게 줄이고 늘리며 자기만족에 빠진다.

색 보정의 한계를 넘어 포토샵(Photoshop)으로 조작(造作)한 이와 같은 사진은 '내 얼굴이 이렇게 되었으면' 하는 바람의 이미지일 뿐, 자신의 실물이 그렇게 바뀐 것은 아니다.

그런데 만약 이런 조작 사진으로 접수한 오디션에서 연락받았을 경우 현장에 찾아가면 십중팔구 듣게 되는 공통된 말이 있다.

"사진과 실물이 상당히 차이가 있네요! 본인 맞아요?"라는 말이다. 또는 아예 말할 가치를 느끼지 못해 그냥 돌려보내거나 형식상 대충 오디션 흉내만 내기 십상이다. 원하지 않는 상대에게 힘을 뺄 필요가 없고, 그냥 돌려보내면, "불러놓고 왜 오디션을 해주지 않는지?" 묻기 때문이다.

이유는 프로필 사진을 보고 연락한 관계자는 사진 속 인물에게 관심이 있었던 것이지, 당사자의 실물에는 관심이 없기 때문이다.

사진을 보고 소개팅 자리에 나갔는데, 상대의 실물이 다르다면 속은 듯 실망스럽지 않겠는가?

전문 스튜디오에서 찍은 사진도 좋고, 실내나 야외에서 휴대폰이나 개인용 디카로 찍은 사진도 아무 관계 없다.

중요한 것은, 가장 나다운, 본인의 평소 얼굴과 똑같은 사진이 최고의 프로필 사진이다.

전문 사진사가 아니어도 요즘 디지털 카메라의 자동 기능은 노출과 포커스 모든 것이 프로필 사진 찍기에 조금도 부족함이 없다.

단 스마트 폰으로 찍을 경우, 너무 가까이 찍게 되면 얼굴의 왜곡이 생기기 때문에 어느 정도 거리를 두고 찍은 후 용도에 맞게 얼굴 크기를 자르면 된다.

감독이나 조연출이 실물을 봤을 때, 사진 속 얼굴과 같아야만 관심을 두고 진지한 오디션을 하게 된다.

사진이 실물과 다르게 포샵 된 것은 속이는 행위이며, 오디션과 캐스팅의 기회를 점차 멀어지게 만드는 원인이 된다(나이 어린 학생이나 배우 지망생들은 이 말이 도저히 이해되지 않을뿐더러, 믿고 싶지도 않을 것이다. 예쁘고 잘생긴 사람을 뽑지, 누가 못생긴 사람을 뽑겠냐고 반문하겠지만, 드라마는 다양한 얼굴이 필요하다).

사각턱이거나, '삐삐'처럼 주근깨가 많은 사람이 두꺼운 화장으로 주근깨를 감추거나, 포토샵을 이용해 턱을 고치는 것은 미래를 내다보지 못한 근시안적 행동이다.

망원 렌즈로 배경을 날리지 않아도 관계없다. 인물이 부각될 수 있도록 깔끔한 배경이면 충분하다. 전 세계 모든 감독과 오디션 관계자들은 사진 조작의 난이도를 뽑는 심사위원이 아니다. 자신들이 원하는 배역의 '다양한 이미지'를 찾는 것이지, 잡티 없는 깨끗한 사진이나 포샵 기술력의 실무자를 찾는 것이 아니다.

장사꾼들은 늘 사진을 조작해 고객의 마음에만 들게 할 뿐, 감독이나 오디션 관계자와는 전혀 다른 관점에 있다는 것을 명심해야 한다.

프로필 사진을 광고 모델 사진으로 착각하면 안 된다.

신인이나 배우 지망생들의 가장 흔한 실수는, 이미 자신이 표지모델이 된 듯 광고처럼 찍고 포샵으로 조작한다는 점이다.

프로필 사진이란, 얼굴에 흉터가 있어도 성형으로 고치지 못한 것이라면 포샵으로 지울 필요가 없다.

어떤 감독은 '딱 그만큼'의 흉터 있는 배우를 찾고 있는지도 모른다. '흉터나 주근깨·점·사마귀·사각턱·탈모' 등 모든 특징은 나만의 개성이 될 수 있고, 지금 이 순간에도 감독 누군가는 바로 그런 인물을 찾고 있기 때문이다.

[자료 58]

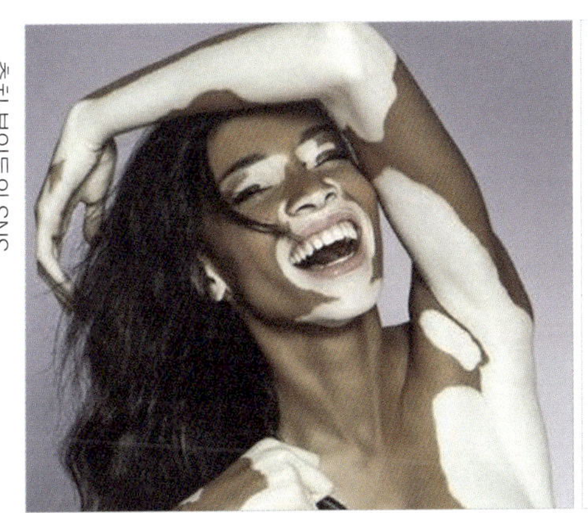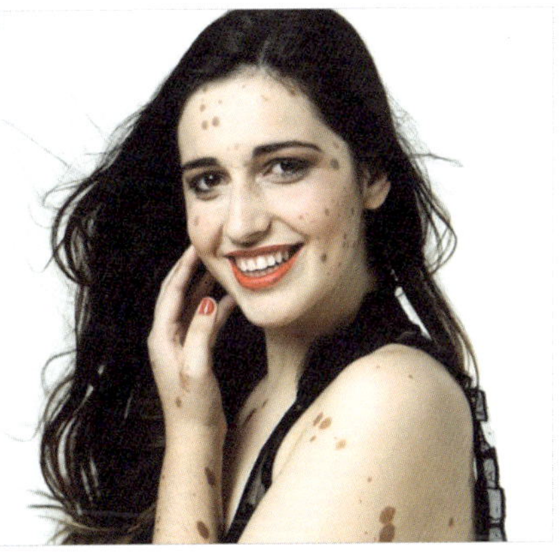

[캐나다 출신 모델 '위니 할로우(좌)'와 스페인 출신 '알바 파레호(우)']

세계적 탑 모델 중, 자신의 약점을 강점으로 역발상 시킨 두 인물이 있다. 흰 페인트가 묻은 듯 전신에 분포된 '백반증(白斑症)' 때문에 어린 시절부터 '젖소'나 '얼룩말' 소리를 들으며 놀림을 받았던 '위니 할로우

(Winnie Halrow)'와 온몸에 500여 개의 점이 있는 달마시안 소녀 '알바 파레호(Alba Parejo 스페인어 발음)'의 경우다. 이들은 희소병인 신체 콤플렉스의 한계를 극복하며, 감추고 싶었던 치명적 약점을 오히려 자신만의 대표 콘텐츠로 브랜드화시켰다.

두 모델의 사진 속 반점은 분장이 아닌 실제 자기 피부다.

얼마나 당당한가?

턱이 넓으면 어떻고, 눈이 좀 작으면 어떤가?

얼굴의 잡티나, 주름, 모든 것이 나무의 나이테나 껍질의 질감과 같이, 살아온 세월의 깊이나 개성을 나타내는 나만의 고유한 자산(資産)이다.

드라마는 다양한 인물로 구성된 조화(調和)의 산물이다.
당신의 있는 모습 그대로가 최고의 경쟁력이 될 수 있다.

배우는 자기 얼굴을 밑천으로 연기력의 승부수를 던져야 한다.

연기력이 아닌 포샵으로 조작한 얄팍한 수법으로 오디션을 통과해보고자 한다는 것은 참으로 답답한 노릇이며, 반드시 말려야 할 일이다.

지구상에 유일하게 하나뿐인 당신의 얼굴을 자신 있게 드러내는 것이 캐스팅의 지름길이다.

배우의 성형

성형의 고민과 유혹은 나이와 무관하게 찾아온다.

「감독이 선호하는 프로필 사진」에서 언급했듯 성형 고민 역시, 내가 조금 더 예뻐지고·멋져지고·젊어 보이려는 욕심에서 시작된다.

젊은 배우들은 콧날을 세우거나, 쌍꺼풀, 또는 턱을 깎는 양악 수술을 하는 경우가 있다. 반면 중년 이후의 배우들은 한 해 한 해 변해가는 안면 노화로 인한 우울감 때문에 성형을 고민한다.

남녀 배우를 불문하고, 쳐진 눈꺼풀과 깊고 자글자글한 주름은 보톡스(Botox)와 성형 유혹을 피할 수 없을 것이다.

배우를 그만둘 것이라면 성형을 통해 자기 위안을 삼는 것도 좋다. 그러나 계속 배우를 하고자 한다면 성형만은 절대 금물이다(어쩌면 배우를 하기 위해 성형을 고민한 당신의 생각과는 반대일 것이다. 예뻐지고 젊어져야 캐스팅 기회가 더 올 것이라는 생각은 당신의 그릇된 착각이다).

자신의 생물학적 나이를 뒤로 되돌릴 수 없다면, 신체 나이의 훈장(勳章)인 쳐진 눈꺼풀이나 깊은 주름을 펴기 위해 칼자국의 흉터를 남기지 말라. 피부를 당겨 주름을 없애면, 안면근육이 매우 부자연스러워 카메라의 거부감을 일으킨다.

또한 자신의 늙어가는 모습을 보여주지 않으려고, 프로필 사진이나 배우 수첩의 사진을 20여 년 전 사진으로 방치해 둔 경우들이 있으나 이는 스스로 캐스팅과 멀어지는 것이다.

정년(停年)의 나이 제한이 없는 배우는, 늙어 가면 늙어 가는 대로 흰머리와 주름을 감추기보다 오히려 당당히 보여주어야만 자신의 나이에 맞는 역할에 캐스팅될 확률이 높아진다.

진시황도 해결하지 못한 '불로장생'의 불로(不老)를 꿈꾸지 말라.

다시금 강조하지만, 배우는 인생의 삶(life)을 연기하는 것이다.
인생의 나이테를 고치려는 것은, 모태로부터 타고난 자연미를 훼손시키는 만행이자 캐스팅되기를 스스로 포기하는 자폭 행위이다.

중년 이후의 배우들에게 성형보다 더 중요한 것은 체력적 건강관리다. 많은 감독이 극 중 나이보다 젊은 배우를 캐스팅해 노역 분장을 시켜 촬영하는 것은 해당 나이의 배우가 없어서가 아니다.
배우의 체력적 문제가 촬영의 걸림돌이 될 수 있는 우려 때문에 나이가 들어갈수록 점차 캐스팅에서 배제되는 것이다.

나이와 관계없이 성형을 고민하는 배우가 있다면, 그 돈으로 체육관 정기권을 끊거나, 아직 해보지 못한 재능계발에 투자하길 권한다.

카메라 오디션의 A to Z

오디션은 크게 공개 오디션과 비공개 오디션으로 나누어진다.

영화의 주·조연급 신인을 뽑는 공개 오디션의 경우 탤런트 선발과 일정 부분 유사성을 띠고 있다.

그러나 방송사의 공채 선발은 신인배우를 발굴 육성하고자 하는 장기적 취지가 강한 반면, 영화의 공개 오디션은 제작발표회의 성격을 띤 일회성의 홍보 측면이 강하다.

영화의 주·조연 공개 오디션은 대부분 사전에 정해진 배우를 참가시킨 짜인 각본인 경우가 많다. 몇천 대 1로 뽑힌 혜성급 배우로 포장하기 위해 접수자 모두를 숫자로 헤아린 행사 차원의 언론 노출이 주 목적이다.

가수나 래퍼를 뽑는 공개 오디션도, 국내외 할 것 없이 점수 조작을 통해 미리 정해진 특정 후보를 뽑는 사례가 적지 않다.

반면 비공개 오디션은 사전홍보 목적을 전면 배제한 채, 필요한 대상자만을 골라 소규모의 실속 오디션을 진행한다.

그러나 비공개 오디션 시 주의할 점은, 사이비 업자들이 오디션을 가장해 은밀한 장소로 불러들여 전신의 알몸 노출 확인을 강요하거나 성폭행 사건으로 이어질 수 있는 위험 요소다.

비공개 오디션을 연락받았을 경우 제작사와 감독의 신뢰도를 우선시 해야 하며, 장소와 시간을 근거로 오디션의 안전 여부를 지혜롭게 판단해야 한다.

1:1 오디션을 연락받거나 장소의 신뢰감이 들지 않을 경우 반드시 동행자가 있어야 하며, 대기실에서 안이 들여다보이지 않는 밀폐 공간을 안내한다면 피하는 것이 좋다. 오디션 기회는 또다시 잡을 수 있지만, 자칫 사고로 이어질 경우 돌이킬 수 없는 심각한 문제를 야기시키게 된다.

안전한 비공개 오디션은 낮 시간대에 진행되며, 무대가 있는 알려진 극장이나 통유리로 안이 들여다보이는 전용 연습실을 사용한다. 또한 CCTV가 설치되어 있거나 오디션 과정을 풀타임으로 녹화할 수 있는 보조 카메라가 준비되어 있다.

미 투(me too) 운동이 전 세계적으로 확산한 계기와 함께, 미국의 여성 노동자를 보호하기 위한 비영리 단체인 '타임즈 업 엔터테인먼트(The TIME'S UP Entertainment)'는 배우들의 오디션과 촬영 시, 성폭력 관련 제반 사고를 막기 위해 '노출 수위와 성적 장면·성폭력 신고'에 관한 가이드라인을 만들었다. '타임즈 업'은 지침서인 가이드라인을 통해, 여배우들이 부당한 성적 요구와 위험으로부터 자기방어와 권리를 주장할 수 있는 인식변화를 꾀하고 있다.

성적 수치감을 느끼면서도 캐스팅의 기회를 얻기 위해 자기방어에 약해질 수밖에 없는 신인 여배우들은, 반드시 '성희롱 및 성폭력 피해 대응 안내서'와 '오디션 시 자기 보호와 권리주장 지침'이 담긴

가이드라인을 참고하길 바란다.

영화의 경우 오디션 대상자가 정해지면 연출부 연락 담당자가 날짜와 시간 장소 등을 전화로 통보하게 된다.

이때 오디션 대상자들에게 가장 많이 듣게 된 질문은 "어떤 역할인가요? 오디션 대사는 메일로 보내주나요?"라는 말이다.

당연히 궁금하겠지만 이런 질문은 아직 오디션 경험이 없는 초보자임을 티 내는 것이다. 대사를 미리 보내줄 곳이라면 묻지 않아도 보내겠다는 말을 먼저 하기 마련이다.

그렇다면 오디션 대상자 선정 과정을 이해할 필요가 있다.

오디션 공지를 보고 접수한 수많은 프로필을, 연출부가 감독이 지시한 범위 안에서 1차 선별하게 된다. 이후 감독은 그중에서 다시 2차 선별을 해 오디션 스케줄을 잡도록 한다.

사전에 대사를 배포한 경우라면 주어진 대사 위주로 진행하겠지만,

대사를 보내주지 않은 오디션은 현장에서 15분 전후로 나눠주게 된다.

만약 오디션장에 도착해 대사를 받았다면 실수 없이 암기하려고 애쓰지 말라. 또한 대사 읽기에 급급한 나머지 고개를 숙인 채 오디오만 들려주는 우를 범하지 말아야 한다.

감독은 누가 대사를 빨리 암기했는가를 보지 않는다.

대사는 틀려도 좋다. 살을 붙이건 빼건 관계없다. 중요한 것은 대사 속에 숨어 있는 캐릭터의 느낌을 살려내는 것이다.

오디션 대사는 연극영화과 입시 대사 요령과는 다르다.

대사의 캐릭터와 빗나간 설정이 되었더라도, 감독이 추가 정보를 던져 줄 경우 빠른 이해와 순발력 있는 연기 수정이 중요하다.

나는 오디션 진행 시, 대사를 일절 제공하지 않는다.

대사를 받지 않은 배우들은 현장에 도착해 어떤 연기를 주문할지 궁금해하고 초조해한다.

내가 오디션에서 가장 중요하게 생각하는 것은, 오디션 카메라와 연결된 모니터 속 배우의 이미지(image)와 임기응변의 순발력(瞬發力)이다.

나는 배우와 간단한 인터뷰를 한 다음 즉흥 연기를 주문하게 되는데, 배우마다 각기 다른 상황을 던져준다. 무대에 올라오는 첫 이미지에 맞게 연기를 주문하고, 순발력이 느껴지면 또 다른 2·3차 주문을 추가한다. 이러한 이유로 인해 배우마다 오디션 시간이 제각기 달라진다.

더 나아가 마음에 와닿는 배우를 만나면 밖에서 잠시 대기하도록 한다. 그리고 이처럼 선별된 두세 사람을 동시에 무대에 올려 새로운 상황을 던져준다. 당사자들에겐 진땀 나는 상황이겠지만, 막상 연기가 시작되면 낯선 사람들과 처음 만난 이들이 매우 완벽한(perfect) 연기 조화를 보여주기도 한다. 긴장(緊張)과 생존(生存)의 심리가 가져다준 결과이며, 보는 이와 당사자 모두가 희열을 느끼는 순간이기도 하다.

이렇게 선발된 순발력의 소유자들은, 이후 어떤 대사가 주어지건, 또는 어떤 변수의 상황이 발생하건 즉시 대처 능력을 발휘한다.

그동안 나는 ‘한국시네마연기연구소(kcari.co.kr)’에서 배우들에게 극한적 상황을 던졌을 때, 누구도 예측할 수 없었던 진보적 연기를 창출한 사례들을 발견한 바 있다.

던져준 상황은 창조적 연기를 자아내지만, 주어진 대사는 연기의 억압을 가져오기 때문에, 감독들은 활자화된 대사를 오디션에 사용하지 않길 바란다. 이는 실전에서도 마찬가지인 경우가 많다. 영화의 완성자는 감독이지만, 연기의 최종 완성자는 결국 배우다.

시나리오를 100% 재현하는 감독은 없다. 시나리오의 큰 줄거리가 배우에게 던져진 상황과 대사였다면, 감독 역시 시나리오라는 기본

도구를 밑천으로 자기 상상력을 더한 새로운 창작물을 만들어 내는 것이다. 감독이 시나리오에 연연한다면 그의 활동성은 위축될 수밖에 없다.

시나리오의 대사는 하나의 디딤돌에 불과한 것인데, 조각 대사를 가지고 그 배우를 판단한다는 것 자체가 모순이다.

주어진 대사 듣기가 중요하다면, 배우들을 굳이 오디션장에 부르지 않고서도 얼마든지 대사를 들어볼 방법이 있다.

사전 대사를 제공한 오디션의 가장 큰 실수는, 감독이 생각한 자기 그림이 아닐 경우 "이 배우는 아니다."라는 오판(誤判)을 내린다는 사실이다. 그러나 배우의 연기는 감독의 주문에 따라 달라진다.

감독은 배우의 광범위한 연기 스펙트럼(spectrum)을 찾아내야 한다. 오디션은 내가 찾는 캐릭터의 이미지를 대입시켜 배우의 가능성을 테스트하는 것이다.

오디션의 또 다른 방법 하나는, 제작사 사무실에서 조감독과 1:1로 만나 카메라 테스트를 하는 경우다. 헌팅 등 촬영 준비로 바쁜 감독을 대신해 조감독이 가벼운 인터뷰와 함께 감독이 지시한 몇 가지 캐릭터의 연기를 테스트한다. 이처럼 감독에게 보여주기 위한 비디오를 찍는 오디션은, 어쩌면 가장 어려운 부분일 수 있다.

조감독은 감독의 업무 대행자이기 때문에 자신의 의지대로 연기를 주문할 수 없는 취약점이 있다. 조감독이 대신 오디션을 진행한 역할은 대부분 아주 작은 단역인 경우가 많다. 비중 있는 배역은 바쁜 시간을 쪼개서라도 감독이 직접 하기 마련이다.

그 외 감독의 성향에 따라 자유연기를 부탁하기도 하고, 배우 스스로 자유연기를 준비해 왔으니 봐달라는 예도 있다. 어떤 경우가 되었건 자유연기는 자신만의 창의적 연기를 보여주어야 한다.

배우 지망생 중엔, 유명 배우의 특정 캐릭터를 흉내 내기도 한다. 본인은 열심히 준비했겠지만, 'A'라는 특정 배우는 그 사람 하나면 족하다.

타인의 모방 연기는 감독에게 전혀 흥미롭지 못한 시간 낭비일 뿐이다. 이런 잔재주는 회식 자리에서나 보여줄 내용이다.

설령 오디션에 떨어져도 좋다. 자신을 기억시킬 수 있는 창의적 연기를 보여준다면, 감독은 이후 뜻하지 않은 상황 가운데 그때의 오디션 배우를 기억해 캐스팅의 기회로 연결될 수도 있다.

반면 특정 역할의 후보로 연락받았을 경우, 그 이미지에 맞는 옷차림과 분위기를 연출해 오디션장에 나가는 것이 유리하다.

가령 증권가 회사원이나, 군밤 장수 · 항공 승무원 · 축구선수 등의 특정 배역을 통보받았다면, 자신이 맡게 될 역할의 이미지를 최대한 어필할 수 있는 복장이나 헤어 · 가방 · 축구공 등의 소품을 준비한다면 더없이 좋은 결과로 이어질 것이다.

　연극과 달리 영화나 TV의 카메라 연기는 이미지(image)가 캐스팅의 우선순위이다. 아무리 연기력이 뛰어나도 이미지가 맞지 않는 배우를 캐스팅할 수는 없다. 연극은 연기력으로 역할을 창조하지만, 카메라 연기는 이미지가 절대적 전제 조건이다.

　오디션 당시 연기력이 좀 부족하다고 해도 이미지가 맞는다면 감독은 훈련과 N.G.를 감수하면서도 그 역할을 만들어갈 수 있다.

　오디션은 배우의 이미지 찾기와 연기의 간(taste)을 보는 것이다.

　감독들은 오디션을 보는 순간 이미 캐스팅 여부가 결정 난다.

　연기를 끝까지 다 보지 않아도 20여 초면 충분히 선수(배우)를 알아볼 수 있기 때문이다.

감사의 말

이 책은 코로나19라는 불청객이 아니었더라면 세상에 나오지 못했을 것이다. 우리의 삶을 송두리째 뒤흔들며 전 세계적으로 수많은 희생자를 낳고 아직도 해결되지 않은 코로나19는, 사회 전반과 영화계는 물론이며 나에게도 적잖은 타격을 입혔다.

진행하던 영화가 잠정 보류되며, 끝을 알 수 없는 팬데믹의 현실 앞에서 한동안 나는 극심한 상실과 좌절, 우울감에 시달렸다.

하지만 나를 더 이상 수렁에 빠지게 할 수 없었고, 나를 다시 살리기 위해 결심한 일이 책 집필이었다.

10여 년 전부터 카메라 연기론 정립에 관한 아이디어가 있었지만, 바쁘다는 핑계로 차일피일 미뤄왔는데 이제야 그 일을 하게 된 것이다. 그런데 유감스럽게도 원고 마감을 앞둔 2주 전, 코로나는 결국 나를 공격해 들어왔다. 그로 인해 급격한 시력 저하와 부정맥이라는 심각한 후유증과의 사투를 벌여가며 현재 서른일곱 번째 교정 작업 중에 있다.

결과적으로 이 책은 여전히 반갑지 않은 코로나19의 악재가 가져다준 뜻밖의 선물이다. "눈물로 씨앗을 뿌리는 자는 결국 기쁨으로 곡식단을 거두리라(시126:5~6)."는 시편 기자의 말이 떠오른다.

힘든 이 시대를 살아가는 지구촌 모든 이들에게 전하고 싶다.

당신의 주머니에 아직 희망의 씨앗이 남아있으니, 다시 용기를 내 남김없이 뿌려주길 권한다.

아쉬움과 부족함이 많음에도 불구하고, 나의 두 번째 영화 이론서를 출간해 주신 '한국학술정보' 이담북스 관계자 여러분께 감사드리며, 까다로운 주문을 마다하지 않고 모든 삽화를 그려준 딸 '유정'에게도 고마움을 전한다.

또한 책의 출판을 위해 자료를 제공해주신 한국방송 KBS와 워너브러더스 · 월트디즈니픽처스 · 카날플뤼스 · NBC필름 측에 깊이 감사드리며, 특별히 나의 정신적 지주가 되어준 '누리 빌게 제일란' 감독에게 감사드린다.

끝으로 잊을 수 없는 두 분께 감사를 더하고 싶다.

하찮은 돌자갈에 불과했던 무명의 나를 배우로 발굴해 주시고, 나의 성장을 위해 가장 결정적 도움을 주셨던 '오동석 · 윤석호' 감독에게 진심 어린 감사의 마음을 전한다.

2024년 2월
저자 Juanri 문홍식

출판사와 저자는 다음 분들에게 감사의 뜻을 표합니다

이상호 (목사, 히브리어 및 성서 자문)

민현식 (국어 교육학 교수, 자문)

심　현 (의사, 심전도 자문)

장병철 (의사, 심혈관 자문)

김유정 (피아니스트, 자문)

나영선 (국악 관악 연주자, 자문)

강선숙 (소리꾼, 판소리 자문)

주소연 (소리꾼, 판소리 자문)

김빛나 (영어 번역자, 자문)

박초원 (멕시코 의대생, 스페인어 자문)

한국방송 KBS

워너브러더스

월트디즈니픽처스

카날플뤼스

넷플릭스

워킹타이틀필름

라이언스게이트

튀르키예 NBC필름

타임즈 업 엔터테인먼트

한국영화성평등센터 든든

제이오엔터테인먼트코리아

쇼박스

문필름코리아

떼아뜨르 秋

시나리오친구들

강수진 (발레리나)

배소현 (대금 연주자)

(故) 오정숙 (판소리 국창)

(故) 長田 하남호 (서예가)

木人 전종주 (서예가)

문유정 (일러스트레이터)

누리 빌게 제일란 (감독 · 작가 · 배우)

메흐멧 에민 제일란 (배우)

에브루 제일란 (배우 · 작가)

알레한드로 곤살레스 이나리뚜 (감독 · 작가)

레오나르도 디카프리오 (배우)

안젤리나 졸리 (배우)

앤 해서웨이 (배우)

톰 하디 (배우)

도널 글리슨 (배우)

숀펜 (배우)

수잔 서랜드 (배우)

야기라 유야 (배우)

위니 할로우 (모델)

알바 파레호 (모델)

(故) 추송웅 (배우 · 연출)

(故) 김인문 (배우)

(故) 강태기 (배우)

(故) 변희봉 (배우)

오지명 (배우)

최민식 (배우)

이종남 (배우)

송채환 (배우)

심지호 (배우)

윤다영 (배우)

엄기백 (방송PD)

성준기 (교수 · 방송PD)

김운경 (방송작가)

최상호 (영화 촬영감독)

김용수 (방송 ST카메라 감독)

오별나라 (방송 ST카메라 감독)

김필두 (방송 플로우매니저)

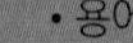

부록

용어

ㄱ

가 편집 Rough Cut Editing: 편집의 첫 단계로 1차 예비 편집 과정이며, 필름 편집에서는 러프 커팅(rough cutting) 이라고도 한다.

광각렌즈 Wide Angle Lens: 표준 렌즈보다 넓은 화면을 잡을 수 있으며, 전경부터 원경까지 선명한 초점을 맞춰준다.

교차편집 Cross Editing: 상반된 각기 다른 화면들이 연속적으로 교차하며 시간의 생략이나 긴박감을 고조시키기 위한 편집화면.

그린 스튜디오 Green Studio: CG나 VFX 합성을 위한 크로마키(chroma-key) 촬영을 위해, 사방의 벽과 바닥을 초록(or 블루)색으로 칠한 스튜디오.

ㄴ

노출 Exposure: 촬영 시 카메라 렌즈를 통해 들어오는 빛이 셔터가 열려 있는 시간만큼 필름이나 디지털 센서에 비치는 일.

녹화 Recording: TV 드라마나 가요프로그램 등을 스튜디오 멀티 카메라로 촬영하며 테이프나 하드디스크에 기록하는 것(또는 개인 카메라에 영상이 촬영되어 저장되는 것).

ㄷ

달리 Dolly: 카메라의 이동을 위해 기차의 양 레일과 같은 일정한 궤도 위에서 움직이는 바퀴가 달린 촬영 장비(영국식 발음은 '돌리'다).

더블 롤 Double Role: 1인 2역, 또는 1인 2역을 맡은 배우가 같은 신에 동시에 등장하는 촬영기법.

더블 액션 Double Action: 싱글 카메라로 촬영할 때 샷의 사이즈나 방향이 바뀌는 지점의 연기가 튀는 것을 막기 위해, 이전 샷의 마지막 동작을 다시 반복해 연결해 주는 것.

더빙 Dubbing: 편집화면 위에 대사를 재녹음하거나, 외화나 애니메이션 영화에 성우나 배우가 모국어로 대사를 새롭게 입혀 녹음하는 것. 과거 후시녹음 영화는 모두 더빙을 했다.

데이 포 나이트 Day for Night: 제작비 절감을 위해 특수 필터를 이용해 밤 신을 낮에 촬영하는 기법. '톰 행크스' 주연의 〈캐스트 어웨이 *Cast Away*〉는 모든 밤 신을 '데이 포 나이트'로 촬영했다.

디졸브 Dissolve: 오버랩과 유사한 디졸브는, 현재의 화면이 다음 화면과 겹치며 서서히 사라짐과 동시에 다음 화면이 서서히 선명해지는 편집 효과. 고전영화에서는 많이 사용되었으나 지금은 TV에서만 주로 사용됨(편의상 콘티 대본에는 DIS로 줄여 표기함).

딥 포커스 Deep Focus: 근경과 원경의 사물들을 모두 선명하게 잡아내는 초점 조절.

ㄹ

로우 앵글 Low Angle: 하이앵글과 반대로 카메라가 낮은 위치에서 위를 향해 올려보는 화면. 실제보다 크고 웅장하게 잡혀 위압감이나 우월감을 연출할 수 있다. 또는 카메라가 땅바닥에 거의 붙은 듯 낮게 내려앉아 지면 위를 잡는 샷.

로케이션 Location: 세트 촬영이 아닌 야외 현지촬영.

롱 샷 Long Shot: (L.S.) 장소나 배경을 한눈에 볼 수 있게 피사체를 멀게 잡은 화면.

리액션 Reaction: 상대 배우의 대사나 행동에 반응하는 연기.

리트랙킹 Retracking: 동일 샷이나 이전 샷에서 왔던 길을 다시 역이동하는 기법.

ㅁ

모티브 Motive: 음악 용어로서 어떠한 사물을 움직이는 기본 축이자 동력이며, 음악의 형식을 구성하는 가장 작은 단위이다. 즉 시나리오를 구성하는 중심 사상이자 '이런 스토리는 가능할까'라는 근본적 발상, 동기(動機)라 할 수 있다.

몹신 Mob Scene: 사극이나 전쟁 영화에서 주로 볼 수 있는 대규모 인원이 동원되는 군중 신.

몽타주 Montage: 프랑스어로 '조립, 맞추기, 장착, 꾸밈'의 뜻을 포함하고 있다. 영화에서 몽타주는 장면과 장면의 연결, 곧 편집이라 할 수 있으며, 짧은 샷과 샷이 연결되어 하나의 스토리를 형성해 나아간다(또는 편집의 최소 단위인 컷과 컷의 연결이나, 각기 다른 여러 장의 사진 연결로도 가능하다).

미디엄 샷 Medium Shot: 인물의 무릎 위 허벅지 정도에 해당하는 샷으로, 인물과 함께 장소의 배경이나 신의 상황 등을 동시에 보여줄 때 주로 사용된다.

미장센 Mise-En-Scène: '장면화(場面化)'라는 프랑스어에서 유래된 연극 용어로서 실제적인 작업 · 세트 · 소품 · 조명 등 무대화된 장면을 뜻한다. 영화의 경우 카메라 앞에서 이루어지는 모든 요소를 말한다. 즉, 배우 · 분장 · 소품 · 세트 · 조명 등 현재 촬영 중인 샷 안에 들어오는 모든 물체와 빛까지도 무대화를 꾸미는 하나의 연기라는 관점으로 바라보게 됨을 뜻한다.

보이스 오버 Voice Over: 화면에 보이지 않는 내레이터의 목소리가 화면 속 등장인물의 생각을 대변해 주는 것.

부감 High Angle: 카메라가 위에서 아래로 내려다보는 앵글. 장소적 설명이나 폐쇄적인 분위기를 만들 때 주로 사용한다.

붐 Boom: 동시녹음 촬영 시 마이크를 달기 위한 긴 막대. 또는 부감 촬영을 위해 카메라를 매달기 위한 파이프로 된 긴 장비.

붐 다운 Boom Down, 붐 업 Boom Up: 카메라를 매단 '지미집'이나 기타 촬영 장비의 붐을 통해 앵글이 올라가고 내려오는 것. 동시녹음 마이크의 '업·다운'에도 사용한다. 그러나 대부분은 카메라의 상하 움직임을 설명하는 말로 사용된다.

붐 마이크 Boom Mike: 긴 장대와 같은 붐 끝에 매단 동시녹음 지향성 마이크.

ㅅ

사일런트 Silent: 대화가 없는 침묵의 화면으로, 대부분 배우의 대사나 효과음까지 사라지게 한 고요와 적막, 정적의 화면들.

샷 Shot: 컷(cut)과 혼동할 수 있으나, 샷은 카메라가 돌기 시작해 멈출 때까지 촬영상의 최소 단위이고, 컷은 편집상의 최소 단위로, 한 샷의 화면을 여러 컷으로 나눠 사용할 수도 있다.

스크립터 Scripter: 기록 담당. 촬영 현장에서 화면 사이즈와 배우의 액션, 소품의 움직임, 분장과 의상, N.G.와 OK 장면 등을 상세히 기록하는 사람이며, 편집 시 스크립터의 노트는 편집자를 돕게 된다.

스테디 캠 Steady Cam: 카메라를 장착한 장비를 촬영감독의 몸에 착용한 채, 배우의 동선을 따라가며 근접 촬영할 수 있는 장비.

스토리보드 Storyboard: 1927년 애니메이션 제작사 월트디즈니의 작품 〈운 좋은 토끼 오즈월드 *Oswald the lucky rabbit*〉에서부터 시작된 것으로, 촬영을 위한 사전 그림 콘티뉴이티(p.190 [자료 33]을 참고 바람).

시퀀스 Sequence: 국면(局面). 드라마를 구성하는 이야기의 한 구간. 영화는 컷에서부터 시작된다. 컷이 모여 하나의 신이 되고, 이 신들이 모여 각각의 에피소드를 만들며, 이 에피소드들은 서로 간의 연계성을 갖고 연극의 막(幕)과 같은 하나의 시퀀스를 형성하게 된다. 극영화의 경우 약 일곱 개 정도의 시퀀스로 이루어진다(p.084 [표 3]을 참고 바람).

ㅇ

앙각 Low Angle: '하이앵글'과 반대로 카메라가 낮은 위치에서 위를 향해 올려보는 화면. 실제보다 크고 웅장하게 찍혀 위압감이나 우월감을 연출할 수 있다.

앵글 Angle: 카메라의 촬영 각도나 구도.

에이디 AD: (Assistant Director) 조연출. 주로 방송국에서 조감독을 부르는 말.

에피소드 Episode: 몇 개의 신들로 이루어진 짤막한 사건. 에피소드는 시퀀스를 만들기 위한 준비 작업이다.

엔지 N.G.: No Good의 약자.

역광 Back Light: 촬영 시 배우 뒤에서 비춰주는 조명광선.

오버랩 Overlap: 디졸브(DIS)와 유사한 방식으로, 서로 다른 두 화면이 겹치는 것.

오버 숄더 Over Shoulder: (O.S.) 서로 마주 보는 장면에서 한 사람의 어깨 너머로 상대방의 앞모습을 잡는 화면(p.202 [자료 39] 참조).

오프 OFF: 시나리오의 대사 앞에 쓰인 괄호 안 off는, 화면 밖에서 들리는 대사를 말한다. 화면에 등장한 배우의 모습 위로 제3자의 목소리만 들리거나, 집 외경이나 새로운 장소의 화면 위로 들리는 대사. / 예) 김철수: (OFF) 계세요?

이동차 Camera Wagon: 촬영을 위해 카메라를 싣고 움직일 수 있는 바퀴가 달린 이동 장비.

인서트 Insert: 신이 바뀔 때 내부를 보여주기 전, 집 전경이나 장소·소품 등을 강조시키기 위한 화면. 주로 시간 경과나 장소 전환을 알리는 짧은 컷.

ㅈ

접사 Close-Up: 클로즈업 촬영. 카메라가 피사체 가까이 다가간 근접 방식.

주광선 Key Light: 인물을 향해 우측에서 비춰주는 메인 라이트. 반대편으로 떨어지는 그림자를 잡기 위해 좌측에서 비추는 보조 광선은 필 라이트(fill light)라고 한다.

ㅊ

촬영보 Assistants for Filming: (撮影補) 촬영감독을 돕는 스태프. 보통 4, 5명의 촬영보가 각자의 역할을 분담한다.

ㅋ

카메라 워크 Camera Work: 카메라의 기술적 측면을 말한다. 위치나 앵글 조작 등 카메라를 통해 이뤄지는 모든 작업이라 할 수 있다.

컷 Cut: 촬영을 멈추는 신호이기도 하며, 편집화면의 최소단위.

컷백 Cut Back: 상반된 화면들이 연속적으로 교차하며 시간의 생략이나 긴박감을 고조시키기 위한 편집화면. 교차편집이라고도 한다.

콘티뉴이티 Continuity: 촬영에 앞서 연출자가 카메라 이동이나 배우의 움직임, 화면 사이즈와 구도 등을 '샷 리스트'나 '스토리보드'의 그림으로 계획한 연출대본. 짧게 '콘티(conti)'라고도 부른다.

퀵 팬 Quick Pan: 카메라가 고정된 위치에서 인물이나 사물을 수평으로 급하게 따라 훑는 샷. 사건의 긴박감이나, 빠른 장면 전환에 사용된다.

크로마키 Chroma-Key: 실사 화면이나 CG를 배우의 연기와 합성하는 기술. SF영화 등에 주로 사용되는 기법으로, 블루스크린이나 그린스크린 앞에서 촬영한 배우의 배경색인 채도(chroma)를 빼고, 실사나 CG, VFX 화면과 합성하는 기법.

클래퍼 보드 Clapper Board: 신 넘버와 컷 넘버 등이 적혀 있는 슬레이트(slate) 위에 두 개의 막대가 붙어 있는 보드 판. 필름 영화의 동시녹음 촬영 시 막대가 부딪치는 소리에 화면과 오디오의 동기를 맞추기 위한 도구였다. 그러나 디지털 카메라로 전환된 지금도 영화 현장에서 신(scene)과 컷(cut), 테이크(take)의 구분을 위해 여전히 사용된다. 일명 '딱따기'나 '슬레이트'라고도 한다.

ㅌ

테이크 Take: 촬영이나 녹음, 편집 작업을 위해 클레퍼 보드에 '테이크 넘버'를 붙여 가며 구두(口頭) 숫자와 함께 촬영을 진행한다. 동일 샷에서 한 번에 OK가 되면 테이크 1에서 끝나는 것이며, N.G.로 인해 여러 번 촬영이 반복되면 그 순서에 따라 테이크 2, 3, 4, 5가 되는 것이다. / 촬영 직전 카메라 앞에서 가장 많이 듣게 되는 말이다. (예) "신 17, 2(컷)의 5(테이크 넘버)." or "신 17의 2 다시 5."라고 했다면, 17신 두 번째 컷을 다섯 번째 찍는다는 말이다.

트랙 인, 아웃 Track in, Out: 카메라가 이동 장비를 타고 피사체를 향해 전진(in)하거나, 후진(out)하며 촬영하는 기법.

트래킹 샷 Tracking Shot: 카메라가 달리(Dolly)나 이동차를 타고 움직이는 피사체와 일정한 거리를 유지한 채 따라가는 샷. 뛰는 말이나 자동차, 또는 걸어가는 사람을 따라 함께 움직이는 샷을 예로들 수 있다.

틸 다운 Tilt Down, 틸 업 Tilt Up: 카메라가 고정된 위치에서 인물이나 물체를 따라 수직의 상하로 움직이는 것. 바닥의 공을 집어 올리는 손을 따라 카메라의 고개가 올라가면 '틸 업',

반대로 위에서 떨어지는 낙하물이나 인물을 따라 카메라의 고개가 숙여지면 '틸 다운'이다.

ㅍ

팔로우 샷 Follow Shot: 이동장비 사용 유무와 무관하게, 카메라 렌즈가 움직이는 피사체를 따라 옆으로 이동하는 샷.

팬 Pan: 카메라가 고정 위치에서 수평으로 선회하며 좌에서 우, 또는 우에서 좌로 움직이는 촬영. 장소나 풍경을 소개할 때 주로 사용됨.

포스트 프로덕션 Post Production: 모든 촬영(프로덕션)이 끝난 후, 편집이나 오디오 · 색 보정 · CG 작업 등의 후반작업을 말함.

프레이밍 Framing: 카메라를 통해 볼 수 있는 시각적 요소인, 배경과 소도구 · 배우의 동선 및 화면 사이즈와 구도 등을 조절하는 것.

프레임 Frame: '프레이밍'과 혼동할 수 있으나, 프레임은 스크린과 모니터에 보이는 사각의 틀이며, 영상을 구성하는 한 장의 화면을 말한다. 영화는 초당 24장(프레임)이 움직이고, 비디오 화면은 초당 29.98프레임인 약 30장의 화면이 움직여 영상으로 표현된다(p.189 [자료 32] 참조).

프로덕션 Production: 크랭크인이 시작된 시점부터 크랭크업까지의 촬영 기간.

프로듀서 Producer: 영화나 TV 드라마의 제작 전반을 관리하는 실무 책임자.

프리 프로덕션 Pre Production: 크랭크인이 시작되기 전 촬영을 위한 준비 과정(배우 캐스팅 · 스태프 구성 · 장소 헌팅 · 세트 제작 등).

플래시 백 Flash Back: 화면 몽타주 기법으로, 2개 이상의 화면이 순간적으로 빛이 발산하듯 번쩍이며 스쳐 지나가는 '컷백'과 유사한 기법.

픽션 Fiction: 사실이 아닌 허구적 인물이나 사건을 작가의 상상력으로 꾸며낸 스토리.

ㅎ

하이앵글 High Angle: (부감촬영) 카메라가 위에서 아래로 내려다보는 앵글. 장소적 설명이나 폐쇄적인 분위기를 만들 때 주로 사용함.

호리즌트 Horizont: 스튜디오 또는 오픈 세트의 벽면에 설치한 하늘이나 공간을 나타내는 배경. 주로 흰색이나 엷은 하늘색을 사용한다.

화각 Angle of View: 렌즈 선택과 피사체의 거리에 따라 화면에 보이는 사이즈의 각도(폭). 화각의 이해는 p.195 [그림 8]을 참고 바람.

화면 비 Aspect Ratio: 영화나 TV의 가로세로 화면 비율. TV는 16:9가 보통이며, 특집극의 경우 영화적 분위기를 자아내기 위해 상하 폭을 좁히기도 한다. 영화는 1.85:1, 또는 2.35:1 을 주로 사용한다.

핸드헬드 Handheld: 촬영감독이 카메라를 직접 손에 들고 찍는 기법. 주로 감정이 격한 장면이나 다급한 현장감을 살리기 위해 사용된다. 스테디 캠(steady cam)과는 다르다(p.179 [자료 27, 28] 참조).

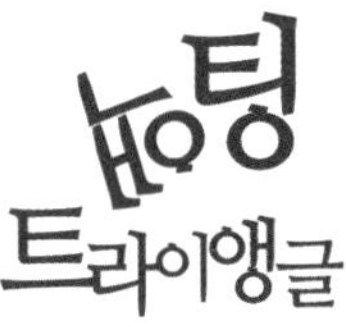

'누리 빌게 제일란' 감독의 첫 장편 〈작은마을〉 1998년 제48회 베를린 국제영화제 칼리가리상 수상즈

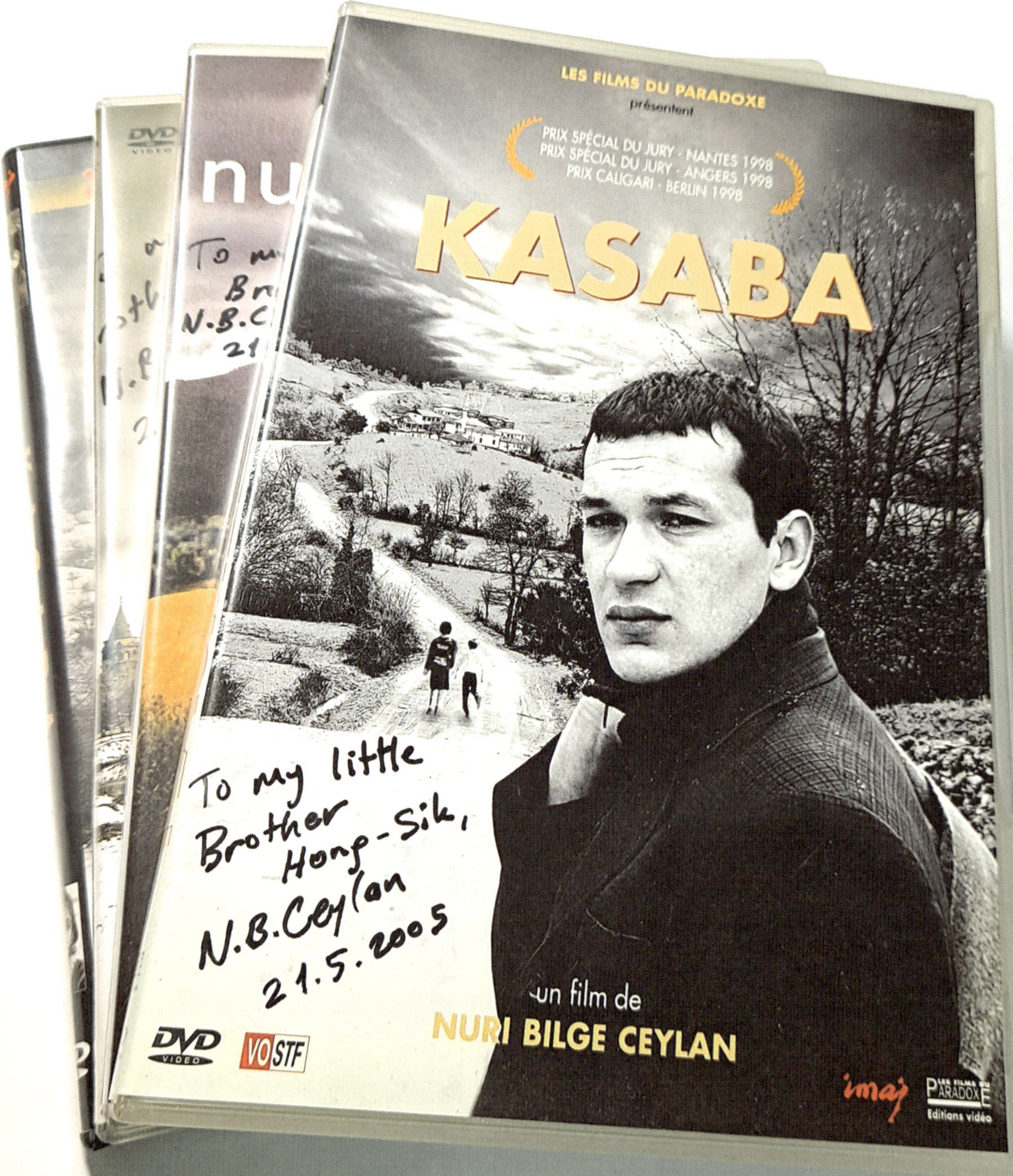

칸 황금종려 수상자 '누리 빌게 제일란' 감독이 의형제 관계인 저자 '문홍식' 감독에게 선물한 자신의 영화 DVD 세트
친필 사인 'To my little brother Hong-sik, N. B. Ceylan 21. 5. 2005'

[p.062~066, 077, 107~108, 151, 175~179, 218~219, 263~265, 326, 338, 339 관련]

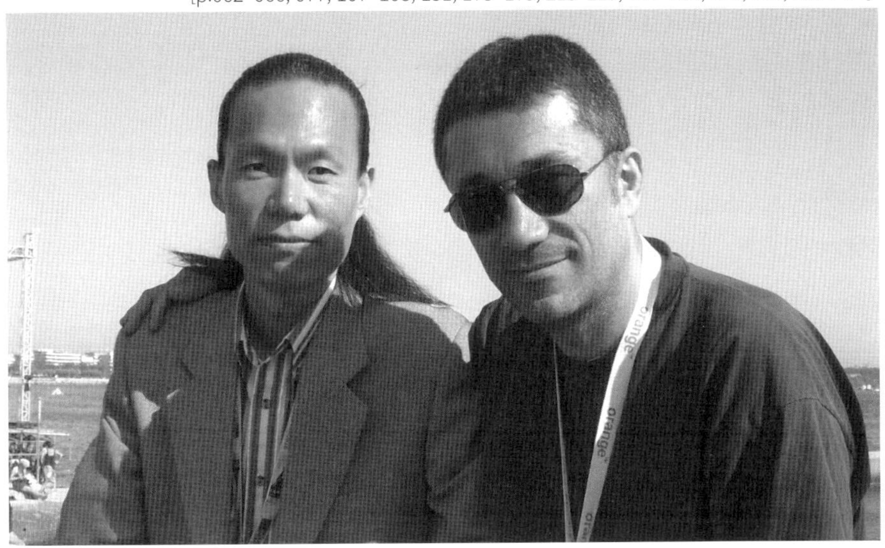

[저자 '문홍식(좌)'과 칸 영화제 황금종려상 및 감독상 수상자 '누리 빌게 제일란(우)'의 인터뷰 보기]

2014년, 칸 황금종려상
2008년, 칸 감독상
2011 & 2003년, 칸 심사위원대상(2회 수상)
2023년, 칸 여우 주연상 & 2003년, 칸 남우 주연상 배출

[p.291, 301~303 관련]

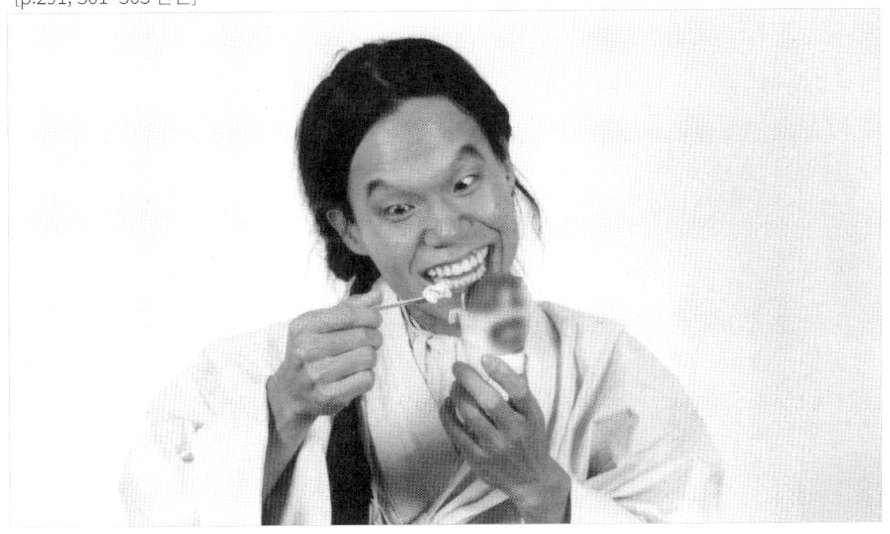

[1989~1990년 KBS 월화드라마 〈바람과 구름과 비〉의 '유억금' 역을 맡았던 저자 '문홍식']
'윤혁민' 극본, '전세권' 연출

長田 '하남호'
p.156 관련

[p.044, 079~080, 087, 303, 305 관련]

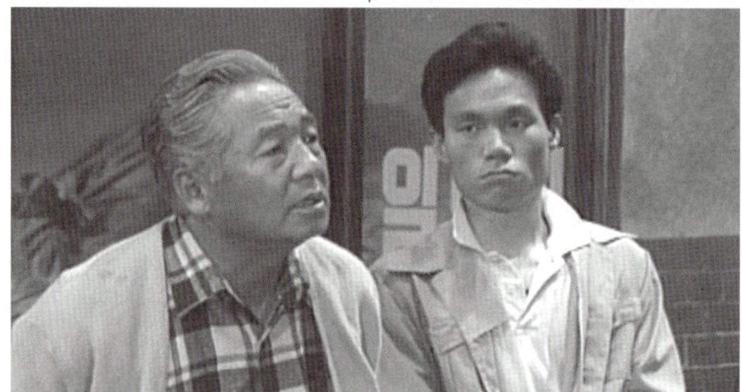

[1991~1992년 KBS 월화드라마 〈형〉(118부작) / '김인문(좌)', 저자 '문홍식(우)']

[p.305~306 관련]

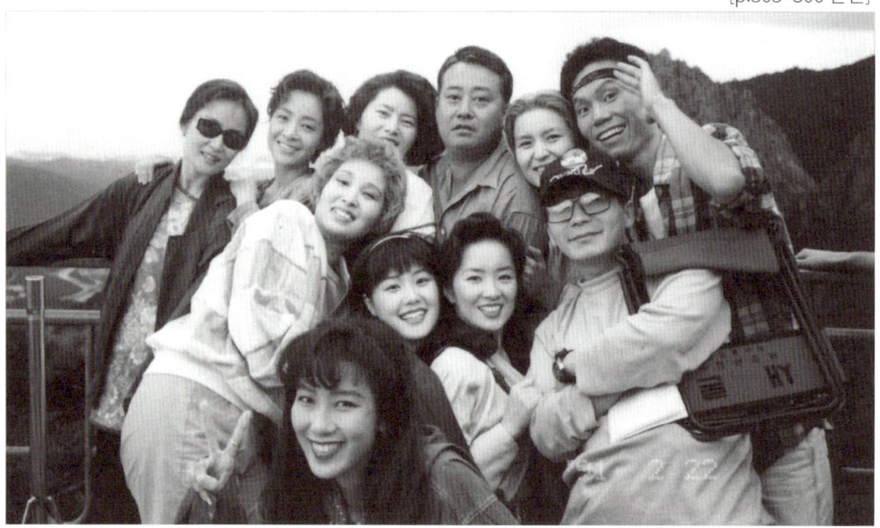

[1992년 KBS 월화드라마 〈형〉 강원도 촬영 중 배우들과 함께 / '김운경' 극본, '황은진' 연출]

[p.156 관련]

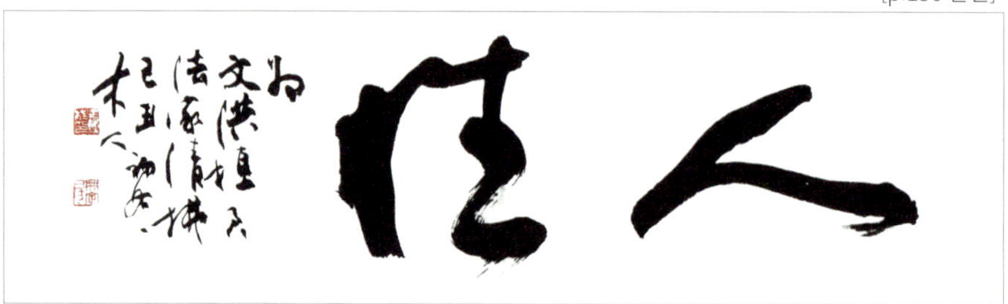

[저자 文洪植의 이름이 들어간, (스승) 木人 '전종주' 선생의 하사품 「인성」 / 113×32cm]

[p.290, 307~309 관련]

木人 '전종주'
p.156 관련

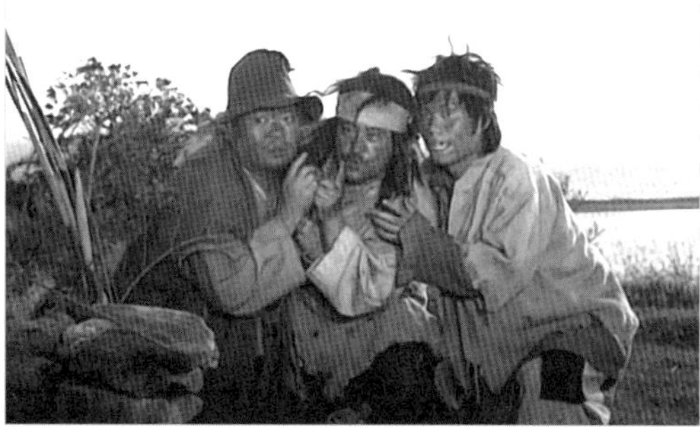

'정강우' 원작
'홍외준' 극본
'엄기백' 연출

[1994년 KBS 미니시리즈 〈무당〉에 출연했던 '정종준(좌)', '김성환(중앙)', 저자 '문홍식(우)']

[p.290, 307~309 관련]

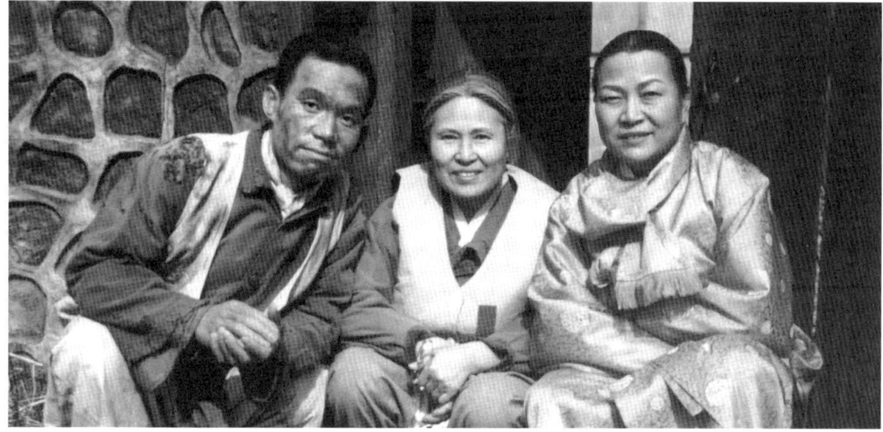

[1994년 KBS 미니시리즈 〈무당〉에 출연했던 저자 '문홍식(좌)'과 '김지영(중앙)', '김용림(우)']

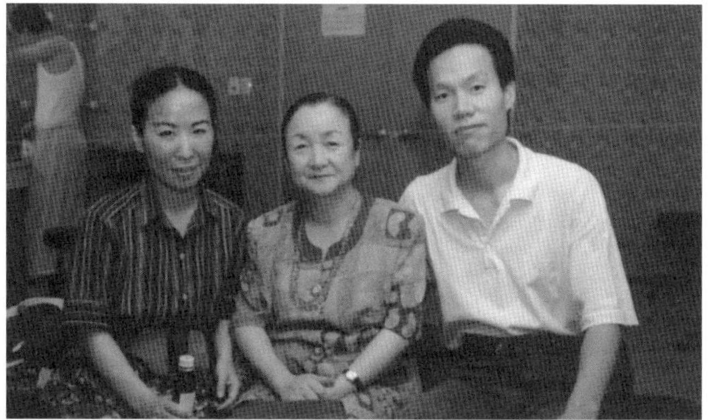

[p.154 관련]
판소리 스승 '강선숙', '오정숙'

[동초제 「춘향가」 이수자 '강선숙(좌)', 국창 '오정숙(중앙)', 저자 '문홍식(우)', 예술의 전당 자유소극장]
1994년 오태석 작 〈비닐하우스〉에서 '시장 상인' 역으로 분장한 '강선숙' 선생(좌)

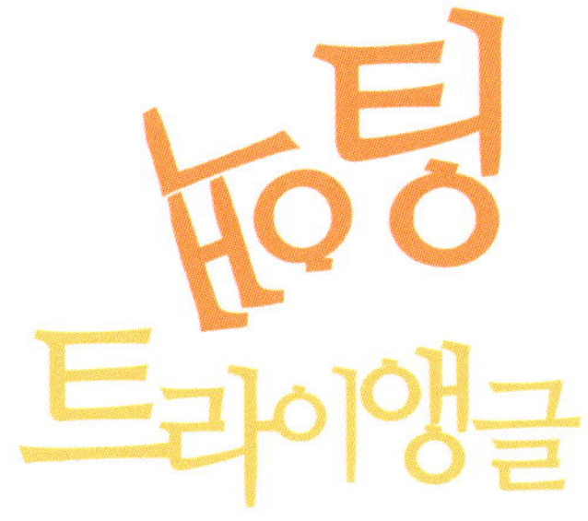

Acting Triangle

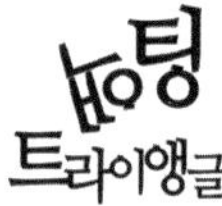

초판 인쇄   2024년 2월 27일
초판 발행   2024년 3월 1일

지은이   문홍식
펴낸이   채종준
펴낸곳   한국학술정보(주)
주 소   경기도 파주시 회동길 230(문발동)
전 화   031-908-3181(대표)
팩 스   031-908-3189
홈페이지   http://ebook.kstudy.com
E-mail   출판사업부 publish@kstudy.com
등 록   제일산-115호(2000. 6. 19)

ISBN   979-11-7217-138-4 03680